Theresa Dettner

Klassische und moderne Bindungsforschung

Psychosoziale Grundlagen für die Persönlichkeitsentwicklung

Bibliografische Information der Deutschen Nationalbibliothek:

Die Deutsche Nationalbibliothek verzeichnet diese Publikation in der Deutschen Nationalbibliografie; detaillierte bibliografische Daten sind im Internet über http://dnb.d-nb.de abrufbar.

Impressum:

Copyright © Science Factory

Ein Imprint der Open Publishing GmbH

Druck und Bindung: Books on Demand GmbH, Norderstedt, Germany

Covergestaltung: Open Publishing GmbH

Inhaltsverzeichnis

Einleitung 5

Teil 1: Klassische Bindungsforschung 7

1 Historische Ursprünge der Bindungstheorie 8
1.1 Die Psychoanalyse Sigmund Freuds 8
1.2 Die Hospitalismusforschung von René Spitz 9
1.3 Harry Harlows Experimente mit Rhesusaffen 10

2 Die Bindungstheorie 12
2.1 Biographie John Bowlbys 12
2.2 Grundlagen der Bindungstheorie 14
2.3 Mary Ainsworth und die Messung der Bindungsqualität 18

Teil 2: Weiterentwicklung der Bindungsforschung 25

3 Neurobiologische Erkenntnisse 26
3.1 Frühe negative Lernerfahrungen und die Auswirkungen auf das sich entwickelnde Gehirn 27
3.2 Tierexperimentelle Forschung 28

4 Bindungen im Lebenslauf 29
4.1 Bindung im Kindesalter 29
4.2 Bindung im Jugendalter 32
4.3 Bindung im Erwachsenenalter 34
4.4 Weitergabe von Bindungsmustern über Generationen 36
4.5 Stabilität und Instabilität von Bindungsmustern 39
4.6 Die Bedeutung früher Bindungserfahrungen für die weitere Entwicklung 41

Teil 3: Folgen von Misshandlungserfahrungen - Präventive Interventionsmöglichkeiten **46**

5 Kindesmisshandlung und die Bedeutung für die weitere soziale Entwicklung... 47

5.1 Definitionen und Häufigkeit von Kindesmisshandlung 47

5.2 Folgen für die weitere Entwicklung misshandelter Kinder 49

5.3 Theoretische Erklärungsansätze zum Zusammenhang von Misshandlungserfahrungen und späteren Verhaltensproblemen 51

5.4 Zur These der Weitergabe von Misshandlung 54

6 Präventive Interventionsmöglichkeiten 56

6.1 Das STEEP-Programm 56

6.2 Erste Umsetzung und Evaluation des STEEP-Programms 58

Zusammenfassung und Ausblick 60

Literaturverzeichnis 63

Einleitung

„Es ist für Menschen charakteristisch, starke affektive Beziehungen miteinander einzugehen. Einige der stärksten Gefühle hängen damit zusammen, wie diese Beziehungen sich entwickeln. Während stabile Beziehungen eine Quelle der Freude und Sicherheit sind, lösen Trennung, Verlust bzw. drohender Verlust Angst oder Ärger oder Trauer und Depression aus" (John Bowlby 1987, S. 22).

Anhand der Darstellung dieser intensiven emotionalen Gefühlsausdrücke, die in sozialen Beziehungen entstehen können, wird deutlich wie wichtig stabile Beziehungen für das menschliche Miteinander sind und welche Rolle sie für das seelische Empfinden des Menschen spielen. Eine Bindungsbeziehung ist demnach nicht nur von positiven Gefühlen begleitet, sondern auch Trennungsleid und Verlustängste können bei ihrer Gefährdung empfunden werden.

Vor allem neugeborene Säuglinge sind grundlegend auf eine emotionale Beziehung angewiesen. John Bowlby postuliert in seiner Bindungstheorie, die er in den 1950er Jahren begründet, dass das Bedürfnis eine Bindung zu einer Bezugsperson einzugehen angeboren ist und aus evolutionsbiologischer Sicht eine überlebenssichernde Funktion hat (Bowlby 2010). Die Funktion dieser Bindungsbeziehung ist es dem heranwachsenden Kind Schutz zu geben. In der Interaktion mit der Bezugsperson lernt das Kind das Ausmaß an Beständigkeit kennen, mit dem seine Bedürfnisse befriedigt werden.

Mary Ainsworth erweiterte Bowlbys theoretische Annahmen um empirische Forschungen der Mutter-Kind-Beziehung, indem sie die Qualität der Bindung von Kindern zu ihren Müttern nach einem Jahr in dem sogenannten Fremde-Situations-Test erfasste. Die beobachtbare Qualität der Bindungsbeziehung in der Fremden Situation ist dabei abhängig von der Art und Weise, wie die Bezugsperson auf die emotionalen Bedürfnisse des heranwachsenden Säuglings im Laufe des ersten Lebensjahres reagiert hat (Grossmann/Grossmann 2012).

Die theoretischen Grundlagen der Bindungstheorie sollen zur Auseinandersetzung mit tiefer gehenden Fragestellungen der Bindungsforschung dienen. Es ergeben sich dabei folgende Fragen, die im Laufe der Arbeit erörtert werden sollen:

Welchen Einfluss haben frühe Bindungserfahrungen auf die weitere Entwicklung eines Menschen? Welchen Herausforderungen stehen Heranwachsende im Laufe ihrer Entwicklung gegenüber und wie meistern sie diese in Abhängigkeit zu ihren frühen Bindungserfahrungen? Wie wirken sich emotionale Lernerfahrungen, die in der Interaktion mit der Bezugsperson entstehen, auf die Entwicklung des

Gehirns aus? Welche Auswirkungen haben negative Bindungserfahrungen auf die soziale und emotionale Entwicklung eines Menschen? Ist es möglich ein verinnerlichtes Modell negativer Bindungserfahrungen durch neue positive Beziehungserfahrungen zu modifizieren und welche Faktoren spielen dabei eine Rolle? Wie lassen sich Verhaltensauffälligkeiten misshandelter Kinder theoretisch erklären? Schließlich stellt sich die für die sozialpädagogische und therapeutische Praxis bedeutende Frage, auf welche Weise sich der Kreislauf von Misshandlung unterbrechen lässt und wie Kinder in Familien, die von vielen Risikofaktoren betroffen sind, vor Erfahrungen der Misshandlung bewahrt werden können.

Die vorliegende Arbeit gliedert sich in drei Hauptteile. Im ersten Teil werden die theoretischen Grundlagen anhand der klassischen Bindungsforschung herausgearbeitet. Zunächst werden die Ursprünge der Bindungstheorie mit der Psychoanalyse Sigmund Freuds, der Hospitalismusforschung René Spitz' und der tierexperimentellen Forschung Harry Harlows betrachtet. Im Anschluss daran werden wichtige theoretische Konzepte und Grundbegriffe der Bindungstheorie nach John Bowlby und Mary Ainsworth dargelegt.

Darauf aufbauend steht im zweiten Teil der Arbeit die Weiterentwicklung der Bindungsforschung im Fokus. Erkenntnisse aus der Neurobiologie sollen dabei in einem eigenen Kapitel aufzeigen, wie sich frühe emotionale Erfahrungen auf die Hirnentwicklung auswirken. In einem weiteren Schritt werden die Auswirkungen früher Bindungserfahrungen auf die Entwicklung im Kindes-, Jugend- und Erwachsenenalter untersucht. Ergebnisse von Längsschnittuntersuchungen sollen darüber hinaus den Entwicklungsverlauf von Kindern aufzeigen, die vielfältigen erschwerenden Lebensbedingungen ausgesetzt sind.

Im dritten Teil steht die Betrachtung des Phänomens der Kindesmisshandlung im Mittelpunkt. Nach der Unterscheidung der Misshandlungsformen wird die Bedeutung von Kindesmisshandlung für die weitere soziale Entwicklung eines Heranwachsenden untersucht. Welche Faktoren beim Entstehen von Verhaltensauffälligkeiten misshandelter Kinder eine Rolle spielen, soll anhand verschiedener theoretischer Erklärungsmodelle diskutiert werden.

Abschließend wird eine bindungstheoretisch fundierte Möglichkeit der Prävention vorgestellt, die darauf ausgerichtet ist, Kindern aus risikobehafteten Familien zu einer positiven Entwicklung zu verhelfen.

Teil 1: Klassische Bindungsforschung

Im ersten Teil dieser Arbeit soll ein Überblick über die klassische Bindungsforschung gegeben werden. Angefangen bei den Ursprüngen, wird die Bindungstheorie in ihren historischen Kontext eingebettet. Daran anschließend erfolgt die Betrachtung der Bindungstheorie von John Bowlby. Auch der bindungstheoretischen Forschung Mary Ainsworths soll daraufhin besondere Beachtung geschenkt werden.

1 Historische Ursprünge der Bindungstheorie

Die Bindungstheorie entstand in den 40er und 50er Jahren des letzten Jahrhunderts, als sich der englische Psychiater und Psychoanalytiker John Bowlby mit der Psychoanalyse Freuds kritisch auseinandersetzte (Grossmann/Grossmann 2012). Es erscheint daher sinnvoll, sich zunächst mit den Grundzügen dieser Forschungstradition zu beschäftigen. Da auch andere wissenschaftliche Perspektiven die Bindungstheorie Bowlbys beeinflusst haben, werden auch diese in die vorliegende Arbeit einbezogen. Exemplarisch werden hier die Hospitalismusforschung von René Spitz und die tierexperimentelle Forschung mit Rhesusaffenbabys von Harry Harlow vorgestellt.

1.1 Die Psychoanalyse Sigmund Freuds

Anfang des 20. Jahrhunderts entwickelte Sigmund Freud die Psychoanalyse, welche sich mit unbewussten Prozessen der Psyche und der Persönlichkeitsentwicklung des Menschen befasst (Bründel/Hurrelmann 1996). Nach Freud erfolgt die Persönlichkeitsentwicklung des Kindes im Konflikt zwischen den natürlichen kindlichen Trieben und den kulturellen Normen und Anforderungen einer Gesellschaft.

Freud unterscheidet in seiner Theorie das Es, das Ich und das Über-Ich als zentrale Instanzen der Persönlichkeit. Der Mensch befindet sich in einem Spannungsverhältnis zwischen diesen (Ecarius/Köbel/Wahl 2011). Von Geburt an besitzt er Bedürfnisse, wobei das Es stets darum bemüht ist diese zu befriedigen. So besteht beim Säugling das Bedürfnis nach Nahrung und er wird das ihm Mögliche tun, damit dieses Bedürfnis möglichst unmittelbar befriedigt wird. Das Es repräsentiert also das Triebhafte des Menschen. Doch mit der Zeit wird der Säugling merken, dass seine Umgebung nicht immer sofort seine Triebbedürfnisse befriedigen wird. So bildet sich nach und nach ein Über-Ich aus, welches die Normen der Umgebung repräsentiert, die der Triebbefriedigung entgegenstehen. Auch das Ich entwickelt sich langsam. Es ist der Vermittler zwischen dem Es und dem Über-Ich, denn es ist stets darum bemüht Wege der Triebbefriedigung zu finden, die gleichzeitig den Normen der Gesellschaft gerecht werden. Am Anfang der Entwicklung steht das Es im Vordergrund, während sich das Ich und das Über-Ich erst nach und nach ausbilden. Im Laufe der Entwicklung eines Kindes ändert sich die Quelle der Triebbefriedigung. Daraus ergibt sich die Einteilung in aufeinander folgende Phasen:

- Bis der Säugling ein Jahr alt ist befindet er sich nach Freud in der *oralen Phase*. Hier ist die Nahrungsaufnahme die Quelle der Lustbefriedigung.
- Wenn das Kind etwa ein Jahr alt ist, erfolgt die Triebbefriedigung über die Nahrungsausscheidung. Diese Phase geht bis etwa zum dritten Lebensjahr und wird *anale Phase* genannt.
- Vom dritten bis zum sechsten Lebensjahr folgt die *phallische Phase*, in der die genitalen Zonen an Bedeutung gewinnen.
- Nach der phallischen Phase schließen die *Latenzphase* und die *genitale Phase* an. In der Latenzphase, die vom sechsten bis zum elften Lebensjahr reicht, kommt es zu einer vorübergehenden Abnahme der Bedeutung des genitalen Lustgewinns, während diese in der genitalen Phase ab dem elften Lebensjahr wieder wichtiger wird.

Nach dieser Entwicklungskonzeption Freuds „sind keine Störungen der Entwicklung zu erwarten, wenn die Bedürfnisse des Kindes in den einzelnen Entwicklungsphasen auf altersangemessene Weise befriedigt werden" (Lohaus/Vierhaus 2015, S. 12). Bei übermäßiger oder unzureichender Bedürfnisbefriedigung kommt es nach Freud zu Entwicklungsproblemen.

Viele Annahmen der psychoanalytischen Theorien finden sich in entwicklungspsychologischen Fragestellungen wieder. Hier wurden sie dann systematisch empirisch untersucht. Hierzu zählt auch die Bindungstheorie, die von Anfang an zu wesentlichen Anteilen von psychoanalytischen Annahmen beeinflusst wurde (Lohaus/Vierhaus 2015).

1.2 Die Hospitalismusforschung von René Spitz

Zwischen 1930 und 1940 gingen etliche Therapeuten unabhängig voneinander der Frage nach, inwieweit eine frühe Trennung von Mutter und Kind die kindliche Persönlichkeitsentwicklung beeinflusst. Der Psychoanalytiker René Spitz erlangte besondere Aufmerksamkeit in dem er die Trauer der in Heimen untergebrachten Säuglinge und Kleinkinder in Filmen festhielt und so der Öffentlichkeit zugänglich machte (Bowlby 2010).

In seinen Studien zur anaklitischen Depression und zum Hospitalismus untersuchte er das Schicksal und die Entwicklung von beinahe 300 Säuglingen und Kleinkindern. Über mehrere Jahre wurde ihr Entwicklungsverlauf systematisch festgehalten.

In den Heimen wurde zwar für die körperliche Pflege der Kinder gut gesorgt, es mangelte jedoch an Zuneigung durch eine konstante Bezugsperson. Spitz beobachtete, dass sich diejenigen Säuglinge, die von ihrer Mutter betreut wurden, normal entwickelten, während er bei Säuglingen, die drei Monate oder länger von ihrer Mutter getrennt waren, Auffälligkeiten in der Entwicklung bemerkte.

Im ersten Lebensjahr unterschied er zwei unterschiedliche Entwicklungsstörungen als Folge von verschieden starker emotionaler Deprivation bzw. Abwesenheit der Mutter: die *anaklitische Depression* und den *Hospitalismus*.

Bei der *anaklitischen Depression* handelt es sich um eine Entwicklungsstörung, „welche in einer ersten Phase mit anhaltendem Weinen und Schreien, in einer zweiten Phase mit sozialem Rückzug, Apathie und Appetitlosigkeit und in einer dritten Phase schließlich mit einer Gefühlsstarre und einem Entwicklungsstillstand einhergeht" (Landolt 2012, S. 27). Von dieser Entwicklungsstörung waren Kinder betroffen, die in den ersten sechs Monaten von der Mutter betreut wurden und eine Bindung zu ihr aufbauen konnten, anschließend jedoch für mindestens drei Monate von ihr getrennt waren. Die meisten Kinder erholten sich wieder, wenn die Mutter nach drei bis fünf Monaten zu ihnen zurückkehrte. Spitz nahm jedoch an, „dass die anaklitische Depression ‚Narben hinterlässt, die in späteren Jahren sichtbar werden'" (Spitz zit. Landolt 2012, S. 27).

Wenn die Trennung von der Mutter für längere Zeit anhält oder schon vor dem sechsten Monat beginnt, kommt es laut Spitz zum *Hospitalismus*. Kinder die davon betroffen waren, hatten in ihren ersten sechs Lebensmonaten keine konstante Bezugsperson, zu der sie eine Beziehung aufbauen konnten. Diese Kinder zeigten zunächst einen ähnlichen Entwicklungsverlauf, wie die Kinder, die von der anaklitischen Depression betroffen waren, anschließend entwickelten sie sich jedoch nicht mehr weiter, wurden apathisch und waren von einer stark erhöhten Sterblichkeit betroffen (Landolt 2012).

1.3 Harry Harlows Experimente mit Rhesusaffen

Nicht nur die Psychoanalyse Freuds und die Folgen früher mütterlicher Entbehrung, sondern auch die tierexperimentelle Forschung beeinflusste Bowlby in seiner Arbeit.

Inspiriert von den Filmen René Spitz', führte der amerikanische Psychologe Harry Harlow in den 1950er Jahren eine Reihe von Experimenten mit Rhesusaffen durch. In dieser Zeit war man sich in der Psychologie darüber einig, dass das Verhalten der Säuglinge und Kinder über Konditionierungsprozesse erklärt werden könne. Der Bedeutung emotionaler Bindung des Kindes an seine Bezugsperson wurde keine größere Beachtung geschenkt.

In einem aus heutiger Sicht ethisch fragwürdigen Experiment ließ Harlow Rhesusaffenbabys mit zwei Mutterattrappen aufwachsen. Um zu zeigen, dass die Affenbabys nicht durch Nahrung konditioniert werden, baute er Plüschmütter, die Wärme abstrahlten und flauschig waren und Drahtmütter, die lediglich mit einer Milchflasche ausgestattet waren. Anschließend wurde das Verhalten der kleinen Äffchen beobachtet (Bolten 2009).

Die Auswertungen ergaben, dass die Rhesusaffenbabys die meiste Zeit des Tages bei der Plüschmutter verbrachten, die Drahtattrappe dagegen suchten sie nur auf, um ihr Bedürfnis nach Nahrung zu stillen. Hier deutet sich an, dass das Bedürfnis nach Schutz und Geborgenheit bei den Affenbabys stärker ausgeprägt war, als das Bedürfnis nach Nahrung (Ahnert/Spangler 2014).

Etwas später machte Harlow eine weitere wichtige Beobachtung. In einem modifizierten Experiment setzte er die Affenbabys entweder in einen Käfig mit der Stoffmutter oder in einen Käfig mit der Drahtmutter. An beiden Mutterattrappen war eine Milchflasche befestigt. Die Affenbabys beider Gruppen wuchsen gleich schnell und tranken etwa die gleiche Menge Milch, verhielten sich jedoch völlig unterschiedlich. Die Affenbabys, welche mit der Stoffmutter aufwuchsen, entwickelten sich unauffällig. Die anderen Äffchen, die von der Drahtmutter ernährt wurden, entwickelten sich dagegen langsamer, wiesen „neben sozialen und emotionalen Auffälligkeiten auch ‚psychosomatische' Störungen [...] auf" (Bolten 2009, S. 59). Weiterhin beobachtete Harlow, dass die Rhesusaffenbabys bei Gefahr zu ihrer Plüschmutter flüchteten und sich dort beruhigen konnten. Die Affenbabys, die im Käfig der Drahtmutter aufwuchsen näherten sich dagegen dieser nicht bei Gefahr, vielmehr kauerten sie sich zusammen oder schrien vor Angst (Bolten 2009).

Die Experimente Harlows zeigen, dass höhere Säugetiere in ihrer Entwicklung auf sozialen Kontakt angewiesen sind. Es reicht nicht aus nur die biologischen Bedürfnisse zu befriedigen.

2 Die Bindungstheorie

Im folgenden Kapitel soll nun die Bindungstheorie ausführlich behandelt werden. Um ein besseres Verständnis für diese traditionsreiche Theorie zu erhalten, scheint es angebracht wichtige Stationen der Biographie John Bowlbys darzustellen, der in den 50er Jahren des 20. Jahrhunderts die Bindungstheorie begründete. Anschließend werden theoretische Grundlagen herausgearbeitet und grundlegende Begriffe geklärt. Für die Bindungstheorie von ebenso großer Bedeutung wie Bowlby ist Mary Ainsworth, die Bowlbys neuartige Ansätze um empirische Forschungen erweiterte. Sie entwickelte auch die sogenannte Fremde Situation, ein Labortest, mit dem es möglich ist, unterschiedliche Qualitäten von Bindungsbeziehungen festzustellen. Die bei der Fremden Situation erfassbaren Bindungsmuster stehen in Zusammenhang mit der elterlichen Feinfühligkeit. Beide Aspekte sollen ausführlich betrachtet werden.

2.1 Biographie John Bowlbys

John Bowlby wurde 1907 als das vierte, von insgesamt sechs Kindern in einer wohlhabenden Familie in London geboren. Sein Vater war Chirurg und der Kontakt zu seiner Mutter war auf wenige Stunden täglich beschränkt, sodass die Kinder vorwiegend von Kindermädchen aufgezogen wurden. Mit sieben Jahren wurde Bowlby in ein Internat geschickt, an das er keine guten Erinnerungen hat. 1925 fing Bowlby an in Cambridge und London Medizin zu studieren. Nach seinem Studium absolvierte er 1933 eine psychoanalytische Ausbildung. Anschließend arbeitete er in der Child Guidance Clinic, welche eine der ersten kinderpsychiatrischen Kliniken in Europa war (Ahnert/Spangler 2014). Im Jahr 1944 veröffentlichte Bowlby seine erste empirische Studie über „Forty-four juvenile thieves: their characters and home lives" (Bretherton 2009, S. 29). In den Fallbeschreibungen gab es einige jugendliche Diebe, die sich als „gefühllose Persönlichkeiten [erwiesen], was Bowlby mit ihren früheren Erfahrungen von mütterlicher Trennung und Ablehnung in Verbindung setzen konnte" (Bretherton 2009, S. 29).

Nach dem Zweiten Weltkrieg gründete Bowlby eine Forschungsgruppe an der Tavistock-Klinik, an der er auch stellvertretender Direktor war (Ahnert/Spangler 2014). Schon damals war Bowlby überzeugt, dass frühkindliche Erlebnisse einen grundlegenden Einfluss auf die weitere Entwicklung eines Kindes haben. Aus diesem Interesse heraus entschloss er sich, die Folgen einer Trennung von Mutter und Kind genauer zu erforschen (Bolten 2009). Bowlby wurde 1951 von der Weltgesundheitsorganisation (WHO) beauftragt, „die psychische Gesundheit von obdachlosen Kindern im Nachkriegseuropa und die Zustände in Kinderheimen und Erziehungsanstalten" zu untersuchen (Bolten 2009, S. 58). In seinem Bericht verfasste er erstmals wesentliche Grundannahmen seiner späteren Bindungstheorie.

Als Bowlby seine Überlegungen über die Mutter-Kind-Bindung vor der britischen psychoanalytischen Gesellschaft vorstellte, wurden diese jedoch sehr skeptisch betrachtet und überwiegend abgelehnt. Vor allem wurde Bowlby kritisiert, weil er die Triebtheorie Freuds für „keine hinreichende Erklärung für die Objektbezogenheit des Säuglings" hielt (Bolten 2009, S. 58). Er beschrieb ein von den Trieben unabhängiges Bedürfnis des Kindes, sich an eine Bezugsperson zu binden. Während Freud die Auffassung vertrat, dass die Mutter-Kind-Bindung durch die Bedürfnisbefriedigung der Nahrung zustande komme und dass die Sexualität als zentrale Motivation für die gesamte psychische Entwicklung gelte, postulierte Bowlby, dass der Mensch eine von Geburt an vorhandene Tendenz besitze Bindungen zu anderen Personen aufzubauen und aufrechtzuerhalten (Bowlby 2010).

Diese Beobachtung bestätigten Ergebnisse aus der tierexperimentellen Forschung, welche Bowlby schließlich in seine Theorie einfließen ließ (Ecarius/Köbel/Wahl 2011). So beschäftigte er sich unter anderem mit Studien von Gänse- und Entenküken, welche eine starke Bindung an eine Mutterfigur entwickelten, obwohl sie von ihr keine Nahrung erhielten. Außerdem bestärkten ihn die Experimente an Rhesusaffenbabys von Harlow in seiner Annahme, dass höhere Primaten und Menschen ein angeborenes Bedürfnis verspüren sich an die Mutter zu binden und sich bei Gefahr ihre Nähe zusichern (Bowlby 2010). Bowlby schreibt dem Bindungsverhalten die wichtige biologische Funktion des Schutzes zu. Die Mutter dient dem Kind dabei als sichere Basis, von dem aus es seine Umwelt erkunden kann (Bowlby 1980).

Seine Überlegungen über die Bindungstheorie präsentierte er in der Buchtrilogie ‚*Attachment and Loss*', welche zwischen 1969 und 1980 erschienen ist.

Im Alter von 83 Jahren starb John Bowlby 1990 (Bolten 2009). Als seine größte Leistung kann die Integration unterschiedlicher wissenschaftlicher Perspektiven, wie der „Psychoanalyse mit der Ethologie und der evolutionären Biologie in der Bindungstheorie betrachtet werden" (Bolten 2009, S. 428).

2.2 Grundlagen der Bindungstheorie

Erik Erikson geht in seiner Theorie der Entwicklungsphasen davon aus, dass der Säugling in einem ersten Entwicklungsschritt ein *Urvertrauen* in die Welt aufbauen kann, wenn seine grundlegenden Bedürfnisse von der Bezugsperson vorhersagbar gestillt werden. Durch das Vertrauen, das er mit seiner Bezugsperson entwickelt, bildet sich in ihm eine Grundhaltung des Vertrauens heraus, welche sich auch auf seine Umwelt überträgt. Geschieht dies nicht, entwickelt der Säugling ein *Urmisstrauen* in seine Umgebung (Lohaus/Vierhaus 2015, Erikson 1974). Wofür Erikson den Begriff Urvertrauen verwendet, benutzt Bowlby den Begriff Bindung und bezieht sich damit auf die frühe Beziehung des Säuglings zu seiner primären Bezugsperson, welche ebenfalls ein Vertrauen in die Welt ermöglichen kann (Fonagy 2003).

Nach Bowlby hat der Säugling von Geburt an das Bedürfnis sich an eine Person zu binden und diese Bindung aufrechtzuerhalten. Wenn er sich allein gelassen, unsicher oder krank fühlt, werden Bindungsverhaltensweisen wie Schreien, Rufen, Festhalten und Annähern aktiviert, um die Nähe zur Bezugsperson herzustellen. Diese Nähe bietet dabei dem Säugling Schutz und gibt ihm Sicherheit (Dornes 2007). Bowlby postuliert, dass das Bindungsverhalten des Menschen Überlebenswert hat indem es Schutz vor Gefahren biete (Bowlby 1987). So ist es „im Laufe de Evolution ein Merkmal vieler Spezies geworden, weil es zum Überleben des Individuums beiträgt" (Bowlby 1991, S. 61). Aufgrund dieser Funktion des Schutzes verstärkt sich die Bindung im Laufe des ersten Lebensjahres durch eine wechselseitige Interaktion zwischen Bezugsperson und Säugling. Die Bezugsperson dient dem Säugling dabei als sichere Basis, von der aus er die Welt erkunden kann und zu der er zurückkehren kann, um beschützt und getröstet zu werden. Die Reaktionen der Bezugsperson auf die kindlichen Bedürfnisse entscheiden über die Qualität der Beziehung und der Bindung, die sich im ersten Lebensjahr entwickelt. Das Kind lernt die Reaktion der Bezugsperson auf seine Bedürfnisse vorherzusagen (Egeland 2002).

Mary Ainsworth (1979) beschreibt Bindung als ein „imaginäres Band zwischen zwei Personen [...] das in den Gefühlen verankert ist und das sie über Raum und Zeit hinweg miteinander verbindet" (Grossmann/Grossmann 2012, S.71). Dabei bindet sich eine schwächere Person an eine stärkere Person, die in der Lage ist Schutz zu geben. Ein Säugling kann an mehr als eine Bindungsperson gebunden sein, jedoch ist die Anzahl der Bindungspersonen begrenzt. Außerdem gibt es meistens eine Hierarchie von Bindungspersonen. Die „Person mit der das Kind die häufigsten sozialen Interaktionen hat" wird primäre Bezugsperson[1] genannt (Grossmann/Grossmann 2012., S. 75). Wenn ein Kind beispielsweise krank ist, wird es die primäre Bezugsperson bevorzugen und möchte am liebsten nah bei ihr sein (Grossmann/Grossmann 2012).

2.2.1 Phasen der Bindungsentwicklung

Von Anfang an ist es dem neugeborenen Säugling möglich, durch sein Verhalten zu zeigen, was er braucht. Wenn der Säugling verunsichert ist oder Angst hat, werden dem Alter entsprechende Bindungsverhaltensweisen aktiviert.

Diese werden durch die Interaktion mit der Bezugsperson im Laufe der ersten Lebensmonate immer spezifischer. Im Rahmen dieser Interaktionen entwickelt sich eine Bindung zwischen dem Säugling und dem Kind (Ahnert/Spangler 2014).

Ainsworth (1972) teilt die Entwicklung der Bindung in vier Phasen ein (Bolten 2009):

1. *Vorphase:* In der ersten Phase, die etwa die ersten zwei Monate umfasst, sind die Bindungsverhaltensweisen noch nicht spezifisch an eine Bindungsperson gerichtet (Grossmann/Grossmann 2012). Durch Signale wie Schreien oder Anschauen kommt die Bindungsperson in die Nähe des Säuglings. Durch die anschließende Interaktion kann es dem Säugling gelingen sich zu beruhigen (Siegler/DeLoache/Eisenberg 2011). Der Säugling lernt infolgedessen schnell, wie er vertraute von weniger vertrauten Personen unterscheiden kann.

2. In der *Differenzierungsphase*, die sich etwa bis zum sechsten Monat erstreckt, reagiert der Säugling jetzt bevorzugt auf vertraute Personen. Die Anwesenheit der primären Bezugsperson ruft in ihm Verhaltensweisen wie Lächeln oder das Äußern von Lauten hervor. Die primäre Bindungsperson ist jetzt am besten in der Lage den Säugling zu beruhigen.

---

[1] Je nach Kontext und der verwendeten Literatur werden in der vorliegenden Arbeit, neben dem Begriff der primären Bezugsperson, verschiedene Alternativen verwendet. John Bowlby weist darauf hin, dass die Mutter meist die wichtigste Bezugsperson für einen Säugling darstellt. Gleichzeitig betont er, dass auch andere Bezugspartner durch die Beantwortung der emotionalen Bedürfnisse die primäre Bezugsperson für das Kind sein können (Bowlby 2010).

3. Die *Phase der ausgeprägten Bindung*: Zwischen dem sechsten und dem achten Lebensmonat sind die Bindungsverhaltensweisen sehr stark ausgeprägt. Diese dritte Phase markieren Entwicklungsfortschritte des Säuglings wie Krabbeln und gezieltes Greifen. Der Säugling kann jetzt selbstständig die Nähe zur Bezugsperson suchen, wenn sie sich von ihm entfernt. Die Bindungsperson wird jetzt zum ‚sicheren Hafen' für das Kind. Wenn es sich unwohl fühlt, sucht es die Nähe zur Bezugsperson und kann anschließend, wenn es sich wieder sicher fühlt, die Umwelt erkunden (Grossmann/Grossmann 2012).

4. Die *Phase der zielorientierten Partnerschaft* beginnt mit etwa zwei Jahren, wenn das Kind anfängt zu sprechen und in der Lage ist, „Gefühle, Ziele und Motive der Eltern zu verstehen" (Siegler/DeLoache/Eisenberg 2011, S. 418). Das Kind übernimmt jetzt eine immer aktivere Rolle in der Beziehung zu seiner Bezugsperson. Interessenskonflikte können jetzt kommunikativ ausgehandelt werden.

Eine dauerhafte emotionale Bindung zwischen der Bezugsperson und dem Kind ist normalerweise das Ergebnis dieser vier Phasen (Grossmann/Grossmann 2012, Siegler/DeLoache/Eisenberg 2011).

Bindungsverhalten zeigt sich im Laufe des Lebens eines Menschen immer weniger häufig und intensiv. Dennoch bleiben Bindungsverhaltensweisen auch bei Erwachsenen bestehen und zeigen sich, wenn eine Person beispielsweise verängstigt, krank oder erschöpft ist (Bowlby 1991).

2.2.2 Innere Arbeitsmodelle von Bindung

Das Konzept des inneren Arbeitsmodells wurde von John Bowlby entwickelt, um die verinnerlichten Repräsentationen früher Interaktionserfahrungen mit der Bezugsperson zu beschreiben (Hopf 2005). Auf der Basis früher Erfahrungen, die der Säugling mit seiner Bezugsperson macht, entdeckt er das Ausmaß an Zuverlässigkeit, mit dem seine Bedürfnisse befriedigt werden. Regelmäßige Bindungserfahrungen, die wiederholt stattfinden, werden als Erwartungen verinnerlicht. Das Kind entwickelt im Laufe der Zeit ein inneres Arbeitsmodell von Bindung, in dem diese Erfahrungen repräsentiert sind Es hat bestimmte Vorstellungen und Erwartungen darüber, wie die Bindungsperson auf die eigenen Bedürfnisse reagieren wird und wie verfügbar die Bezugsperson allgemein ist.

Aufgrund der Verinnerlichung von Interaktionserfahrungen innerhalb der Beziehung zwischen Säugling bzw. Kleinkind und der primären Bezugsperson wirken sich diese Erfahrungen auch auf andere soziale Bereiche aus. In diesem Zusammenhang ist also davon auszugehen, dass eine positive Bindungserfahrung zur Bezugsperson im Säuglings- und Kleinkindalter sich auf ein positives Konzept von Beziehungen im Allgemeinen und des eigenen Selbst auswirkt (Grossmann/Grossmann 2012, Siegler/DeLoache/Eisenberg 2011).

„Erlebt ein Kleinkind seine Mutter - und etwas später seinen Vater - als ermutigend, unterstützend und kooperativ, so bekommt es das Gefühl etwas wert zu sein, es glaubt an die Hilfsbereitschaft anderer und ihm wird ein positives Modell vermittelt, nach dem es künftige Beziehungen gestalten kann" (Bowlby zit. nach Grossmann/Grossmann 2012, S.189).

So zeigt sich zum einen, dass Kinder mit positiven Bindungserfahrungen sich eher erwünscht und geliebt fühlen und dadurch ein positives Selbstbild entwickeln. Jedoch neigen Kinder, welche negative Bindungserfahrungen gemacht haben umgekehrt dazu, diese Erfahrungen auf ihre gesamte Persönlichkeit zu übertragen (Hopf 2005).

Darüber hinaus entwickeln Kinder mit positiven Bindungserfahrungen aufgrund „stabiler Unterstützung und emotionaler Zuwendung" ein optimistisches Bild ihrer sozialen Umwelt (Hopf S 40). Sie haben die Zuversicht entwickelt, dass sie anderen Menschen vertrauen können und Unterstützung bekommen, wenn sie diese brauchen. Umgekehrt haben Kinder mit negativen Bindungserfahrungen wenig Vertrauen in ihre soziale Umwelt. In neue Beziehungen gehen sie oftmals misstrauisch hinein und sie geraten leichter in Streit (Hopf 2005).

In der Bindungstheorie geht man einerseits davon aus, dass innere Arbeitsmodelle eines Menschen über den Lebenslauf relativ stabil bleiben. Auf der anderen Seite deutet der Begriff Arbeitsmodell an, dass sich die internalisierten Erfahrungen ‚bearbeiten' lassen. So nimmt man an, dass beispielsweise ein dauerhaft anderer Umgang der Bezugsperson mit ihrem Kind dazu führen kann, dass sich das innere Arbeitsmodell ändert. Die Vorstellung darüber, dass sich die Erwartungs- und Verhaltensmuster des inneren Arbeitsmodells umorganisieren lassen, hat sich auch in der therapeutischen Praxis als nützlich erwiesen (Grossmann/Grossmann 2012).

2.2.3 Der Zusammenhang von Bindungs- und Explorationsverhalten

Kinder haben nicht nur das Bedürfnis Bindungsbeziehungen einzugehen, sie zeigen auch ein ausgeprägtes Neugierverhalten (Ecarius/Köbel/Wahl 2011). Dieses Verhalten wird Explorationsverhalten genannt. Das Bindungsverhalten und das

Explorationsverhalten stehen dabei in einer wechselseitigen Beziehung zueinander. Während das Bindungsverhalten zur Aufrechterhaltung der Nähe zwischen Kind und Bezugsperson fungiert, dient das Explorationsverhalten dazu, die Umwelt zu erkunden und neue Erfahrungen zu sammeln. Diese Lernprozesse sind wichtig für die allgemeine Entwicklung eines Kindes (Bolten 2009). Um die Umwelt zu erkunden, entfernen sich Kleinkinder von ihrer Bezugsperson, nähern sich ihr aber auch immer wieder, um sich ihren Schutz zu sichern. Fühlen sie sich bei ihrer Bezugsperson sicher, gehen sie angstfrei auf neue Umweltreize zu, um diese zu erforschen. Die Anwesenheit der Bezugsperson dient dem Säugling dabei als sichere Basis. Wird jedoch diese sichere Basis durch eine Trennung bedroht, verliert das Kind sofort das Interesse an der Umwelt und setzt alles daran die Nähe zur Bezugsperson wieder herzustellen (Ecarius/Köbel/Wahl 2011). Ist also das Bindungsverhalten aktiviert, ist das Explorationsverhalten des Säuglings unterbrochen. Fühlt er sich dagegen sicher bei seiner Bezugsperson aufgehoben, ist das Bindungsverhalten deaktiviert und die Erkundung der Umgebung setzt wieder ein.

Der Zusammenhang zwischen Bindungsverhalten und Explorationsverhalten wurde besonders ausführlich von Mary Ainsworth und ihren Mitarbeitern untersucht. Um das Bindungsverhalten sowie das Explorationsverhalten beobachtbar zu machen und damit die Qualität der Bindung zwischen einem Kind und seiner Bezugsperson feststellen zu können, wird in der sogenannten Fremden Situation gezielt eine Trennung der Bindungsbeziehung provoziert (Grossmann/Grossmann 2012).

2.3 Mary Ainsworth und die Messung der Bindungsqualität

Mary Ainsworth, die seit 1950 in John Bowlbys Forschungsgruppe arbeitete, griff zentrale Ideen von Bowlbys Theorie auf und erweiterte sie empirisch (Siegler/DeLoache/Eisenberg 2011). In Uganda untersuchte sie 1953 in einem längsschnittlich angelegten Forschungsprojekt die Mutter-Kind-Beziehung unter natürlichen Bedingungen (Dornes 2007). Zunächst interessierten sie die individuellen Unterschiede in der Art, wie Mütter mit ihren Kindern interagierten. Um diese zu erfassen, entwickelte Ainsworth verschiedene Skalen, worunter eine die Feinfühligkeit der Mutter in der Interaktion mit ihrem Kind erfassen sollte (Bolten 2009). „Feinfühligkeit ist nach Ainsworth die Fähigkeit, die Signale des Kindes richtig wahrzunehmen und zu interpretieren sowie angemessen und prompt darauf zu reagieren" (Bolten 2009, S.60).

Die Ergebnisse der Untersuchungen in Uganda ließen eine erste Klassifizierung der Verhaltensweisen der Kinder zu. Auf der Basis der Untersuchungen einjähriger Kinder in ihrer häuslichen Umgebung entwickelte Ainsworth schließlich nach einer weiteren Studie in Baltimore die Fremde Situation, ein standardisiertes Verfahren, um die Bindung von Kleinkindern im Alter von 12 bis 18 Monaten mit ihrer Bezugsperson zu erfassen. Ainsworth nahm an, dass sich durch eine Trennung von der Bezugsperson und dem Kleinkind die Qualität der Bindung feststellen lässt (Bolten 2009, Dornes 2007).

2.3.1 Der Fremde-Situations-Test

Die Fremde Situation, welche als Labortest in einer für das Kind fremden Umgebung stattfindet, besteht aus mehreren bindungsrelevanten Situationen, die beobachtet, aufgezeichnet und anschließend ausgewertet werden (Hopf 2005).

Zunächst befinden sich die Mutter und das Kind allein in einem Raum, der mit einer versteckten Kamera ausgestattet ist, in dem zwei Stühle stehen und Spielzeug bereitgestellt ist. Das Kind hat jetzt die Möglichkeit sich mit dem Spielzeug zu beschäftigen, während die Mutter auf einem Stuhl sitzt (Dornes 2007). Hier wird zum einen das Explorationsverhalten des Kindes sichtbar und zum anderen zeigt sich auch, in wieweit das Kind die Mutter als sichere Basis nutzen kann (Ainsworth 1985). Nach wenigen Minuten betritt eine fremde Person den Raum, setzt sich, beginnt zuerst mit der Mutter ein Gespräch und wendet sich anschließend an das Kind. Nun verlässt die Mutter in einer ersten Trennungssituation den Raum, während die Fremde weiterhin versucht sich mit dem Kind zu beschäftigen bzw. es zu trösten. Nach etwa drei Minuten kehrt die Mutter zurück und die Fremde verlässt den Raum. Die Mutter bleibt zunächst in der Tür stehen und gibt ihrem Kind die Möglichkeit sich ihr zu nähern. Jetzt kann die Reaktion des Kindes auf das Wiedersehen mit der Mutter beobachtet werden. Nach wenigen Minuten verlässt die Mutter ihr Kind erneut und kurze Zeit später betritt die Fremde den Raum und versucht das Kind zu beruhigen oder mit ihm zu spielen. Nach einer kurzen Zeit kommt die Mutter zurück und die Fremde geht (Siegler/DeLoache/Eisenberg 2011, Dornes 2007). „Die Reaktion des Kindes auf die Wiederkehr der Mutter […] wird als maßgeblicher Indikator für Bindungsqualität betrachtet" (Dornes 2007, S. 50). Die unterschiedlichen Qualitäten von Bindungen sollen nun vorgestellt werden.

2.3.2 Bindungsmuster

Ainsworth und ihre Mitarbeiter konnten drei verschiedene Verhaltensmuster anhand der Auswertung der dargestellten bindungsrelevanten Situationen unterscheiden:

1. Kategorie A: *Unsicher vermeidend gebundene* Kinder reagieren auf die Trennung von der Mutter nur wenig. Sie wirken kaum traurig, spielen weiter, allein oder mit der Fremden, meist ohne ihr Spiel zu unterbrechen. Auch die Rückkehr der Mutter beachten sie kaum, meiden oder ignorieren sie sogar. Sie vermeiden es der zurückkehrenden Mutter Bindungsgefühle zu zeigen, stattdessen beginnen sie wieder vermehrt ihre Umgebung zu erkunden. Bei emotionaler Belastung versuchen sie ihre Gefühle der Schutzbedürftigkeit zu kontrollieren, so dass sie kaum bereit sind emotionale Zuwendung zuzulassen, und ihre Aufmerksamkeit stattdessen auf Gegenstände lenken. Allerdings haben genauere Untersuchungen des Explorationsverhaltens der unsicher vermeidend gebundenen Kinder gezeigt, dass sie nur halbherzig und wenig konzentriert spielen.

2. Kategorie B: *Sicher gebundene* Kinder zeigen bei der Trennung und Wiederkehr ihrer Mutter deutliches Bindungsverhalten. Wenn die Mutter den Raum verlässt, zeigen sie Anzeichen von Stress und Kummer, sie weinen, wollen der Mutter folgen oder rufen nach ihr (Dornes 2007). Wenn die Mutter trotz Nachrufens nicht wieder kommt, wollen diese Kinder nicht mehr ihre Umgebung erkunden. Auch von der Fremden lassen sie sich nur ungern oder gar nicht trösten. Bei der Wiederkehr der Mutter begrüßen sie diese freudig, suchen den Körperkontakt und wollen getröstet werden. Sie lassen sich schnell von ihr beruhigen und können so nach kurzer Zeit ihr Spiel wieder aufnehmen (Grossmann/Grossmann 2012, Dornes 2007). „Eine sichere Bindungsstrategie ist demnach an der offenen Kommunikation besonders der negativen Gefühle zu erkennen, daran, dass sich die Kinder erfolgreich trösten lassen und in Anwesenheit der Bindungsperson unbekümmert spielen" (Grossmann/Grossmann 2012, S.150).

3. Kategorie C: Kinder die *unsicher ambivalent gebunden* sind, halten sich meist von Beginn an nahe bei ihrer Mutter auf. Sie richten ihre Aufmerksamkeit stets auf die Bezugsperson, sodass sie wenig Interesse am Spiel zeigen. Wenn die fremde Person den Raum betritt, beginnt die erste Verunsicherung, da schon kleine emotionale Veränderungen bei unsicher ambivalent gebundenen Kindern das Bindungssystem aktivieren. In der

Trennungssituation werden sie sehr unruhig und weinen oft heftig. Sie wollen ihre Mutter nicht gehen lassen und von der Fremden wollen sie sich auch nicht richtig trösten lassen. Wenn die Mutter dann zurückkehrt, suchen sie zwar ihre Nähe, sind aber gleichzeitig verärgert und wehren sich gegen die Bemühungen ihrer Mutter sie zu beruhigen. Die Grundstimmung der Kinder ist von Unzufriedenheit geprägt. In einer für sie unbekannten Umgebung ist das Bindungsverhalten ständig aktiviert, da sie ständig Angst davor zu haben scheinen, die Mutter verlieren zu können (Grossmann/Grossmann 2012, Dornes 2007).

4. Im Rahmen der Untersuchungen von Ainsworth gab es von Anfang an Kinder, die sich keine der drei Gruppen zuordnen ließen. Während die Kinder der Kategorie A und C unsicher jedoch organisiert sind, trifft dies auf die Gruppe D nicht zu. Mary Main (1986) erweiterte Ainsworths Kategorien, indem sie die Kategorie D der *desorganisierten bzw. desorientierten* Kindern hinzufügte. Diese Kinder verhalten sich in der Fremden Situation widersprüchlich. Manche Kinder nähern sich der Mutter nach der Trennungssituation, wenden aber gleichzeitig den Kopf ab. Einem als desorganisiert klassifizierten Kind gelingt es auf diese Weise weder die Nähe der Mutter zu vermeiden, noch Trost bei ihr zu finden. Die als desorganisiert klassifizierten Kinder zeigen in der Fremden Situation oftmals unkoordinierte und stereotype Bewegungen (Grossmann/Grossmann 2012). Bei einigen Kindern lässt sich beobachten, dass sie in einem Moment zufrieden, im nächsten Moment aber sehr wütend aussehen. Diese Kinder „scheinen ein unlösbares Problem zu haben: Sie wollen sich dem Elternteil nähern, aber sie scheinen ihn auch als Quelle von Angst zu sehen, von der sie sich zurückziehen wollen" (Siegler/DeLoache/Eisenberg 2011, S. 422). Diese Furcht vor der Bindungsperson resultiert schließlich in einem starken Konfliktverhalten der desorganisiert klassifizierten Kinder und so besitzen sie keine konsistente Strategie, um mit dieser Furcht umzugehen. Ungefähr 80 % der misshandelten Kinder fallen in diese Kategorie.

In der Studie von Baltimore wurden 68 % der Kinder von Ainsworth als sicher gebunden, 20 % als unsicher vermeidend und 12 % als unsicher ambivalent eingeteilt (Dornes 2007).

Nachdem im Anschluss an Ainsworth Forschungsarbeiten die Kategorie D hinzugefügt wurde, lässt sich über die Häufigkeit der Bindungsmuster nach weiteren Studien sagen, dass sicher gebundene Kinder mit 60-70 % überwiegen. Darauf schließen unsicher vermeidend gebundene Kinder mit 15-20 % an und mit etwa 10-15 % folgen unsicher ambivalent gebundene Kinder. Etwa 5-10 % werden als desorganisiert klassifiziert (Lohaus/Vierhaus 2015, Berk 2005).

Ein Kind kann ohne Weiteres ein sicheres Bindungsmuster gegenüber seiner Mutter haben und ein unsicheres Bindungsmuster dem Vater gegenüber. In diesem Zusammenhang ist es also wichtig zu erwähnen, dass die in der Fremden Situation beobachteten Bindungsmuster nicht angeboren sind (Grossmann/Grossmann 2012).

Doch wie kommt es zu diesen unterschiedlichen Bindungsmustern? Ein zentraler Befund Ainsworths ist, „dass die mütterliche Feinfühligkeit im ersten Lebensjahr die Hauptdeterminante der Bindungsqualität ist" (Dornes 2007, S.54). Jedoch wird diese Auffassung bis heute in der Bindungsforschung vielfach diskutiert (Dornes 2007). Im Folgenden soll die Feinfühligkeit dennoch als wichtigster Einflussfaktor der Bindungsqualität im ersten Lebensjahr vorgestellt und weitere Einflussfaktoren sollen kurz erwähnt werden.

2.3.3 Einflussfaktoren auf die kindliche Bindungssicherheit

Ainsworth erweiterte die Bindungstheorie nicht nur durch ihren Fremde-Situations-Test, sie beschäftigte sich außerdem intensiv mit der Interaktion zwischen der Mutter und ihrem Kind und wie diese im Verhältnis zur Bindungsqualität steht (Ecarius/Köbel/Wahl 2011). Sie entwickelte die These, dass die Art und Weise wie die Mutter mit ihrem Kind interagiert, einen entscheidenden Einfluss auf die Entwicklung der Bindungsmuster hat (Hopf 2005).

Bei zahlreichen Untersuchungen konnten Forscher bestätigen, dass Mütter bindungssicherer Kinder feinfühlig, das heißt unmittelbar und adäquat sowohl auf die Bindungsbedürfnisse als auch auf das Erkundungsverhalten ihrer Kinder reagierten (Grossmann/Grossmann 2012). Dieses feinfühlige Verhalten lässt sich nach Ainsworth definieren als „die Fähigkeit zum Verstehen der kindlichen Signale, zur realistischen Wahrnehmung und Interpretation der kindlichen Äußerungen, und die Bereitschaft zu prompter und angemessener Reaktion" (Hopf 2005, S. 58). Die Mütter von sicher gebundenen Kindern sind ihrem Säugling gegenüber sehr aufmerksam, nehmen Signale ernst und versuchen diese zu verstehen. Sie reagieren schnell, wenn das Kind Trost sucht oder Nähe braucht und wissen, wie sie es beruhigen können. Gleichzeitig freuen sie sich auch, wenn ihr Kind Interesse an neuen Dingen zeigt und fördern seine Wünsche die Umwelt zu erkunden (Grossmann/Grossmann 2012). „Wenn die Erwartung des Einjährigen an seine Mutter erfüllt wurde, dass sie nämlich sowohl seine Bindungswünsche verstehen und akzeptieren würde, er aber auch seinen Neugierimpulsen ungestört nachgehen konnte, so zeigte sich dies dann in der ausgewogenen Balance seines Bindungs- und Explorationsverhaltens in der Fremden Situation" (Grossmann/Grossmann 2012, S. 166). Durch das feinfühlige Verhalten ihrer Bezugsperson erleben sicher gebundene Kinder ihre Umgebung als zuverlässig in der Befriedigung ihrer Bedürfnisse. Bei ihrer Bezugsperson fühlen sie sich beschützt und geborgen, denn sie ist für sie ein ‚sicherer Hafen' (Lohaus/Vierhaus 2015).

Andere Säuglinge erleben das Verhalten ihrer Mütter dagegen ganz anders. Mütter von unsicher vermeidend gebundenen Kindern gehen oftmals auf das Bedürfnis ihres Säuglings nach emotionaler Nähe gar nicht oder nur unzureichend ein und geben damit ihren Kindern nicht die wünschenswerte Zuverlässigkeit und Sicherheit, die sie brauchen. Der körperliche Kontakt mit ihren Kindern scheint diesen Müttern unangenehm zu sein (Bolten 2009). Sie zeigen wenig Feinfühligkeit in der Beantwortung der Bindungsbedürfnisse. Auf ihren weinenden Säugling reagieren sie oftmals mit ungeduldigem oder ärgerlichem Verhalten und zeigen ihm dadurch, dass sein Weinen nicht erwünscht ist. Im Laufe des ersten Lebensjahres scheinen vermeidend gebundene Kinder den engen Kontakt zu ihrer Bezugsperson immer weniger zu mögen. Dies zeigt sich schließlich daran, dass sie Zärtlichkeiten ihrer Mutter dann zurückweisen und nicht mehr hochgenommen werden wollen. Im Gegensatz dazu wird das erkundende Spiel des Säuglings von der Mutter mit Freundlichkeit belohnt. Diese Kinder lernen im Laufe des ersten Lebensjahres ihre Bindungsbedürfnisse stark einzuschränken und sich stattdessen Erkundungsverhalten anzueignen, um die Aufmerksamkeit und Zuwendung ihrer Mutter zu erhalten.

Mütter unsicher ambivalent gebundener Kinder reagieren auf die Bedürfnisse ihres Säuglings wenig vorhersehbar. So versorgen diese Mütter ihre Säuglinge zwar, jedoch gehen sie nur gelegentlich liebevoll und feinfühlig auf ihr Kind ein und auch nur dann, wenn sie gerade dazu in der Stimmung sind. Um überhaupt Beachtung zu finden, lernen diese Säuglinge ihr Bindungsverhalten sehr stark zu äußern (Grossmann/Grossmann 2012). Durch die Unzuverlässigkeit der Mutter kann der Säugling sich nie sicher sein, wann und wie seine Mutter reagieren wird. Infolgedessen richtet er seine ganze Aufmerksamkeit auf die Mutter, um sich stets zu vergewissern, dass sie sich noch in seiner Nähe befindet (Bolten 2009). Diese Kinder scheinen offensichtlich Angst davor zu haben, von ihrer Mutter verlassen zu werden. Das Forscherpaar Karin und Klaus Grossmann (2012) beschreibt das Bindungssystem unsicher ambivalent gebundener Kinder bei Verunsicherung wie der

Fremden Situation als chronisch aktiviert und das Aufgeben des Explorationsverhaltens, zugunsten des Bindungsverhaltens als eine unbewusste Strategie der Kinder mit der Unvorhersehbarkeit ihrer Mütter umzugehen.

Bei desorganisiert gebundenen Kindern lassen sich die Zusammenhänge zwischen der Feinfühligkeit der Bezugsperson und dem Bindungsmuster der Kinder nicht so einfach erklären. Sehr unterschiedliche Faktoren sowohl aufseiten des Kindes als auch aufseiten der Mutter scheinen beim Entstehen dieses Bindungsmusters eine Rolle zu spielen. Jedoch zeigt sich, dass Kinder die desorganisiert gebunden sind, häufig von ihrer Bezugsperson zurückgewiesen und in ihrem Leid nicht ernst genommen werden oder dieses sogar lächerlich gemacht wird (Grossmann/Grossmann 2012). Die Zurückweisungen reichen bis hin zu „Rollenumkehr, Vernachlässigung, Misshandlung und unfreiwillige[n] Trennungen" (Grossmann/Grossmann 2012, S. 163).

In zahlreichen Studien zeigte sich, dass das Einfühlungsvermögen der Bezugsperson tatsächlich als ein entscheidender Faktor in Bezug auf die Bindungssicherheit gesehen werden kann. Allerdings gibt es auch andere Faktoren, die darüber hinaus die Bindungsqualität beeinflussen (Siegler/DeLoache/Eisenberg 2011). So spielen Temperamenteigenschaften des Kindes sowie der Redestil der Bezugsperson eine Rolle. Jedoch zeigen die vorhandenen Daten, dass die Temperamenteigenschaften nur einen begrenzten Einfluss auf die Bindungsqualität haben, welcher weitaus geringer ist, als der Einfluss der Feinfühligkeit. Ebenso ist der Einfluss des Interaktionsstils auf die Bindungsqualität nicht so stark ausgeprägt (Dornes 2007).

Teil 2: Weiterentwicklung der Bindungsforschung

Bisher konzentrierte sich die Arbeit auf die Grundlagen der Bindungstheorie John Bowlbys und die Messung der Bindungsqualität durch den Fremde-Situations-Test von Mary Ainsworth. Die Entwicklung von Bindungsbeziehungen der ersten Lebensjahre wurde durch die Darstellung der Phasen der Bindungsentwicklung, der Beschreibung innerer Arbeitsmodelle von Bindung und schließlich der Entstehungsbedingungen verschiedener Bindungsmuster deutlich.

Im nun folgenden zweiten Teil soll die Weiterentwicklung der Bindungsforschung im Mittelpunkt stehen. Neurobiologische Erkenntnisse bestärken dabei die Grundannahmen Bowlbys und Ainsworths und dienen hier als Ausgangspunkt für weitere Betrachtungen, welche sich mit den Auswirkungen verinnerlichter Bindungsrepräsentationen über den Lebenslauf beschäftigen.

3 Neurobiologische Erkenntnisse

Die Beziehung zwischen Eltern und ihrem Kind, die durch frühkindliche emotionale Lernprozesse entsteht, bildet die Grundlage für eine positive emotionale und kognitive Entwicklung eines Menschen. Durch tierexperimentelle Forschung und Beobachtungen beim Menschen zeigt sich, dass das Fehlen oder eine Störung dieser liebevollen Beziehung in den ersten Lebensjahren zu einer Veränderung der Gehirnorganisation führt. Diese Veränderung kann sich in erheblichen Verhaltensauffälligkeiten, emotionalen sowie kognitiven Defiziten manifestieren (Braun 2004, Bock/Helmeke/Ovtscharoff/Gruß/Braun 2003). Die frühen emotionalen Erfahrungen mit der Bezugsperson fungieren dabei während der Gehirnentwicklung „als ‚Bildhauer' des Gehirns [...], indem sie die funktionelle Reifung, insbesondere des limbischen Systems steuern, also der Schaltkreise, die für die Verarbeitung und Steuerung emotionaler Verhaltensweisen und für Lernen und Gedächtnisbildung essenziell sind" (Braun 2004, S. 3).

Von der Empfängnis bis zum zweiten Lebensjahr eines Kindes entfaltet sich und reift das Gehirn massiv. In dieser Zeit entwickeln sich fünf Sechstel des gesamten Gehirns. Die Bindung an eine Bezugsperson, die vor allem im ersten Lebensjahr entsteht, verläuft folglich in der Zeit des stärksten Gehirnwachstums. Die emotionalen Erfahrungen prägen dabei die genetisch angelegte Struktur des Gehirns entscheidend mit. Die Eltern-Kind-Beziehung kann dabei als Umweltfaktor gesehen werden, der auf die frühkindliche Entwicklung und damit auf die Hirnentwicklung einen entscheidenden Einfluss hat (Bolten 2009). Motorische und sensorische, aber vor allem die emotionalen Erfahrungen steuern das genetische Programm ab dem Zeitpunkt der Geburt. „Wie ein Pianist ‚spielt' die Umwelt auf der ‚Tastatur' der Gene und greift damit auf die Komplexität der molekularen Entwicklungsprogramme der Nervenzellen ein" (Braun 2004, S. 3). Umwelt und Gene sind in diesem Prozess untrennbar miteinander verbunden. Während die Gene die Rahmenbedingungen der Leistungskapazität des Gehirns bestimmen, entscheiden die Umweltfaktoren darüber, inwieweit diese Kapazität ausgeschöpft wird (Braun 2004).

Die Entstehung der Bindungsbeziehung erfolgt in der Interaktion mit der Bezugsperson. In der Verhaltensbiologie wird dieser Vorgang des ersten emotionalen Lernprozesses als *Filialprägung* bezeichnet. Konrad Lorenz untersuchte nestflüchtende Graugansküken, die sich auf einen Menschen fixierten, wenn die natürliche Mutter nicht verfügbar war. Diese Prägung konnte jedoch nur in sensiblen Phasen der Entwicklung der Vögel stattfinden. Evolutionsbiologisch betrachtet, „kann die Filialprägung als ‚Ur-Form' der Bindung" gesehen werden, die beim Menschen sehr viel komplexere Formen annimmt (Braun/Helmeke 2004, S. 281). Auch beim Menschen gibt es sensible Phasen, die durch eine erhöhte neuronale Plastizität gekennzeichnet sind. Anfänglich sind die synaptischen Verbindungen noch unspezifisch organisiert. Im Verlauf der Hirnentwicklung werden häufig genutzte Synapsen erhalten, während weniger genutzte Synapsen eher abgebaut werden. Diese Reorganisation und Selektion der synaptischen Verbindungen wird vor allem über Lernprozesse gesteuert. Dieser Prozess ermöglicht es einem Individuum, sich erfolgreich an jeweilige Umweltbedingungen anzupassen (Bolten 2004). „Während dieser kritischen oder ‚sensiblen' Zeitfenster werden Denkkonzepte als die ‚Grammatik' für späteres Lernen und auch die mit jedem Lernprozess untrennbar verknüpfte emotionale Erlebniswelt angelegt" (Braun/Helmeke 2004, S.282ff).

3.1 Frühe negative Lernerfahrungen und die Auswirkungen auf das sich entwickelnde Gehirn

Die ausgeprägte Plastizität des noch unreifen Gehirns führt jedoch nicht nur zu einer optimalen Anpassung an spezifische Umweltbedingungen, sie birgt auch eine große Verletzlichkeit gegenüber negativen Erfahrungen. Das heranreifende Gehirn passt sich auch widrigen Lebensumständen an (Braun 2004). Das so entstehende neuronale Netzwerk bildet die Basis für das spätere Verhalten eines Individuums. Wenn Kinder emotionale Vernachlässigung, Misshandlung oder das Fehlen einer Bezugsperson in Phasen sensibler Entwicklung erleben, kann dies zu einer Umbildung der neuronalen Verschaltungen im Gehirn sowie zu einer Umstrukturierung ihres Stresssystems führen. Auch diese neuronalen und das Nervensystem betreffenden Anpassungsmechanismen, die auf negative Erfahrungen zurückzuführen sind, sollen das Überleben eines Individuums unter widrigen Lebensumständen ermöglichen. In Situationen der Gefahr ist es von Vorteil eine erhöhte Wachsamkeit zu besitzen, die durch eine Veränderung des Stresssystems entstanden ist. Auch in einer feindlichen Umgebung kann es ein entscheidender Überlebensvorteil eines Kindes sein, misstrauisch zu sein und sich ggf. aggressiv zu verhalten. In einer normalen Umgebung ist dieses Verhalten jedoch nicht angemessen und so kann es zu erheblichen Verhaltensproblemen und psychischen Erkrankungen kommen (Bolten 2009)

3.2 Tierexperimentelle Forschung

Da experimentelle Untersuchungen des menschlichen Gehirns unter anderem aus ethischen Gründen kritisch betrachtet werden, werden häufig Untersuchungen am Tiermodell zur Erforschung der Effekte auf das Gehirn von deprivierten Tieren, herangezogen (Bolten 2009). Da die Funktionsprinzipien der neuronalen Verknüpfungen bei Mensch und Tier sehr ähnlich sind, lassen sich Befunde aus der tierexperimentellen Forschung oftmals gut auf das menschliche Gehirn übertragen (Braun/Helmeke 2004). Bei Versuchstieren, die von ihrer Mutter isoliert gehalten werden, kommt es zu einer Reihe von Verhaltensänderungen, die durch Veränderungen des Hirnstoffwechsels hervorgerufen werden. Isoliert aufgewachsene Ratten zeigen in einer neuen Umgebung ängstlichere Verhaltensweisen als Ratten, die mit der Mutter aufgewachsen sind. Außerdem zeigen sie häufig hyperaktives und stereotypes Verhalten. „Deshalb zeigen Versuchstiere, welche unter früher sozialer Isolation aufgezogen wurden, besonders in jenen neurobiologischen Systemen Defizite, welche entscheidend an der Verhaltensregulation und Stressaktivität beteiligt sind" (Bolten 2009, S. 68). In diesem Zusammenhang wurde in der Tradition Harlows untersucht, wie sich die frühe mütterliche Deprivation bei Rhesusaffen auf das Verhalten und die Gehirnentwicklung auswirkt. Es konnte gezeigt werden, dass die Entbehrung der Mutter mit späteren Verhaltensproblemen und depressionsähnlichem Verhalten einhergeht. Als ursächlich für diese Auffälligkeiten zeigen sich Störungen in der Serotoninfunktion des Gehirns, welche auch beim Menschen mit der Entstehung von psychischen Erkrankungen in Verbindung stehen (Bolten 2009).

Ähnlich wie bei Tieren, führen frühe belastende Ereignisse sehr wahrscheinlich auch beim Menschen zu einer negativen Beeinflussung der Gehirnentwicklung. Sind Hirnsysteme, die für Emotionen und das Lernen zuständig sind, in ihrer Entwicklung gehemmt, kann dies zu erheblichen Verhaltens- und Lernstörungen und psychischen Erkrankungen im späteren Leben führen (Braun/Helmeke 2004). Diese Befunde bestärken sich auch durch Beobachtungen an Kindern, die in Heimen ohne eine konstante Bezugsperson aufgewachsen sind und eine Vielzahl von Verhaltensstörungen und Defizite in ihrer Lernleistung aufweisen (Bolten 2009).

4 Bindungen im Lebenslauf

Es stellt sich jetzt die Frage, wie sich die verinnerlichten Bindungsrepräsentationen über die gesamte Lebensspanne eines Menschen entwickeln und welche Auswirkungen frühe Bindungsmuster auf die weitere Entwicklung eines Menschen haben. Des Weiteren kommt die Frage auf, ob die erworbenen Bindungsmuster über den Lebenslauf eines Individuums stabil verlaufen oder nicht.

Um diese Fragen zu beantworten, werden im folgenden Verlauf die Bindungsrepräsentationen von Kindern und Jugendlichen im Kontext von Entwicklungsaufgaben herausgearbeitet.

In der Bindungsforschung setzte man lange Zeit einen Schwerpunkt auf die Kleinkindforschung (Gloger-Tippelt 1999). Nach dem Fremde-Situations-Test entwickelte sich die Bindungsforschung jedoch entsprechend weiter und eine Vielzahl neuer Erhebungsmethoden entstand. Diese sollen beispielhaft dargestellt werden, wobei dem Adult Attachment Interview, zur Erfassung der Bindungsrepräsentationen des Erwachsenenalters, besondere Aufmerksamkeit geschenkt werden soll.

Daraufhin folgt die Betrachtung der Weitergabe von Bindungsmustern über Generationen, die Frage nach der Stabilität von Bindungsmustern über den Lebenslauf sowie die Auseinandersetzung der Bedeutung früher Bindungserfahrungen für die weitere Entwicklung eines Individuums.

4.1 Bindung im Kindesalter

Im Vergleich zu Säuglingen sind ältere Kinder nicht mehr ständig auf die direkte körperliche Nähe der Bezugsperson angewiesen. Ihr Bindungsverhalten wird aber in belastenden Situationen aktiviert, wenn sie Angst haben, Stress ausgesetzt oder müde sind. Sie können jetzt selbst die Nähe zu ihrer Bezugsperson suchen und bei ihr bleiben. Zunehmend sind sie auch in der Lage Intentionen und Gefühle anderer in ihr eigenes Handeln mit einzubeziehen. Und so können Kinder auch die außerhäusliche Betreuung zum Beispiel in einem Kindergarten akzeptieren (Bolten 2009).

Die inneren Bindungsrepräsentationen von Kindern im Vorschulalter lassen sich mit einem modifizierten Verlauf der Fremden Situation erfassen. Hier dauert die verlängerte Trennung zur Bezugsperson eine Stunde an. In einer anderen Methode werden den vier- bis sechsjährigen Kindern bindungsrelevante Themen zum Beispiel mit Hilfe von Puppen vorgeführt. Durch die Reaktionen der Kinder auf die

Szenen können sie verschiedenen Bindungsmustern zugeordnet werden (Ecarius/Köbel/Wahl 2011, Rauh 2002).

Wenn die Kinder mit etwa sechs Jahren in die Schule kommen, beginnt für sie ein neuer Lebensabschnitt. Durch schulische Leistungsanforderungen auf der einen Seite und dem Kontakt mit Gleichaltrigen auf der anderen Seite, stehen sie nun neuen sozialen und kognitiven Herausforderungen gegenüber. Beim Erlernen neuer kultureller Fertigkeiten wie Lesen und Schreiben sind Konzentration und Aufmerksamkeit gefragt. Wichtig ist auch, die Motivation zum Lernen zu besitzen und bei Frustrationen diese aufrechterhalten zu können. Um Freunde innerhalb des Klassenverbandes zu finden, aber auch aufkommende Konflikte angemessen zu lösen, sind soziale Kompetenzen gefragt. Wichtige Erfahrungen des sozialen Miteinanders, die Kinder oft schon im Kindergarten machen, bilden eine gute Voraussetzung für einen gelungenen Übergang zur Schule. Aber auch die Reaktionen der Eltern auf Frustration und die Unterstützung der Freude am Lernen spielen hierbei eine wichtige Rolle.

Es zeigt sich, dass sicher gebundene Kinder den neuen Herausforderungen der Schule meist gut gewachsen sind. Durch das positive Konzept von sich selbst und von ihrer Umwelt vertrauen sie auf ihre eigenen Fähigkeiten und wissen, dass sie in belastenden Situationen Unterstützung erhalten können (Grossmann/ Grossmann 2012).

4.1.1 Der Trennungsangst-Test

Kinder im Alter von sechs Jahren sind nun in der Lage sich über Bindungsthemen wie Trennungssituationen zu äußern. Um die Qualität der Bindung zu einer Bezugsperson in diesem Alter zu untersuchen, nutzt man diese Fähigkeit im Trennungsangst-Test.

Den Kindern werden hierzu verschiedene Bilder gezeigt, auf denen belastende Situationen bzw. Trennungssituationen abgebildet sind und stellt ihnen diesbezüglich Fragen. Die Reaktionen der Kinder auf die Bilder lassen Rückschlüsse auf ihre eigenen bindungsrelevanten Erfahrungen zu. Der Trennungsangst-Test wurde ursprünglich entwickelt, um Trennungsängste von Jugendlichen, die in Heimen aufwachsen, zu erfassen (Grossmann/Grossmann 2012). Bowlby und Klagsbrun (1976) überarbeiteten den Test, um die Bindungsqualität von vier- bis siebenjährigen Kindern zu messen.

Den Kindern werden sechs unterschiedliche, auf Bildern abgebildete Trennungssituationen zwischen Eltern und Kind gezeigt. Die schwächste Trennung zeigt ein Bild, auf dem die Eltern ihrem Kind Gute Nacht sagen. Die bedrohlichste Trennungssituation stellt Eltern dar, die für zwei Wochen ohne das Kind verreisen. Die Kinder werden nun gefragt, was das auf den Bildern abgebildete Kind in den jeweiligen Situationen wohl fühlen oder sagen würde (Bolten 2009).

Die Auswertung verschiedener Untersuchungen dieses Tests zeigt, dass sichere gebundene Kinder offen und ausführlich über die Gefühle der gezeigten Kinder berichten können. Sie beschreiben die Gefühle jeweils dem Bild angemessen zum Beispiel als traurig oder einsam (Dornes 2007). Die Bindungspersonen der sicher gebundenen Kinder wurden aufgrund der bisherigen Erfahrungen als unterstützend und verfügbar erlebt. In belastenden Situationen konnten sie sich zuverlässig Unterstützung und Trost holen. Das innere Arbeitsmodell sicher gebundener Schulkinder zeigt sich dadurch, dass diese Kinder im Trennungsangst-Test ihre emotionale Betroffenheit differenziert ausdrücken können. Durch ihre eigenen Erfahrungen haben sie erlebt, dass auf negative Gefühlsäußerungen wie Trauer oder Wut feinfühliges Verhalten folgte (Julius 2009). Fragt man sie danach, was das Kind in den verschiedenen Situationen wohl tun würde, sind sicher gebundene Kinder in der Lage konstruktive Lösungswege für alle Trennungssituationen aufzuzeigen. Bei der Trennungssituation der zweiwöchigen Reise der Eltern stellen sich bindungssichere Kinder beispielsweise vor, dass das Kind auf dem Bild große Enttäuschung den Eltern gegenüber zeigen würde und die Eltern auf diese Weise vielleicht von ihrem Vorhaben abbringen könnte. Oder sie schlagen vor, dass das Kind in dieser Zeit von einer anderen Bindungsperson betreut werden könnte (Dornes 2007).

Unsicher gebundene Kinder dagegen sprechen nicht so gerne über die Gefühle der gezeigten Kinder oder sie wissen nicht, was sie antworten sollen. Sie können auch eher keine oder weniger konstruktive Lösungswege für die Kinder aufzeigen (Grossmann/Grossmann 2012).

So haben unsicher vermeidend gebundene Kinder ihre Bindungsbeziehungen bisher als ablehnend und wenig unterstützend erlebt. In belastenden Situationen suchen sie nicht den Trost ihrer Bezugsperson um weitere Zurückweisungen zu vermeiden, stattdessen wenden sie sich eher anderen Dingen zu. Dieses Verhalten manifestiert sich auch im Trennungsangst-Test. So können unsicher vermeidend gebundene Kinder keinen Lösungsvorschlag nennen, der darauf zielt die Nähe zu der Bezugsperson herzustellen (Julius 2009).

Unsicher ambivalent gebundene Kinder haben erfahren, dass auf ihre Bindungsbedürfnisse durch ihre Bezugsperson nur auf unberechenbare Weise eingegangen wurde. Ihr Grundbedürfnis nach Geborgenheit versuchen sie dadurch zu befriedigen, dass sie ständig die Nähe ihrer Bezugsperson absichern. Unsicher ambivalent gebundene Kinder sind auch in diesem Alter noch sehr anhänglich. Wenn ihr Bedürfnis nach Nähe nicht beachtet wird, zeigen sie massiven Ärger gegenüber der Bezugsperson. Dieses Verhalten wird auch im Trennungsangst-Test deutlich. So schlagen sie beispielsweise bei der zweiwöchigen Trennungssituation vor, dass das Kind seine Eltern fragen könnte ob es mitfahren dürfe, während sie auf die Frage was das Kind fühlen könnte antworten, dass es sich freut, nicht bei seinen Eltern sein zu müssen.

Desorganisiert gebundene Kinder fühlen sich in Angst auslösenden Situationen ausgeliefert und hilflos, da die Bezugsperson ihnen keine Sicherheit bieten kann. Diese Kinder internalisieren ein Arbeitsmodell von Bindung welches von Zurückweisung, Vernachlässigung oder sogar von Misshandlung geprägt ist. Im Trennungsangst-Test entwickeln diese Kinder Katastrophenfantasien, die eine endgültige Trennung zu den Bezugspersonen beinhalten oder einen sehr negativen Ausgang für das Kind darstellen. So berichten „die interviewten Kinder, dass die Eltern des abgebildeten Kindes getötet werden oder dass das abgebildete Kind überfahren wird, verhungert, sich umbringt oder von der Bindungsperson getötet wird" (Julius 2009, S.128). Diese sehr drastischen Schilderungen verweisen auf „die Angst und Hilflosigkeit dieser Kinder in bindungsrelevanten Situationen" (Julius 2009, S. 128).

4.2 Bindung im Jugendalter

Mit dem Eintritt in die Jugendphase stehen Heranwachsende neuen Herausforderungen gegenüber. Auf der einen Seite prägen körperliche und psychische Veränderung das Jugendalter, auf der anderen Seite wandelt sich die Beziehung zu den Eltern in dieser Zeit stark (Bolten 2009). Die Beziehungen zu Gleichaltrigen werden nun für die Jugendlichen immer wichtiger und sie beginnen sich zunehmend von ihren Eltern zu lösen. Dadurch entwickeln sie immer mehr Selbstständigkeit und Autonomie. In dieser Phase des Lebens setzen sich die Heranwachsenden gleichzeitig auch mit sich selbst auseinander und sind auf der Suche nach einer eigenen Identität (Lohaus/Vierhaus 2015). In diesem Zusammenhang könnte man schlussfolgern, dass die Bindung zu den Eltern in dieser Phase des Lebens eine untergeordnete Rolle spielt. Doch dem ist nicht so. Die Veränderungen stellen für die

Jugendlichen eine große Herausforderung dar, bei dessen Bewältigung die Eltern eine wichtige Rolle spielen. So ist eine gelungene Beziehung zu den Eltern weiterhin und gerade jetzt wichtig, um die Entwicklungsaufgaben im Jugendalter erfolgreich bewältigen zu können (Grossmann/Grossmann 2012).

Eine positive Beziehung zu den Eltern ist partnerschaftlich aufgebaut, Jugendliche hinterfragen zunehmend die Ansichten und Einstellungen ihrer Eltern kritisch und denken über die Beziehung zu ihnen nach. Sie sind jetzt zunehmend in der Lage verschiedene Perspektiven gedanklich in ihre eigene mit ein zu beziehen. Die Erfahrungen, die sie in den Beziehungen mit ihren Eltern bisher gemacht haben, können jetzt bewertet werden (Bolten 2009). Auch ist es in der Jugendphase eher möglich, dass frühe internalisierte Bindungsrepräsentationen durch neue unterstützende Beziehungen zu Gleichaltrigen eine Veränderung erfahren. Während eine Veränderung des Bindungsmusters von der frühen Kindheit bis zum Schulalter fast ausschließlich nach schwerwiegenden Lebensereignissen beobachtet werden kann, ist es im Jugendalter eher möglich, dass sich eine unsichere Bindungsrepräsentation in ein sicheres Modell von Bindung wandelt (Ecarius/Köbel/Wahl 2011, Hurrelmann 1999).

Die Bindungsbeziehung zwischen Jugendlichen und ihren Eltern zeichnet sich jetzt nicht mehr durch körperliche, sondern durch psychische Nähe aus. Gekennzeichnet ist diese bei einer sicheren Bindung durch eine Kommunikation auf Augenhöhe zwischen Jugendlichen und ihren Eltern. Denn obgleich Jugendliche immer selbstständiger und unabhängiger viele Bereiche ihres Lebens meistern, „werden die Eltern im Vergleich zu Freunden von den meisten Jugendlichen noch immer als wichtigste Quelle von Sicherheit gesehen" (Grossmann/Grossmann 2012, S. 514f). Einerseits wünschen sich Jugendliche Eltern, die für sie verfügbar sind, andererseits möchten sie aber auch zunehmend ihr Leben selbst in die Hand nehmen.

Karin Grossmann und Klaus Grossmann vergleichen diese Balance von Verbundenheit und Selbstständigkeit der Beziehung zu den Eltern mit der Balance von Bindungsverhalten und Explorationsverhalten in der Kindheit (Grossmann/Grossmann 2012). Auch die sicher gebundenen Kinder in der Fremden Situation können mit der Gewissheit, bei Angst oder Gefahr ihre Bezugsperson als sichere Basis nutzen zu können, ihre Umwelt erkunden. Damit konnten sie im Laufe ihrer Kindheit immer mehr Kompetenzen erwerben und sich unabhängiger machen. Diese verinnerlichten Erfahrungen zeigen sich nun auch im Jugendalter. Eine sichere Basis ermöglicht es Jugendlichen sich selbst und ihre Umwelt realistisch einzuschätzen sowie reflektiert über ihre eigenen Gefühle nachzudenken. Mit einer sicheren

Bindungsrepräsentation gelingt es Jugendlichen ihre eigenen Fähigkeiten richtig zu beurteilen und sich bei Überforderung Hilfe zu suchen. Wenn Jugendliche wenig Vertrauen in ihre Eltern haben, zeigt sich das auch darin, dass sie wenig über sich oder ihre Gefühle ihnen gegenüber zeigen, mitteilen oder sie um Hilfe bitten würden. Diese Jugendlichen nutzen ihre Eltern nicht als sichere Basis und es stellt sich für sie als schwierig heraus, ihre Eltern um Unterstützung zu bitten, wenn sie vor schwierigen Herausforderungen stehen (Grossmann/Grossmann 2012).

4.3 Bindung im Erwachsenenalter

Ursprünglich befasstec sich die Bindungsforschung mit der Bindung im Kleinkindalter. Mary Main (1985) beschäftigte sich mit den Entstehungsbedingungen individueller Unterschiede der Qualitäten von Eltern-Kind-Bindungen und untersuchte dann die Art und Weise, wie Eltern ihre Erfahrungen der Herkunftsfamilie und ihre Bindung zu ihren Eltern erlebt und verarbeitet haben. Sie konnte beobachten, dass die internalisierten Arbeitsmodelle der Bindungserfahrungen das Verhalten von Eltern ihren Kindern gegenüber beeinflussen. Es wird angenommen, dass Eltern aufgrund ihrer eigenen Erfahrungen, „komplexe psychische Merkmale an ihre Kinder weitergeben" (Gloger-Tippelt, S.74). Empirisch konnte Mary Main ihre These erst prüfen, als sie ein neuartiges Erhebungsinstrument entwickelte, welches die Bindungsqualität Erwachsener mithilfe der Repräsentationsebene erfasst (Gloger-Tippelt, 1999).

4.3.1 Das Adult Attachment Interview

Das Adult Attachment Interview wurde von Main und ihren Mitarbeitern entwickelt, um die inneren Arbeitsmodelle von Erwachsenen erfassen zu können. Es handelt sich dabei um ein halbstrukturiertes Interview über die vergangenen Bindungserfahrungen. Die Interviewten werden in einer etwa einstündigen Sitzung zu ihrer Kindheit befragt. Insbesondere ist die Frage nach der Einschätzung früher Kindheitserfahrungen hinsichtlich der Bedeutung für die eigene Entwicklung der Persönlichkeit von Bedeutung. Ferner sollen die Befragten fünf Adjektive nennen, welche die Beziehung zu jedem Elternteil bezeichnend charakterisiert und dazu ihre Erinnerungen ausführen. Darüber hinaus sollen sie beschreiben, ob sie einem Elternteil näher standen und warum, ob sie sich von den Eltern bzw. von einem Elternteil zurückgewiesen oder bedroht fühlten. Ein weiterer Teil des Interviews erfasst Erfahrungen von Misshandlung oder Verlust von Bezugspersonen und wie diese von den Interviewten verarbeitet wurden.

Anschließend wird das Interview transkribiert und nach bestimmten Kriterien ausgewertet. Dabei soll zum einen auf die sprachliche Darstellung der Erzählungen und zum anderen auf die Erzählinhalte geachtet werden, also von welchen wichtigen Ereignissen die Interviewten berichten. Bei vielen Interviewten treten im Verlauf des Interviews Widersprüche auf, es fehlen Erinnerungen und die Erzählungen erscheinen insgesamt nicht schlüssig. Gerade dieser Sachverhalt ist für die Auswertung des Interviews entscheidend. Eines der wichtigsten Kriterien der Auswertung ist also die Kohärenz der Erzählstruktur. Betrachtet man die Inhalte der Erzählungen zeigt sich, ob die Beziehung zu den Eltern von den befragten Erwachsenen idealisiert wird oder ob ein realistisches Bild wiedergegeben werden kann (Gloger-Tippelt 1999).

Mithilfe dieser Auswertungsmethoden lassen sich die Interviewten vier Bindungsgruppen zuordnen:

1. Als *unsicher bindungsabwehrend* werden Personen eingestuft, die sich kaum mehr an Erfahrungen mit ihrer Bezugsperson erinnern können oder die den Einfluss dieser Erfahrungen komplett abwerten (Gloger-Tippelt, 1999). Außerdem neigen sie dazu ihre Eltern zu idealisieren. Das wird daran deutlich, dass sie für die sehr positiven Adjektive die sie ihren Eltern zuschreiben, keine entsprechenden Erinnerungen schildern können. Stattdessen berichten sie auf Nachfrage von eher traurigen Episoden oder sie können überhaupt keine Beispiele nennen. Diese unsicher abwehrende Kategorie kommt dem in der Kindheit feststellbaren unsicher vermeidenden Bindungsmuster gleich.

2. Die als *autonom-sicher* eingestuften Interviewten erzählen flüssig. Sie können auf die Fragen angemessen und ausführlich antworten. Sie erinnern sich sowohl an positive als auch an negative Erfahrungen mit ihren Eltern. Autonom sichere Erwachsene sind also in der Lage, ihre Beziehung realistisch und objektiv einzuschätzen. Außerdem können sie einen Zusammenhang zwischen ihren in der Kindheit gemachten Erfahrungen und der Entwicklung ihrer eigenen Persönlichkeit herstellen und begründen (Siegler/DeLoache/Eisenberg 2011). Erwachsene, die als autonom eingestuft werden, zeigen eine wertschätzende Haltung ihren Bezugspersonen gegenüber (Gloger-Tippelt 1999). Es kommt jedoch nicht nur auf den Inhalt der gemachten Erfahrungen der Interviewten an, sondern in welcher Weise diese im Interview erzählt werden. Auch Personen, die von negativen Kindheitserfahrungen berichten, können als sicher eingestuft werden. Wichtig

ist dabei ob diese Erfahrungen kohärent erzählt werden, ob sie verarbeitet wurden und im Interview realistisch eingeschätzt werden können (Dornes 2007).

3. Die Interviewten, die als *unsicher verstrickt* klassifiziert werden, hadern noch immer mit ihrer Vergangenheit. Sie sind noch immer darum bemüht es ihren Eltern Recht zu machen und können sich nicht von diesen abgrenzen. Dadurch, dass sie noch so sehr mit den vergangenen Bindungsbeziehungen beschäftigt sind, scheint es ihnen sehr schwer zu fallen ihre Erinnerungen zusammenhängend wiederzugeben. Sprachlich ist das an langen und verschachtelten Sätzen und unpräzisen Formulierungen über vergangene Erfahrungen erkennbar. Teilweise können sie auf Fragen über vergangene Erfahrungen nicht passend antworten und berichten dann eher über aktuellen Ärger mit ihren Eltern. Diese verstrickte Kategorie ist mit dem unsicher ambivalenten Bindungsmuster vergleichbar (Dornes 2007).

4. Erwachsene, die als *ungelöst desorientiert* klassifiziert werden, scheinen unter den Folgen traumatischer Erfahrungen zu leiden. Sie schildern frühe Verluste von Bindungspersonen oder Erfahrungen von Misshandlung durch diese. Diesbezügliche Fragen beantworten sie in konfusen Schilderungen zum Beispiel über das eigene Verschulden eines Todesfalls oder einer Misshandlung. Diese Klassifikation entspricht dem desorganisierten Bindungsmuster der Kindheit.

Die Häufigkeitsverteilung der einzelnen Bindungsmodelle zeigt, dass etwa 45-55 % der Interviewten der autonomen Kategorie zugeordnet werden, 20-25 % der bindungsabwehrenden Kategorie, 10-15 % der verstrickten und 15-29 % leiden unter einem unbewältigten Trauma und werden der desorientierten Kategorie zugeordnet.

In klinischen Stichproben weichen diese Prozentangaben stark ab, sodass viel häufiger unsichere und desorganisierte Bindungsmuster vorzufinden sind (Gloger-Tippelt 1999).

4.4 Weitergabe von Bindungsmustern über Generationen

In der Bindungsforschung ist nun einer der überzeugendsten empirischen Befunde, dass durch die Art und Weise, in welcher Eltern über frühe Kindheitserfahrungen im Adult Attachment Interview berichten, sich das Verhalten ihrer Kleinkinder in der Fremden Situation vorhersagen lässt (Gloger-Tippelt 1999).

In verschiedenen Studien konnten starke Zusammenhänge zwischen dem Bindungsmuster von Kindern in der Fremden Situation und den inneren Bindungsrepräsentationen im Adult Attachment Interview ihrer Eltern festgestellt werden (Ecarius/Köbel/Wahl 2011, Hopf/Hopf 1997). Mütter, die im Adult Attachment Interview als autonom klassifiziert werden, haben häufiger sicher gebundene Kinder bzw. Mütter mit unsicheren Bindungsrepräsentationen haben häufiger unsicher gebundene Kinder (Dornes 2007). Ähnliche, aber nicht ganz so starke Zusammenhänge der transgenerationalen Weitergabe der Bindungsmuster konnten auch bei Vätern und ihren Kindern gefunden werden (Grossmann/Grossmann 2012, Bolten 2009). Diese Zusammenhänge fanden sich sowohl in prospektiven Designs mit einer Durchführung des Adult Attachment Interviews am Ende der Schwangerschaft als auch in retrospektiv angelegten Designs, wenn das Adult Attachment Interview Jahre nach der Fremden Situation stattfand (Gloger-Tippelt 1999).

Fonagy und Mitarbeiter (1991) untersuchten die Vorhersagbarkeit kindlicher Bindungsmuster in einer prospektiven Studie. Das Adult Attachment Interview wurde hier noch vor der Geburt des Kindes mit der werdenden Mutter durchgeführt. Es konnte gezeigt werden, dass „75 % der in der Schwangerschaft als autonom eingeschätzten Mütter mit einem Jahr sicher gebundene Kinder hatten, während ca. 75 % der als unsicher eingeschätzten Mütter mit einem Jahr unsicher gebundene Kinder hatten" (Dornes 2007, S. 71). Auch Zusammenhänge zwischen den einzelnen Bindungsmustern konnten nachgewiesen werden. So zeigen zahlreiche prospektive Studien, dass Mütter, die als unsicher bindungsabwehrend klassifiziert werden, häufiger unsicher vermeidend gebundene Kinder haben, Mütter mit verstrickten Bindungsrepräsentationen häufiger unsicher ambivalent gebundene Kinder und dass desorientierte Mütter vermehrt desorganisierte Kinder haben. Hier fällt jedoch die Vorhersage nicht ganz so zuverlässig aus wie bei den autonomen Müttern. Bei diesen prospektiv angelegten Studien kann die Transmission klar darauf zurückgeführt werden, welchen Einfluss die inneren Repräsentationen der Eltern auf die Bindungsqualität ihrer Kinder haben und nicht etwa, dass sich die Eltern an das Bindungsmuster ihres Kindes anpassen (Dornes 2007). Bei retrospektiven Studien, die den gleichen Zusammenhang der Weitergabe von Bindung zeigen, „könnte man einwenden, daß sie nicht belegen, daß die Bindungsrepräsentanzen der Erwachsenen die Bindungsqualität des Kindes bestimmen, sondern umgekehrt" (Dornes 2007, S.70).

Es stellt sich nun die Frage, welche Prozesse bei der Transmission von Bindung über Generationen stattfinden. Wie bereits im ersten Teil dieser Arbeit dargestellt, trägt das feinfühlige Verhalten der Bezugsperson durch die Interaktion mit dem Kleinkind in besonderem Maße zur Entwicklung eines Bindungsmusters bei. Zum anderen hängen auch die Bewertungen der elterlichen Kindheitserinnerungen, welche im Adult Attachment Interview erfasst werden, mit der Bindungsqualität des Kindes zusammen. So kann man annehmen, dass Eltern, die im Adult Attachment Interview als autonom klassifiziert werden und realistisch über ihre frühen Beziehungserfahrungen berichten können, tendenziell auch feinfühlig mit ihrem Kind umgehen. Diese Annahme konnte in zahlreichen Studien dahingehend bestätigt werden, „dass es einen signifikanten Zusammenhang zwischen sicheren Bindungsrepräsentationen und feinfühligem Verhalten einerseits und unsicherer Bindungsrepräsentationen und weniger feinfühligem Verhalten andererseits gibt" (Dornes 2007, S.72).

Jedoch müssen, wie im Kapitel über das Konzept der Feinfühligkeit bereits angedeutet, weitere Überlegungen in Bezug auf die Weitergabe von Bindungsmustern über Generationen berücksichtigt werden. So vermutet Ijzendoorn, dass in den Skalen über Feinfühligkeit nach Ainsworth bestimmte wesentliche Einflussfaktoren auf die Bindungsqualität der Kinder nicht enthalten sind (Dornes 2007). Infolgedessen wurde das Konzept dahingehend erweitert, „dass die mütterliche Fähigkeit, die Perspektive des Kindes einzunehmen, einen wesentlichen Anteil ihrer Feinfühligkeit ausmache" (Ziegenhain zit. nach Gloger-Tippelt 1999, S.83).

Von vielen Entwicklungspsychologen wird betont, dass angeborene Temperamentmerkmale bei der Entstehung verschiedener Bindungsmuster mitwirken. Klaus Grossmann (1995) stellte in einer Stichprobe fest, dass es immer wieder Kinder gab, die ein unsicheres Bindungsmuster besaßen, obwohl die Bindungsrepräsentation der Mutter als autonom klassifiziert und ihr Verhalten dem Kind gegenüber als feinfühlig eingestuft wurde. Er vermutet, dass das Temperament dieser Kinder die Art und Weise beeinflusst hat, wie das mütterliche feinfühlige Verhalten im Kind repräsentiert wird und so zu unsicheren Bindungsmustern bei den Kindern geführt hat (Dornes 2007).

Neuere Zwillingsstudien konnten keinen Zusammenhang zwischen genetischen Unterschieden und der Herausbildung von Bindungsmustern feststellen. In diesen Studien wurden eineiige und zweieiige Zwillingspaare in der Fremden Situation beobachtet. Die Ergebnisse dieser Beobachtungen zeigen, dass die eineiigen Zwillingspaare im Vergleich zu den zweieiigen Zwillingspaaren, nicht signifikant häufiger gleiche Bindungsmuster aufweisen (Bokhorst/Bakermans-Kranenburg u.a. 2003). Die Entwicklung der Bindung dieser Zwillingspaare erfolgte also durch die Interaktion mit ihrer Bezugsperson und wurde nicht durch ihre Erbanlangen beeinflusst (Hopf 2005).

Die genannten Prozesse zur Entwicklung verschiedener Bindungsmuster leisten einen großen Beitrag zur Entstehung von Bindungsmustern bei Kindern, sie können die Entstehung dieser jedoch nicht vollständig erklären. Als weitere Faktoren werden Unterschiede im ökonomischen und sozialen Kontext einer Familie diskutiert. „Mütter, die unter besonders schwierigen ökonomischen und sozialen Bedingungen leben, haben häufiger als andere unsicher gebundene Kinder" (Hopf 2005, S. 80). Außerdem spielen auch Prozesse der Selbstreflexion, also in welche Weise die Bezugsperson in der Lage ist über eigene Erfahrungen und Gefühle nachzudenken, eine Rolle (Gloger-Tippelt 1999, Fonagy 1998). So können Prozesse der Transmission von Bindungsmustern gut durch das Konzept der Feinfühligkeit erklärt werden. Andere Faktoren können weitere Entstehungsbedingungen von sicherer und unsicherer Bindung ergänzen.

4.5 Stabilität und Instabilität von Bindungsmustern

In der traditionellen Bindungsforschung ging man lange davon aus, dass die inneren Arbeitsmodelle, die in der frühen Kindheit ausgebildet werden, weitgehend stabil bleiben und resistent gegenüber Veränderungen sind. So nahm auch Bowlby an, dass eine Veränderung des inneren Arbeitsmodells in der frühen Kindheit noch möglich sei, dass sich jedoch mit zunehmendem Alter und dazukommenden Bindungserfahrungen die inneren Repräsentationen von Bindung kaum mehr verändern würden. „In Bowlbys Modell der Entwicklungspfade nimmt die Sensitivität gegenüber den Erfahrungen mit den Bezugspersonen von der frühen Kindheit bis zum Jugendalter ab" (Kißgen 2009, S. 69). Diese Betrachtungsweise auf die Entwicklung von Bindung ist sicherlich zum Teil zutreffend, sie wurde aber als zu einseitig kritisiert, da sie den vielen Einflussfaktoren auf die Bindungsentwicklung zu wenig Beachtung schenkt. So wurde in Studien mit Familien, die einer hohen Risikobelastung ausgesetzt waren, eine sehr geringere Stabilität von Bindungsmustern festgestellt. Diese geringere Stabilität der Bindungsmuster geht mit oftmals zahlreichen negativen Lebensereignissen und einer hohen sozioökonomischen Belastung der Kinder einher. In Längsschnittstudien der Grossmann-Gruppe, in der die Bindungsentwicklung von der frühen Kindheit bis zum Jugendalter untersucht wurde, deutete sich ein erheblicher Einfluss von Risikofaktoren auf die

Bindungsentwicklung an (siehe Kapitel 4.6.1). Die Bindungsrepräsentationen der Jugendlichen mit sechzehn Jahren konnte mit den Bindungsmustern in der Fremden Situation der einjährigen Kinder nicht vorhergesagt werden. Die Ergebnisse der Studie zeigen, dass weitere Einflussfaktoren im Lebenslauf berücksichtigt werden müssen, um mögliche Bindungsrepräsentationen des Jugendalters vorhersagen zu können (Ahnert/Spangler 2014, Kißgen 2009).

Es kann demnach angenommen werden, dass die Wirkung der frühen Bindungsmuster über den Lebenslauf relativ stabil ist, sofern sich die Bindungsbeziehung nicht durch ein einschneidendes Erlebnis verändert (Siegler/DeLoache/ Eisenberg 2011).

Erklärt werden kann der Einfluss kritischer Lebensereignisse auf die Bindungsbeziehung mit einem veränderten Verhalten der Bezugspersonen. Ereignisse in der Familie wie zum Beispiel die Scheidung der Eltern oder der Tod eines Familienmitglieds verändern die Interaktion mit dem Kind. Durch die weniger feinfühlige Kommunikation wird das Kind wahrscheinlich sein Bindungsverhalten ändern, indem es zum Beispiel seinen Kummer unterdrückt. So wird sich auch die Vorhersagbarkeit des Verhaltens der Bezugsperson ändern und damit das gesamte Bild des Kindes von Beziehungen und von sich selbst (Dornes 2007).

Betrachtet man die Bindungsentwicklung vom ersten Lebensjahr an bis zum Schulalter, zeigt sich durchaus eine beachtliche Kontinuität. In zahlreichen Studien, die das Verhalten der Kleinkinder in der Fremden Situation mit den Bindungsrepräsentanzen Vier- bis Sechsjähriger zum Beispiel im Trennungsangst-Test verglichen, konnte die Stabilität der inneren Arbeitsmodelle von Bindung festgestellt werden. In einer Studie von Gloger-Tippelt, Koenig und Vetter (2002) blieben in 85 % der Fälle die Bindungsklassifikationen vom Kleinkindalter bis zum Schulalter gleich. Für die sicher gebundenen Kinder zeigte sich eine Stabilität von 70 % und für die unsicher gebundenen Kinder zusammengefasst eine Stabilität von 94 % hinsichtlich der Bindungsmuster (Kißgen 2009). In einer Meta-Analyse wurden 2013 viele längsschnittlich angelegte Studien zusammengefasst, wobei insgesamt 21.000 Bindungsbeziehungen zu mehreren Zeitpunkten im Leben erhoben wurden. Die Ergebnisse der Studie ließen eine mittlere Bindungsstabilität über den Lebenslauf erkennen (Pinquart/Feußner/Ahnert 2012, Ahnert/Spangler 2014).

Die Ergebnisse der exemplarisch ausgewählten Studien sollen deutlich machen, dass früh eingenommen Entwicklungspfade nicht deterministisch für das Leben festgelegt sind. Die inneren Arbeitsmodelle von Bindung besitzen eine gewisse

Plastizität sowohl von sicherer zu unsicherer Bindung als auch von unsicherer zu sicherer Bindungsrepräsentation. Es lässt sich jedoch derzeit noch nicht eindeutig beantworten, wie stabil die Bindungsrepräsentationen von der frühen Kindheit bis ins Erwachsenenalter sind. Dazu müssen verfeinerte Methoden gefunden werden, damit zu verschiedenen Zeitpunkten im Lebenslauf auch die gleiche Variable erfasst wird. So wird in der Fremden Situation das Verhalten der Kinder beobachtet, während in späteren Entwicklungsabschnitten eine verallgemeinerte Repräsentationsebene z.B. im Adult Attachment Interview erfasst wird (Ahnert/Spangler 2014). Die Verhaltensebene in der Fremden Situation mit der Repräsentationsebene im Jugend- und Erwachsenenalter zu vergleichen könnte dazu führen, dass nur eine mittlere Stabilität der Bindungsmuster festgestellt wird.

Dennoch „lässt sich festhalten, dass die Bindungsentwicklung offensichtlich nicht auf ein theoretisches Modell früher Prägung zurückzuführen ist. Auftretende Diskontinuität kann als Ergebnis regelhafter Veränderungen in der Eltern-Kind-Interaktion erklärt werden" (Kißgen 2009, S. 75).

4.6 Die Bedeutung früher Bindungserfahrungen für die weitere Entwicklung

Ein für Pädagogen und Therapeuten gleichermaßen wichtiges Ergebnis der Bindungsforschung sind die langfristigen Effekte früher Bindungserfahrungen. Die Entwicklung eines Kindes wird von vergangenen Beziehungserfahrungen erkennbar beeinflusst. Denn durch die Bindungsqualität, die mit einem Jahr bei der Fremden Situation festgestellt wird, lassen sich treffende Vorhersagen über die weitere soziale Entwicklung eines Kindes ableiten (Dornes 2007). Sicher gebundene Kinder haben ein positives Arbeitsmodell von Bindung entwickelt, welches ihr Sozialverhalten, ihre Selbstwahrnehmung und die Erwartungen an andere Menschen formt. Sie haben schon früh die Zuversicht entwickelt, dass sie unterstützt werden, wenn sie Hilfe benötigen. Wenn etwas sie beunruhigt, wissen sie, dass sie Trost erhalten. So konnten sie die eigenen Fähigkeiten mit dieser Zuversicht ständig erweitern (Grossmann/Grossmann 2012, Siegler/DeLoache/Eisenberg 2011). Es zeigt sich, dass Kinder, deren Eltern ihnen in ihrer Entwicklung als sichere Basis zu Verfügung standen, „zu selbständigen und geistig gesunden Erwachsenen heranwachsen, wenn ihr Bindungsverhalten von der Kindheit über das Jugendalter und in das Erwachsenenalter hinein von fürsorglichen Eltern befriedigt [...] wurde" (Bowlby 1980, S.45).

Das bedeutet jedoch nicht, dass ein Kind mit einem unsicheren Bindungsmuster zwangsläufig mit Herausforderungen des Lebens nicht zurechtkommen wird. Eine sichere Bindung zu den Eltern kann jedoch für das Kind als ein Schutzfaktor für die weitere Entwicklung betrachtet werden, während eine unsichere Bindung eher ein Risikofaktor darstellt (Gloger-Tippelt 1999).

4.6.1 Ergebnisse von Längsschnittuntersuchungen

In Bezug auf den Zusammenhang frühkindlicher Bindungserfahrungen und den Auswirkungen auf die weitere Entwicklung eines Kindes sind unter anderem die Arbeiten der Gruppe von Alan Sroufe in Minnesota und die Bielefelder und Regensburger Längsschnittuntersuchungen von Karin und Klaus Grossmann von Bedeutung. Da sie auch Ergebnisse liefern, die den Zusammenhang früher Bindungserfahrungen und der Herausbildung sozialer Kompetenz betreffen, sind sie besonders im Bezug auf die vorliegende Arbeit von Interesse.

Die Minnesota Längsschnittuntersuchung

Die Längsschnittuntersuchung der Forschergruppegruppe in Minnesota, die in den 1970er Jahren begann und bis heute anhält, setzt den Schwerpunkt bei Entwicklungsverläufen unter schwierigen sozialen und ökonomischen Bedingungen (Kißgen 2009, Hopf 2005, Sroufe 1983).

Ziel der Untersuchung war es herauszufinden, wie sich die Bindung zwischen Eltern und ihren Kindern über die Jahre verändert und welchen Einfluss die frühe Bindungsqualität auf den weiteren Verlauf der Entwicklung der Kinder hat. Eine weitere wichtige Fragestellung beschäftigte sich mit den Faktoren, die dazu führten, dass sich einige Kinder trotz der erschwerten Lebensbedingungen, auf eine kompetente Weise entwickelten und eine sichere Bindungsrepräsentation erlangen konnten.

Alle Familien, die an der Studie teilnahmen waren durch zahlreiche Risikofaktoren wie Armut, niedriger Bildungsstand, Erfahrungen mit Drogen- und Alkoholmissbrauch und Erfahrungen familiärer Gewalt belastet (Kißgen 2009).

Wie von den Forschern erwartet, konnten in der Längsschnittuntersuchung in Minnesota im Vergleich zur amerikanischen Mittelschicht, erheblich weniger Kinder als sicher gebunden klassifiziert werden (Kißgen 2009). Des Weiteren vermuteten die Forscher, dass Kinder, die unter problematischen Bedingungen aufwuchsen, eine weniger stabil verlaufende Entwicklung aufweisen würden, als Kinder der Mittelschicht. Diese Vermutung konnte auch bestätigt werden. Während eine vergleichbare Studie über Kinder der Mittelschicht zeigte, dass die inneren Arbeitsmodelle von der Kindheit bis ins Erwachsenenalter relativ stabil verliefen, zeigte sich in den Entwicklungsprozessen der Kinder der Minnesota Untersuchung weitaus weniger Kontinuität. Diese Instabilität der Bindungsmuster in der Risikostichprobe stand in Zusammenhang mit den vielen ungünstigen bindungsrelevanten Erfahrungen der Kinder und Jugendlichen (Hopf 2005).

Weitere Ergebnisse der Studie zeigen, dass sicher gebundene Kinder der Minnesota Studie im Vorschulalter mit frustrierenden Situationen besser umgehen konnten. Sie entwickelten eine kindliche Kompetenz, die sich „in angemessener Autonomie, Kooperationsbereitschaft, Wissbegier und einer guten emotionalen Organisation [...] zeigt[e]" (Grossmann/Grossmann 2012, S.88). Außerdem verhielten sie sich insgesamt sozial aufgeschlossener und „gingen mit positiven Gefühlen auf ihre Umwelt zu" (Hopf 2005, S. 136). So konnten sie Konflikte konstruktiv und selbstständig lösen, reagierten besonders empathisch in der Beziehung mit anderen Kindern und trösteten sie bei Problemen. Mit neuen Lernanforderungen konnten sie selbstsicher und kompetent umgehen und brauchten weniger die Unterstützung der Lehrer als unsicher gebundene Kinder. Die sicher gebundenen Kinder hatten insgesamt ein signifikant besseres Selbstwertgefühl und mehr Selbstvertrauen im Vergleich zu den unsicher gebundenen Kindern der Untersuchung (Kißgen 2009, Hopf 2005).

Betrachtet man Ergebnisse der Studie hinsichtlich der Frage der Entstehung sozialer Kompetenzen, müssen die Ergebnisse auch kritisch betrachtet werden. Denn es ist anzunehmen, dass Faktoren wie vermehrte Gewalt in den Familien, ein niedriger Bildungsstand der Eltern, geringe kognitive Förderung oder wenig soziale Unterstützung der Familie das Sozialverhalten der Kinder mitbestimmt haben. Weiterhin muss beobachtet werden, ob Eltern in ihrem Erziehungsstil Empathie und Perspektivübernahme fördern (Hopf 2005).

Die Minnesota Längsschnittuntersuchung ermöglicht ein besseres Verständnis zur Klärung der Frage, welchen Einfluss die Qualität der Bindung zur Mutter auf die späteren Beziehungen zu Gleichaltrigen, auf die Entwicklung der Persönlichkeit und des Selbstwertgefühls hat. Sicher gebundene Kinder der Minnesota Studie hatten insgesamt bessere Startbedingungen als die unsicher klassifizierten Kinder der Studie. Faktoren, „die ganz offensichtlich von Bedeutung sind, wenn sich Multiproblemfamilien und ihre Kinder entgegen den allgemeinen Erwartungen kompetent bzw. relativ unauffällig entwickeln" (Kißgen 2009, S. 239), werden vor allem an mehr unterstützenden Beziehungen in den ersten Lebensjahren deutlich (Grossmann/Grossmann 2012, Hopf 2005).

Die Bielefelder und Regensburger Längsschnittuntersuchungen

In den Bielefelder und Regensburger Längsschnittuntersuchungen der Grossmann-Gruppe, die in den 1970er und 1980er Jahren zu forschen begannen, wurde die Qualität der Bindung in der frühen Kindheit zu Mutter und Vater in der Fremden Situation gemessen, mit fünf Jahren wurde das Sozialverhalten der Kinder im Kindergarten erfasst und mit sechs Jahren wurde die Interaktion der Kinder mit der Mutter in einer Trennungssituation beobachtet. Außerdem wurden die Heranwachsenden mit zehn Jahren zu ihren frühen Bindungsbeziehungen befragt und im Jugend- und frühen Erwachsenenalter wurden die Bindungsrepräsentationen im Adult Attachment Interview klassifiziert.

Im Folgenden werden ausgewählte Ergebnisse beschrieben, die im Bezug auf die Arbeit relevant erscheinen.

Die Bindungsmuster vom frühen Kindesalter bis zum Alter von sechs Jahren blieben bei allen untersuchten Kindern der Studie gleich. Bei der Auswertung der Beobachtungen der Kinder im Kindergarten zeigten die bindungssicheren Kinder der Regensburger Studie kompetenteres Sozialverhalten als die unsicher gebundenen Kinder. Sie waren in der Lage aufkommende Konflikte selbstständig zu lösen. Wie in der Minnesotastudie in der Vorschule zeigten die Kinder auch in der Regensburger Längsschnittuntersuchung im Kindergarten mehr Selbstvertrauen im Umgang mit Konflikten.

Zusätzlich zu den Beobachtungen der Kinder im Kindergarten wurden ihnen drei verschiedene Arten von kurzen Bildgeschichten gezeigt, welche von Kindern handelten, bei denen etwas schief lief. Bei einer Bildgeschichte ist ein Kind zu sehen, das ein anderes Kind absichtlich verletzt, in der zweiten Geschichte geschieht dies offensichtlich unabsichtlich und in der dritten Geschichte ist eine uneindeutige Situation zu sehen (Dornes 2007, Hopf 2005).

Die Kinder sollten nun einschätzen, ob das dargestellte Missgeschick der Kinder jeweils so intendiert war oder nicht. „Es ging darum einzuschätzen, wie stark die Kinder auch in auslegbaren Situationen den Tätern in den Bildgeschichten negative oder aggressive Motive unterstellten" (Hopf 2005, S.149).

Aufgrund ihrer positiveren Erwartungen neigten sicher gebundene Kinder dazu, das Verhalten anderer realistischer und wohlwollender einzuschätzen. Unsicher gebundene Kinder hingegen projizierten aufgrund ihrer negativen Bindungserfahrungen eher aggressives Verhalten in die ihnen gezeigten Situationen hinein. So interpretierten sie die uneindeutige Situation häufig als intendiert aggressiv.

Im Alter von zehn Jahren wurden die Kinder, die an der Bielefelder Untersuchung teilnahmen, zu ihren Bindungsbeziehungen befragt. Die sicher gebundenen Kinder der Stichprobe konnten Gefühle auf angemessene Weise ausdrücken und die Emotionen anderer besser verstehen. Sie hatten mehr Freunde und auch engere, auf Vertrauen basierende Beziehungen zu Gleichaltrigen. Unsicher gebundene Kinder hatten dagegen größere Probleme, Gefühle wie Kummer und Traurigkeit im Gespräch zu kommunizieren (Dornes 2007, Hopf 2005).

Die dargestellten Längsschnittuntersuchungen tragen zur Erklärung der Zusammenhänge früher Bindungserfahrungen und der Herausbildung sozialer Kompetenzen bei. Es zeigte sich in beiden Studien, dass die frühen Bindungsbeziehungen für den Umgang mit Konflikten, für das Eingehen neuer Beziehungen, für den selbstbewussten Umgang mit neuen Situationen und die Herausbildung der Autonomie bedeutsam sind. Die frühen Bindungserfahrungen legen die Grundlage dafür, wie zukünftige Erfahrungen während der weiteren Entwicklung betrachtet werden und wie damit umgegangen wird.

Teil 3: Folgen von Misshandlungserfahrungen - Präventive Interventionsmöglichkeiten

Im dritten Teil dieser Arbeit soll nun die Betrachtung des Phänomens der Kindesmisshandlung und ihren Folgen für die weitere Entwicklung eines Kindes im Vordergrund stehen. So gilt es inzwischen als ein gesicherter Befund, dass frühe Missbrauchserfahrungen mit der Entstehung aggressiven Verhaltens und Störungen des Sozialverhaltens zusammenhängen. Dieser Zusammenhang soll nun ausführlich behandelt werden. Im Anschluss daran soll das bindungstheoretisch fundierte, präventive Interventionsprogramm STEEP vorgestellt werden, welches das Ziel hat, Kindern aus Hoch-Risiko-Familien, die von Gewalt gefährdet sind, eine positive Entwicklung zu ermöglichen.

5 Kindesmisshandlung und die Bedeutung für die weitere soziale Entwicklung

Eine sichere Bindung zu den Eltern gibt einem Kind Sicherheit und durch die frühen internalisierten Beziehungserfahrungen mit den Eltern entwickelt das Kind ein positives Bild von sich und seiner Umwelt. Ist diese frühe Beziehung jedoch gestört, liegt schnell die Vermutung nahe, dass das Kind die negativen Erfahrungen, die es innerhalb von engen Beziehungen mit seinen Bezugspersonen erfahren hat, verallgemeinert und auch auf neue Beziehungen überträgt (Grossmann/Grossmann 2012, Hopf 2005). Das Kind entwickelt also ein inneres Arbeitsmodell von Bindung, das durch negative Merkmale gekennzeichnet ist. Finden in diesen frühen Beziehungen Misshandlungserfahrungen durch die Bezugspersonen statt, so entwickeln betroffene Kinder innere Arbeitsmodelle von Bindung, die von tiefer Unsicherheit geprägt sind (Gasteiger-Klicpera 2009).

Im weiteren Verlauf soll der Begriff der Kindesmisshandlung definiert werden und die Auftretungshäufigkeit aufgezeigt werden. In einem weiteren Schritt werden die Folgen der Misshandlung vor allem bezüglich der Entwicklung aggressiven Verhaltens dargestellt. Im Anschluss erfolgt eine Auseinandersetzung mit verschiedenen Erklärungsansätzen. Dabei wird ein Schwerpunkt auf das bindungstheoretische Modell gelegt, da es besonders treffend den Zusammenhang erklären kann. Abschließend wird die Weitergabe von Misshandlungserfahrungen über Generationen besprochen und es werden besonders solche Faktoren beleuchtet, die es Betroffenen ermöglichen aus dem Misshandlungszyklus auszutreten und ihre frühen Erlebnisse nicht an ihre eigenen Kinder weiterzugeben.

5.1 Definitionen und Häufigkeit von Kindesmisshandlung

Je nachdem, wie Kindesmisshandlung definiert wird, ändern sich die Daten zur Häufigkeit des Phänomens. Wird nur die Kindesmisshandlung, die mit körperlicher Gewalt einhergeht betrachtet, so findet diese seltener statt als, wenn auch seelische Misshandlungen von Kindern mit einbezogen werden. Um die Häufigkeit von Kindesmisshandlung genauer feststellen zu können, sollen nun verschiedene Formen der Misshandlung unterschieden werden:

1. Die *Physische Misshandlung* umfasst körperliche Bestrafungen, wie Schlagen, starkes Schütteln oder ähnliches, die über einen längeren Zeitraum und wiederholt stattfinden.
2. Die *Emotionale Misshandlung* ist zum Beispiel durch Zurückweisung, Drohen, ständiges Kritisieren und Verächtlichmachen gekennzeichnet (Dornes 2009).
3. *Vernachlässigung* wird „verstanden als deutliche und dauerhafte Vernachlässigung der grundlegenden körperlichen und seelischen Bedürfnisse des Kindes nach Nahrung, Sauberkeit, bedarfsgerechter medizinischer Versorgung und affektiver Kommunikation" (Dornes 2009, S. 214).
4. Unter *Sexuellem Missbrauch* „versteht man die Beteiligung von Kindern an sexuellen Aktivitäten Erwachsener. Dazu gehören genitale, orale und anale Praktiken einschließlich Geschlechtsverkehr, [...] Anleitung zur Prostitution, aber auch sexuelle Berührungen" (Moggi 2009, S. 868).

Die Abgrenzung der verschiedenen Misshandlungsformen ist schwierig, da Kinder oftmals mehr als nur einer Form ausgesetzt sind. Besonders physische und psychische Misshandlungsformen finden häufig gleichzeitig statt. Des Weiteren muss auch beachtet werden, dass viele Fälle von Kindesmisshandlung nicht gemeldet werden. Daher unterscheidet sich die offizielle Häufigkeit von den tatsächlich stattfindenden Fällen von Misshandlung (Dornes 2009). Besonders sexuelle Missbrauchserfahrungen innerhalb der Familie unterliegen dem Druck der Geheimhaltung und werden nur in wenigen Fällen offiziell gemeldet (Gasteiger-Klicpera 2009).

Aus den genannten Gründen ist eine realistische Einschätzung der Häufigkeit von Kindesmisshandlung schwierig. Wählt man einen weiten Misshandlungsbegriff, werden in Deutschland laut Engfer (1997) zwischen 5 und 10 % aller Kinder unter 15 Jahren misshandelt. Schwere Misshandlungen betreffen 1 bis 1,5 % (Dornes 2009).

Im Bezug auf die Bindungstheorie sind vor allem die ersten drei Formen der Misshandlung erforscht worden. Aus diesem Grund sollen sie auch in dieser Arbeit schwerpunktmäßig behandelt werden.

Für die Betrachtung des Phänomens der Kindesmisshandlung und der psychischen und sozialen Folgen ist es wichtig zu betonen, dass Misshandlungen zwar in allen gesellschaftlichen Schichten vorkommen können, jedoch werden Kinder aus den unteren sozialen Schichten häufiger misshandelt. Für Kinder, die in Familien aufwachsen, die ein besonderes niedriges Einkommen haben, in sehr schwierigen Wohnverhältnissen leben und eine niedrige Bildung besitzen, steigt die Wahrscheinlichkeit misshandelt zu werden (Hopf 2005).

„Dabei sind – gegen die Erwartung – Frauen relativ häufig Täterinnen – insbesondere junge allein erziehende Mütter der unteren sozialen Schichten" (Hopf 2005, S. 153).

5.2 Folgen für die weitere Entwicklung misshandelter Kinder

Zahlreiche Studien haben sich mit dem Zusammenhang von Kindesmisshandlung und der Entstehung von Aggressivität betroffener Kinder beschäftigt. Mittlerweile ist der Zusammenhang differenziert erforscht und es gilt als ein gesicherter Befund, dass misshandelte Kinder ein stark beeinträchtigtes Sozialverhalten zeigen, was sich insbesondere dadurch manifestiert, dass sie mit Gleichaltrigen aggressiver umgehen als Kinder, die nicht misshandelt wurden (Dornes 2009, Lyons-Ruth 1996). Es zeigen sich für die verschiedenen Misshandlungsformen auch differenzielle Folgen im Bezug auf das spätere Verhalten. Vernachlässigte Kinder zeigen sich im Unterschied zu den misshandelten Kindern oftmals eher passiv und zurückgezogen als aggressiv. Es lassen sich starke Beeinträchtigungen der sozialen Beziehungen zu Gleichaltrigen bei den misshandelten sowie bei den stark vernachlässigten Kindern beobachten und die verschiedenen Formen der Misshandlung wirken sich langfristig erheblich auf die weitere seelische Entwicklung aus (Dornes 2009).

Bereits im Kindergartenalter entwickeln physisch misshandelte Kinder häufiger Aggressionen gegenüber Gleichaltrigen. In einer Studie von Main und George (1985) und auch in einer vergleichbaren Studie von Howes und Eldredge (1985) konnte beobachtet werden, dass misshandelte Kinder auf den Kummer anderer Kinder nicht mit Mitgefühl reagierten, sondern mit Aggression. Manche der misshandelten Kinder reagierten auf das Schreien anderer Kinder sogar damit, dass sie anfingen das weinende Kind zu schlagen. Nicht misshandelte Kinder, die unter jeweils vergleichbaren Bedingungen aufwuchsen, beantworteten das Weinen Gleichaltriger häufiger mit Anteilnahme. (Gasteiger-Klicpera 2009, Hopf 2005). „Daher nehmen die Autoren an, dass physische Gewalt das Risiko von aggressivem Verhalten erhöht, und zwar über die vorhandenen Risikofaktoren in den Familien hinaus" (Gasteiger-Klicpera 2009, S.30).

Vernachlässigte Kinder zeigen in der Kindheit ebenfalls Probleme im Umgang mit Gleichaltrigen. Durch ihre soziale Zurückgezogenheit und Passivität fällt es ihnen schwer Freunde zu finden. Häufig entwickeln sie auch Formen der Depression und Störungen des Selbstwertes (Gasteiger-Klicpera 2009, Lynch/Cicchetti 1998).

Neben dem genannten aggressiven oder passiven Verhalten fallen misshandelte und vernachlässigte Kinder auch durch Verzögerung in fast allen Entwicklungsbereichen auf (Dornes 2009). In der Minnesota Längsschnittuntersuchung schnitten Kinder, die in den ersten Lebensjahren körperlich misshandelt wurden, in einem Intelligenztest schlechter ab als Kinder, die nicht geschlagen wurden. Stark vernachlässigte Kinder zeigten dabei noch niedrigere Intelligenzwerte. Diese kognitiven Defizite wirken sich auch auf die Fähigkeit zur Perspektivübernahme aus, also auf das soziale Verstehen anderer. Misshandelte Kinder können ihre soziale Umwelt nicht richtig einschätzen und neigen dazu, Gleichaltrigen eher feindselige Absichten zu unterstellen. Selbst freundliches Verhalten anderer können sie teilweise nicht erkennen (Hopf 2005).

Auch im Jugendalter zeigen sich erhebliche Beeinträchtigungen in sozialen Beziehungen mit Gleichaltrigen. Freundschaften physisch misshandelter Jugendlicher sind von deutlich mehr Konflikten geprägt. Misshandelte Jugendliche fühlen sich sozial weniger akzeptiert als Jugendliche, die keine Erfahrungen der Misshandlung erlebt haben. In ihren Schulleistungen schneiden sie insgesamt schlechter ab. Sexuell missbrauchte Jugendliche sind am häufigsten von Depressionen betroffen (Gasteiger-Klicpera 2009, Hopf 2005).

Nicht alle Kinder die Vernachlässigungserfahrungen, physische und emotionale Misshandlung oder sexuellen Missbrauch erlebt haben, leiden gleichermaßen stark unter den Erlebnissen. Manche Kinder sind besonders stark beeinträchtigt, wenn sie mehreren Arten von Kindesmisshandlung ausgesetzt sind, die Gewalt- bzw. Vernachlässigungserfahrungen häufiger und lang anhaltend stattfinden, die Misshandlung eine besondere Schwere besitzt, die Täterin oder der Täter eine Bezugsperson ist und das Alter bei Beginn der Misshandlung besonders niedrig ist (Gasteiger-Klicpera 2009). Martin Dornes fasst zusammen, „dass die Auswirkungen umso gravierender sind, je früher die Mißhandlung beginnt, je schwerer sie ist und je länger sie anhält" (2009, S.131).

Zur Erklärung des Zusammenhangs von Misshandlungs- und Vernachlässigungserfahrungen und der weiteren Entwicklung betroffener Kinder wird auf verschiedene theoretische Konzepte zurückgegriffen. Diese sollen im folgenden Verlauf skizziert werden. Dabei soll dem bindungstheoretischen Erklärungsansatz besondere Beachtung geschenkt werden.

5.3 Theoretische Erklärungsansätze zum Zusammenhang von Misshandlungserfahrungen und späteren Verhaltensproblemen

Wie ist es aus bindungstheoretischer Sicht zu erklären, dass die Erfahrung von Gewalt und Vernachlässigung zu späteren Verhaltensproblemen führen kann, dass misshandelte und vernachlässigte Kinder in Beziehungen zu Gleichaltrigen oftmals stark beeinträchtigt sind, sie weniger Mitgefühl zeigen und eher Aggressionen entwickeln, als Kinder die unter emotional stabilen Beziehungen aufgewachsen sind? Welche weiteren Theorien können dabei zusätzlich Erklärungsansätze bieten?

Die Bindungstheorie konzentriert sich auf die frühen Beziehungen, die zwischen Kleinkindern und ihren Bezugspersonen entstehen. Diese Bindungsbeziehung gibt den Kindern in den meisten Fällen Sicherheit und lässt sie ein Urvertrauen in die Welt entwickeln. Besonders wenn Gewalt und Formen der Misshandlung in Familien stattfinden, handelt es sich für die betroffenen Kinder um schwerwiegende Beziehungstraumata. Die frühe Bindung ist gestört und die betroffenen Kinder entwickeln aufgrund der gemachten Erfahrungen ein Bild von Beziehungen, das durch negative Merkmale gekennzeichnet ist (Gasteiger-Klicpera 2009). Die Bezugsperson dient hier nicht als sichere Basis, sondern löst bei den betroffenen Kindern oftmals Furcht aus. Unter diesen Umständen ist es sehr schwierig für misshandelte Kinder eine sichere Bindung aufzubauen und so ein positives Bild von der Welt zu entwickeln. Viele der betroffenen Kinder können auch keine unsichere Bindung zu ihrer Bezugsperson aufbauen und verfügen damit über kein stabiles Bindungsmuster (Hopf 2005). Misshandelte Kinder verhalten sich in der Fremden Situation häufig desorganisiert, also in einer widersprüchlichen Weise (Main/Solomon 1990). Dieses desorganisierte Verhalten ist meist Ausdruck traumatischer Misshandlungserfahrungen und sehr inkonsistenter Beziehungserfahrungen. So konnten bei 55 bis 80 % der misshandelten Kinder in verschiedenen Studien der Fremden Situation desorganisierte Verhaltensweisen, wie unterbrochene, falsch gerichtete und verlangsamte Bewegungen oder widersprüchliche Verhaltensmuster beobachtet werden. Kinder, die in der Fremden Situation desorganisierte Verhaltensweisen aufweisen, können manchmal zusätzlich auch noch anderen, organisierten Bindungsmustern zugeordnet werden (Hopf 2005, Main 2001). So sind viele misshandelte Kinder zusätzlich unsicher vermeidend an ihre Bezugsperson gebunden. Durch die bindungsvermeidende Strategie des Rückzugs kann das Kind das Zusammenleben mit der Angst auslösenden Bezugsperson etwas erleichtern.

Schon Bowlby nahm in seinen theoretischen Überlegungen an, dass Kinder, die von ihren Eltern stark zurückgewiesen werden, eher Wutgefühle entwickeln, die zu

Aggressionen führen können (Hopf 2005, Bowlby 1986). „Die misshandelten Kinder haben in ihren Familien häufiger die Erfahrung gemacht, dass die Eltern keine sichere, tröstende Basis sind, wenn sie Kummer haben, wenn sie schreien, protestieren oder Hilfe suchen" (Hopf 2005, S. 159). Im Gegenteil, sie mussten oftmals erfahren, dass auf ihr Weinen mit Gewalt oder Aggressionen geantwortet wurde. Diese internalisierten Erfahrungen prägen ein inneres Arbeitsmodell, welches sich auch auf andere Beziehungen überträgt. Auf diese Weise lässt sich beispielsweise erklären, warum misshandelte Kinder auf den Kummer Gleichaltriger oftmals mit Aggressionen reagieren. Negative Erwartungen und Gefühle der Wut, die ursprünglich in der frühen Beziehung zur Bezugsperson ihren Platz hatten, werden in neue Beziehungen hineinprojiziert. Auch die Tendenzen misshandelter Kinder, anderen Kindern feindselige Absichten zu unterstellen, lassen sich mit dem inneren Arbeitsmodell erklären. Die frühen Beziehungserfahrungen machen es diesen „Kindern schwer, innere Arbeitsmodelle zu entwickeln, die von sozialem Vertrauen zeugen" (Hopf 2005, S. 165). Des Weiteren werden die frühen Erfahrungen von Gewalt als Ganzes internalisiert. Das heißt, dass misshandelte Kinder die Opfer-Rolle zu Verfügung haben, gleichzeitig internalisieren sie aber auch die Rolle des Täters. Diese Kinder haben immer wieder die Erfahrung gemacht, dass „ihr eigenes Schreien und Weinen [...] nicht selten mit Schlägen oder Anschreien beantwortet" wurde (Hopf 2005, S. 159). Auch emotionale Zurückweisung und Vernachlässigung erzeugen Enttäuschung und Wut bei betroffenen Kindern. Diese Beziehungserfahrungen erschweren die Entwicklung eines inneren Arbeitsmodells, das Vertrauen in soziale Beziehungen ermöglicht (Hopf 2005).

Bei der Entstehung aggressiven Verhaltens ist es wichtig, nicht nur den bindungstheoretischen Ansatz als Erklärung des Phänomens heranzuziehen. Neben der Wichtigkeit der frühen Beziehung zwischen einem Kind und seinen Bezugspersonen spielen auch andere Faktoren eine Rolle.

Soziale Lerntheorien gehen davon aus, dass Kinder von den Erwachsenen am Modell lernen. Bandura (1986) betont besonders die Bedeutung des Lernens durch die Beobachtung der erwachsenen Vorbilder. Das aggressive und gewalttätige Verhalten der Eltern dient den Kindern als Modell und wird dadurch für die Kinder legitimiert. Gewalt erscheint für die Kinder in der Folge als geeignetes Mittel, um im Leben Ziele zu erreichen (Gasteiger-Klicpera 2009). Aus der Sicht der operanten Konditionierung nach Skinner führt verstärkendes Verhalten dazu, dass ein bestimmtes Verhalten erlernt und aufrechterhalten wird. Wenn ein Kind für sein aggressives Verhalten belohnt wird, wird dieses Verhalten in der Zukunft häufiger auftreten (Lohaus/Vierhaus 2015, Lamnek 2007).

Theorien der sozialen Informationsverarbeitung (Crick/Dodge, 1996) betonen, dass misshandelte Kinder eine verzerrte sozial-kognitive Informationsverarbeitung aufweisen. Durch frühe physische Misshandlungserfahrungen konnten bei den betroffenen Kindern „Fehler bei der Entkodierung von Reaktionen und eine fälschliche Annahme feindlicher Absichten" nachgewiesen werden (Gasteiger-Klicpera 2009, S.33). Durch die fehlerhafte Verarbeitung sozialer Informationen reagieren misshandelte Kinder selbst Freunden gegenüber aggressiv, da sie deren neutrales Verhalten oftmals als gegen sich gerichtet interpretieren (Gasteiger-Klicpera 2009).

Es gibt aber auch Hinweise, dass aggressives Verhalten nicht allein durch Lernerfahrungen oder eine gestörte Beziehung in den ersten Lebensjahren entsteht. *Biologisch-physiologische und genetisch fundierte Ansätze* (DeBellis 2001, O'Connor/Plomin 2000) nehmen eine Interaktion von Genen und Umwelteinflüssen an. Eine Traumatisierung durch Misshandlung oder sexuellen Missbrauch führe demnach in besonders kritischen Entwicklungsperioden der frühen Kindheit zu einer Veränderung der biologischen Stresssysteme und damit zu einer Reduzierung der Stressresistenz beim Kind. Es wird demnach angenommen, dass traumatische Erfahrungen die Stressreaktion eines Kindes grundlegend verändern können (vgl. auch Kapitel 3.1).

Man kann also zu dem Schluss kommen, dass emotionale und physische Misshandlung und starke Vernachlässigung grundlegender seelischer und körperlicher Bedürfnisse, tief greifende emotionale Folgen für die weitere Entwicklung eines Kindes haben (Hopf 2005). Die vorgestellten theoretischen Modelle, welche die Folgen von familiären Gewalt- und Vernachlässigungserfahrungen und das Phänomen der Aggressivität erklären sollen, schließen sich gegenseitig nicht aus, sondern führen als Ganzes betrachtet zu einem fundierten und differenzierten Verständnis. Die frühe Bindung der Eltern zu ihrem Kind und die internalisierten Erfahrungen beeinflussen dabei beispielsweise die späteren Lernerfahrungen und die Fähigkeit zur sozialen Reaktionsverarbeitung (Gasteiger-Klicpera 2009).

5.4 Zur These der Weitergabe von Misshandlung

Aufgrund der erheblichen Folgen von Misshandlungserfahrungen für die betroffenen Kinder stellt sich gleichzeitig die Frage, inwieweit Gewalt über die Generationen weitergegeben wird. Neigen misshandelte Kinder als Eltern später dazu auch ihre Kinder zu misshandeln?

Schon Bowlby (1977) ging davon aus, dass „tyrannisierte Erwachsene die tyrannisierten Kinder von gestern seien" (Dornes 2009, S. 217). Jedoch lassen zahlreiche Untersuchungen heute ein differenzierteres Bild erkennen. Es zeigt sich, dass sich die Ergebnisse von Studien in Abhängigkeit von dem jeweiligen Untersuchungsdesign und dem Misshandlungsbegriff erheblich unterscheiden. In retrospektiven Studien, also in biografisch rekonstruierten Erinnerungen über die Misshandlungserfahrungen, ergab sich für Eltern, die ihre Kinder misshandeln, dass 90 % in ihrer Kindheit selbst misshandelt wurden. Prospektive Studien hingegen ergaben, dass die erlittene Misshandlung sehr viel seltener an die eigenen Kinder weitergegeben wird. Die Transmissionsrate schwankte hier zwischen 18 und 70%. In vielen Fällen konnten Eltern die Transmission der Misshandlung durch protektive Faktoren unterbrechen, also unterstützende Einflüsse, die ihnen halfen ihr Misshandlungserlebnis nicht an ihre Kinder weiterzugeben (Dornes 2009). Zusammenfassende Untersuchungen (Oliver 1993) nehmen an, dass „etwa ein Drittel die Misshandlung weitergibt, bei einem weiteren Drittel das Risiko dazu besteht, falls die Lebensumstände schwierig werden, und das letzte Drittel sich erfolgreich vom Wiederholungszwang befreit hat" (Dornes 2009, S. 220).

Eine erlebte Misshandlung kann daher als Risikofaktor für eine spätere Misshandlung der eigenen Kinder bewertet werden, der, wenn er mit weiteren Faktoren wie Armut, einem niedrigen sozioökonomischen Status und niedriger Bildung einhergeht, meist zur Transmission der Misshandlung führt.

5.4.1 Die Unterbrechung des Misshandlungszyklus

Welche Faktoren sind es aber, die es Eltern ermöglichen die Weitergabe von Misshandlung zu unterbrechen und ihre Kinder nicht zu misshandeln, obwohl sie selbst misshandelt wurden?

Bei der Auswertung der Minnesota Längsschnittuntersuchung von Sroufe und Mitarbeitern konnten überzeugend Bedingungen herausgearbeitet werden, die verhinderten, dass sich Gewalt und Vernachlässigung in der nächsten Generation wiederholten (Hopf 2005). Im Vergleich zu Eltern, die den Kreislauf von Gewalt und

Misshandlung fortführten, hatten Eltern, die den Kreislauf unterbrachen, in ihrer Kindheit mindestens eine unterstützende Person, an die sie sich bei Kummer wenden konnten. Dadurch hatten sie eine alternative Bezugsperson. Einen weiteren unterstützenden Faktor stellte eine befriedigende Partnerschaft dar. Die emotionale Unterstützung durch den Partner half ihnen ebenfalls, den Kreislauf von Gewalt zu durchbrechen. Ein dritter Faktor, der herausgearbeitet werden konnte, war die Erfahrung einer langfristigen psychotherapeutischen Behandlung (Dornes 2009, Hopf 2005). Durch die unterstützenden Bezugspersonen in der Kindheit konnten die von Misshandlung betroffenen Kinder ein flexibleres inneres Arbeitsmodell von Bindung entwickeln. Mit den alternativen Bezugspersonen konnten Erfahrungen von Verfügbarkeit gemacht werden und so Vorstellungen von sich selbst als liebenswert entwickelt werden. Diese Vorstellungen werden in neue Beziehungen hineingetragen. Wenn die Traumatisierung zusätzlich psychotherapeutisch aufgearbeitet wird und eine unterstützende partnerschaftliche Beziehung vorliegt, ist eine Durchbrechung des Misshandlungszyklus sehr wahrscheinlich (Dornes 2009).

Sowohl die Aufarbeitung früher Beziehungserfahrungen und die Verarbeitung traumatischer Ereignisse als auch alternative Bezugspersonen in der Kindheit und im Erwachsenenalter ein unterstützender Partner scheinen wesentliche Faktoren zu sein, um den Misshandlungszyklus erfolgreich durchbrechen zu können.

6 Präventive Interventionsmöglichkeiten

Eine intensive Betrachtung der Faktoren, die eine gesunde psychische Entwicklung trotz schwieriger Lebensumstände fördern, ist besonders im Hinblick auf Präventions- und Interventionsprogramme von Bedeutung (Dornes 2009). Aus den Erkenntnissen der Minnesota Längsschnittuntersuchung, welchen Einfluss die frühe Bindung auf die Persönlichkeitsentwicklung des Kindes, die Qualität der Beziehung zu Gleichaltrigen und den Selbstwert des Kindes hat und gleichzeitig welche Auswirkung unterstützende, alternative Bezugspersonen bei der Unterbrechung von Gewalterfahrungen haben, wurde das Interventionsprogramm STEEP für junge Familien entwickelt (Grossmann/Grossmann 2012). Dieses soll nun exemplarisch vorgestellt werden, als eines von vielen bindungstheoretisch fundierten Präventionsprogrammen.

6.1 Das STEEP-Programm

Bindungstheoretische Frühinterventionsprogramme zielen vor allem darauf ab, die Feinfühligkeit der Eltern ihrem Kind gegenüber zu stärken und zu fördern. Eltern sollen lernen, angemessen und prompt auf die Signale ihres Kindes zu reagieren. Eine positive wechselseitige Beziehung zwischen den Eltern und ihrem Kind soll so ermöglicht werden. Das Interventionsprogramm STEEP „steht für ‚Steps Toward Effective, Enjoyable Parenting' und bedeutet sinngemäß ‚Schritte zu einer effektiven, Freude bereitenden Elternschaft'" (Kißgen 2009, S. 233). Das Programm wurde 1986 von Egeland und Erickson entwickelt, um eine positive Eltern-Kind-Beziehung in Hoch-Risiko Familien zu fördern. Die Ergebnisse der Bindungsforschung und besonders die Faktoren, welche einer gesunden Beziehung zwischen den Eltern und ihrem Kind zugrunde lagen, bildeten den Rahmen und die Ziele des Programms (Egeland 2002, Erickson 2002).

Bereits in der Schwangerschaft werden die Teilnehmer für das Programm gewonnen und es wird bis zum zweiten Geburtstag des Kindes fortgeführt. Die Familien werden im zweiwöchigen Abstand von Betreuern zu Hause besucht. Die Hausbesuche gestalten sich je nach den Stärken, Bedürfnissen und Besonderheiten der Familie individuell verschieden. Darüber hinaus finden Gruppensitzungen mit anderen Müttern statt, die auch am STEEP-Programm teilnehmen. Diese Gruppensitzungen werden, im Sinne bindungstheoretischer Annahmen, vom selben Betreuer geleitet, der auch die Hausbesuche in den Familien durchführt. Hauptgegenstand der Gruppensitzungen sind entwicklungsbedingte Themen, die helfen sollen, die Entwicklung der eigenen Kinder besser zu verstehen. Auch Väter und andere

Familienmitglieder werden ggf. in die Gruppensitzungen und Hausbesuche miteinbezogen.

Da für die Entwicklung einer sicheren Bindung eines Kindes die Feinfühligkeit der Eltern von zentraler Bedeutung ist, versucht das STEEP-Programm diese zu bestärken. Die Feinfühligkeit wird durch die Verbesserung der Interaktion zwischen dem Kind und seiner Bezugsperson gestärkt. Bei den Hausbesuchen werden diese Interaktionen auf Videoband aufgenommen und anschließend mit den Eltern besprochen. Dabei sollen sie lernen, „ihre eigenen Fertigkeiten und Fähigkeiten wahrzunehmen, die ihnen hilfreich sind, die Bedürfnisse ihres Kindes zu erkennen und sich darauf einzustellen" (Erickson 2002, S. 293). Der Entwicklungsprozess und die veränderten Fähigkeiten der Eltern, die durch die Aufnahmen sichtbar gemacht werden können, zeigen sich in der Durchführung des Programms immer wieder als Motivation für die Eltern, weiterhin am Programm teilzunehmen (Erickson 2002).

Da aber die kontextuellen Faktoren eine ebenso wichtige Rolle bei der Entwicklung einer sicheren bzw. unsicheren Bindung spielen, werden auch diese miteinbezogen. Gerade sie können einer feinfühligen Beantwortung der emotionalen Bedürfnisse im Weg stehen. Um die Feinfühligkeit der Eltern zu fördern, ist es für die Eltern wichtig, Grundlagenwissen über die kindliche Entwicklung zu erlangen und sich ein Unterstützungsnetzwerk aufzubauen, um soziale Unterstützung zu gewährleisten. Im Rahmen des STEEP-Programms wird das Verständnis bestimmter Entwicklungsprozesse und Schlüsselverhaltensweisen des Kindes geschult. So ist es wichtig, dass die Eltern ein Verständnis über beispielsweise den Protest des Kindes bei einer Trennung oder über das Trotzverhalten eines Kindes entwickeln, damit sie realistische Erwartungen bezüglich des Verhaltens ihrer Kinder erlangen. „Fehlt den Eltern dieses grundlegende Wissen, so entwickeln sie oft unrealistische Erwartungen und können daher in einen Teufelskreis der Frustration und des Ärgers geraten, wenn sie dem Kind negative Eigenschaften zusprechen, nur weil es das tut, was Kinder in diesem Alter normalerweise tun" (Erickson 2002, S. 299).

Im Sinne der Bindungstheorie ist es außerdem wichtig, die emotionalen Bedürfnisse der Eltern ernst zu nehmen. Einige Familien leben in sozialer Isolation und so fehlt ihnen die Unterstützung durch Freunde und Familienmitglieder. Im Rahmen des STEEP-Programms wird den Eltern geholfen Fähigkeiten zu entwickeln, um sich selbstständig ein Unterstützungsnetzwerk aufzubauen. So können Eltern ihre eigenen Kompetenzen entdecken und erweitern. Außerdem bildet der Betreuer selbst für die Familie eine wichtige Unterstützungsquelle und Vertrauensperson. So können junge Mütter eine neue Art Beziehung der Verlässlichkeit und

Beständigkeit erleben, die helfen kann, das innere Arbeitsmodell von Beziehungen zu verändern (Erickson 2002).

6.2 Erste Umsetzung und Evaluation des STEEP-Programms

Im Jahr 1987 wurde das STEEP-Programm erstmals von Egeland und Erickson in Minneapolis umgesetzt. Dafür wurden 154 Schwangere für die Teilnahme gewonnen, die mindestens 17 Jahre alt sein mussten, arm und auf soziale Hilfe des Staates angewiesen waren und eine niedrige Bildung besaßen. Die Mehrheit der schwangeren Frauen war alleinstehend und berichtete über Erfahrungen des Missbrauchs aus ihrer Kindheit oder aus aktuellen Partnerschaften. Die eine Hälfte der Schwangeren sollte am STEEP-Programm teilnehmen, die andere Hälfte bildete die Kontrollgruppe (Erickson 2002). Das Programm war auf ein Jahr angelegt. Die Feinfühligkeit der Mütter wurde zu mehreren Zeitpunkten der Untersuchung erhoben. Die Erhebungen der kindlichen Bindungsqualität erfolgten im 13., 19. und 24. Monat nach der Geburt des Kindes (Kißgen 2009).

Die Ergebnisse zeigten, dass die Mütter die am STEEP-Programm teilnahmen, ein gutes Verständnis für die kindliche Entwicklung besaßen und mit den Aufgaben, die sich ihnen bei der Fürsorge ihres Kindes stellten, insgesamt sicherer umgehen konnten als die Mütter der Kontrollgruppe. Vor allem aber veränderte sich die Art und Weise, wie sie auf die emotionalen Signale ihres Kindes eingingen. Mütter, die an den Interventionen teilnahmen schienen in der Lage zu sein, die Folgen schwieriger Lebensumstände von den Interaktionen mit ihrem Kind getrennt zu halten und feinfühlig auf die Bedürfnisse ihres Kindes einzugehen. Die Kontrollgruppe dagegen war nicht in der Lage, die stressvollen Lebensereignisse vom Umgang mit ihren Kindern fernzuhalten und so war die Feinfühligkeit sehr viel geringer ausgeprägt.

Anders als erhofft, konnten bei den Erhebungen im Vergleich zur Kontrollgruppe keine signifikanten Unterschiede in der Bindungsqualität nachgewiesen werden. Es konnte lediglich eine Tendenz zu ängstlichen Bindungen bei der Kontrollgruppe im Vergleich zur Interventionsgruppe festgestellt werden (Erickson, 2002). Außerdem zeigte sich im 13. und 19. Lebensmonat des Kindes ein leichter Anstieg an sicheren Bindungsmustern im Vergleich zur Kontrollgruppe. Ein Grund für diesen Befund könnte darin bestehen, dass durch die finanziellen Mittel bedingt, das Ende der Intervention zu plötzlich kam. Für die Mütter der Hoch-Risiko-Familien stand die Beziehung zum Betreuer wahrscheinlich erst am Anfang einer Vertrauensbeziehung.

Zum Zeitpunkt der ersten Umsetzung des STEEP-Programms gab es noch kein Erhebungsinstrument, um desorganisiertes Verhalten zu klassifizieren. In einer Studie, die 2003 durchgeführt wurde, trat die Kategorie der Desorganisation deutlich weniger häufig auf als in der Kontrollgruppe. Deshalb scheint es ein erreichbares Ziel des STEEP-Programms zu sein, die Auftretungshäufigkeit der Desorganisation zu verringern (Kißgen 2009, Suess/Kißgen 2005).

Die verbesserte Feinfühligkeit bei den Eltern, die an Interventionsprogrammen teilnehmen, hält nachweislich lange Zeit an. Jedoch zeigen die Ergebnisse von Frühinterventionsstudien wie die des STEEP-Programms, dass bei Familien, die hohen Risikofaktoren ausgesetzt sind, die Intervention mindestens drei Jahre anhalten muss. Durch eine kürzere Intervention ist keine Verbesserung der Bindungsqualität zu erreichen (Cierpka 2008).

Zusammenfassung und Ausblick

Zusammenfassend können die anfangs gestellten Fragen, nach der ausführlichen Auseinandersetzung mit diesen im Hauptteil, nun beantwortet und bewertet werden. Abschließend soll ein Ausblick zu weiterführender Auseinandersetzung und Forschung im Bereich der Bindungstheorie gegeben werden.

Als Ausgangspunkt für die Betrachtung der Auswirkungen früher Bindungserfahrungen auf die weitere Entwicklung eines Menschen diente die Auseinandersetzung mit den Grundlagen der Bindungstheorie. Es konnte gezeigt werden, dass das frühkindliche Bindungssystem dabei als ein entscheidender Faktor für eine gesunde Entwicklung gilt. Kontinuierliche und stabile Bindungsbeziehungen dienen als sichere Basis, schaffen Urvertrauen in die Umwelt und fördern das Explorationsverhalten eines Kindes. Die emotionale, die soziale aber auch die kognitive Entwicklung profitieren dabei in der Folge von einer sicheren Bindung. Anhand von Ergebnissen mehrerer Studien konnte im Laufe der vorliegenden Arbeit gezeigt werden, dass sicher gebundene Kinder im Umgang mit Gleichaltrigen weniger Aggressionen zeigen und ihre Emotionen besser regulieren können als unsicher gebundene Kinder. Das innere Arbeitsmodell von Bindung wirkt dabei über das Kindesalter hinaus auch im Jugend- und Erwachsenenalter. Die verinnerlichten positiven Erfahrungen helfen dabei soziale Beziehungen aufzubauen und aufrechtzuerhalten und Entwicklungsaufgaben des Kindes und Jugendalters erfolgreich zu bewältigen. Ferner kann eine sichere Bindung, als Schutzfaktor, andere ungünstige Lebensbedingungen, wie etwa das Aufwachsen in Armut mindern bzw. kompensieren.

Ist dagegen die Bindungsperson emotional nicht oder nur eingeschränkt verfügbar, entwickelt das Kind ein unsicheres Modell von Bindung. Aufgrund des inneren Arbeitsmodells der frühen Bindungsbeziehung werden negative Erfahrungen auf die soziale Umwelt und auf das Selbstkonzept eines Kindes übertragen. Kinder mit verunsichernden Beziehungserfahrungen entwickeln wenig Vertrauen in ihre Umwelt und haben ein geringeres Selbstwertgefühl als sicher gebundene Kinder. Herausfordernde Ereignisse, die das Leben mit sich bringt, sind für Kinder mit unsicheren Bindungsmustern schwieriger zu bewältigen.

Ergebnisse aus der Neurobiologie, denen in jüngster Zeit in der Bindungsforschung vermehrt Beachtung geschenkt wird, bestätigen die theoretischen Grundannahmen und die Ergebnisse der empirischen Forschung der Bindungstheorie. Frühe Lernerfahrungen, die in der emotionalen Beziehung mit der Bezugsperson stattfinden, wirken sich nachhaltig auf die Entwicklung des Gehirns aus. Die tierexperimentelle Forschung kann dabei ebenfalls deutlich machen, dass eine gestörte Beziehung zur Mutter bei betroffenen Tieren zu erheblichen Verhaltensstörungen und psychischen Erkrankungen führt. Weitergehende neurobiologische Untersuchungen erscheinen in Bezug auf bindungstheoretische Fragestellungen durchaus sinnvoll. Neue technische Feinheiten, wie bildgebende Verfahren, lassen auf baldige Erkenntnisse zur Bereicherung der Bindungsforschung hoffen.

Sehr ungünstige Erfahrungen in der frühen Kindheit führen zu hoch unsicheren oder desorganisierten Bindungsrepräsentationen. Kinder, die früh Erfahrungen der Misshandlung, wie emotionale und physische Gewalt, sowie Vernachlässigung der emotionalen und physischen Bedürfnisse durch die Bezugsperson erleben müssen, zeigen im späteren Leben häufig Verhaltensauffälligkeiten, die durch erhebliche Probleme mit Gleichaltrigen, aggressives Verhalten, Passivität oder sozialen Rückzug und ein gemindertes Empathievermögen gekennzeichnet sein können. Dadurch, dass die betroffenen Kinder durch ihre Bezugsperson keine Sicherheit erhalten und diese für sie eine Quelle der Gefahr darstellt, weisen sie kein stabiles inneres Arbeitsmodell von Bindung auf. Das Verhalten ihrer Bezugsperson ihnen gegenüber übertragen sie wiederum auf andere soziale Beziehungen, wodurch die erheblichen Verhaltensauffälligkeiten bindungstheoretisch erklärt werden können.

Haben betroffene Kinder dagegen alternative Bezugspersonen, können sich neue Beziehungserfahrungen in einem flexibleren Modell von Bindung verinnerlichen. Wenn sie darüber hinaus die Möglichkeit haben, ihre Erfahrungen therapeutisch zu verarbeiten ist es durchaus möglich, dass sich verinnerlichte negative Bindungsrepräsentationen verändern. Dieses Wissen wird vor allem in der therapeutischen Praxis und in Präventionsmaßnahmen erfolgreich angewandt. Um Kinder aus Hoch-Risiko-Familien vor Vernachlässigungs- und Gewalterfahrungen zu schützen, wurden spezielle Präventionsprogramme auf bindungstheoretischer Ebene entwickelt. Programme wie das STEEP-Programm können dabei vor allem das feinfühlige Verhalten der Eltern ihren Kindern gegenüber verbessern. Eine vollständige Antwort auf die Frage, ob bindungstheoretische Präventionsprogramme hinreichend vor Erfahrungen der Misshandlung bewahren können, konnte in dieser Arbeit nicht abschließend geklärt werden. An dieser Stelle erscheinen weitere Untersuchungen lohnenswert.

Zusammenfassung und Ausblick

Weitere Fragestellungen, die im Verlauf der Auseinandersetzung mit der Bindungstheorie aufgetreten sind, betreffen vor allem die pädagogische Praxis, in der ein fundiertes Wissen der Bindungstheorie als sehr hilfreich erscheint. Im Bereich der Fremdunterbringung, Familienhilfe und Heimunterbringung kann sie uns dabei helfen, Verhalten von Kindern und Jugendlichen richtig einzuschätzen und die Entwicklung psychischer Sicherheit zu unterstützen. Auch für Eltern gibt sie wichtige Anhaltspunkte für eine gelungene Eltern-Kind-Beziehung. In diesem Zusammenhang wären auch weitere Untersuchungen der Vater-Kind-Bindung wünschenswert, da dieser besonderen Beziehung in der Forschung anscheinend noch zu wenig Beachtung geschenkt wurde.

Gerade diese vielfältigen Anwendungsmöglichkeiten machen den besonderen Reiz der Bindungstheorie aus. Die skizzierten Überlegungen verdienen jedoch eine jeweils ausführliche Betrachtung und gegebenenfalls weitere empirische Untersuchungen. Sie können dementsprechend im Rahmen dieser Arbeit nicht ausreichend gewürdigt werden.

Schlussfolgernd zeigt sich, dass eine beständige Bindungsbeziehung schützend wirkt und in jedem Lebensalter die Grundlage für psychische Sicherheit darstellt. Das Fehlen einer solchen Bindungsbeziehung bzw. die Störung dieser ersten wichtigen Beziehung hat einen erheblichen Einfluss auf das weitere seelische Empfinden eines Menschen und stellt umgekehrt einen Risikofaktor für die weitere Entwicklung dar.

Literaturverzeichnis

Ahnert, L./Spangler, G. (2014): Die Bindungstheorie in Ahnert, L (Hrsg.): Theorien in der Entwicklungspsychologie, Springer-Verlag Berlin Heidelberg

Ainsworth, M. (1985): Mutter-Kind-Bindungsmuster: Vorausgegangene Ereignisse und ihre Auswirkungen auf die Entwicklung In: Grossmann, K. E/Grossmann, K. (Hrsg.) (2015): Bindung und menschliche Entwicklung. John Bowlby, Mary Ainsworth und die Grundlagen der Bindungstheorie, Klett-Kotta, Stuttgart

Ainsworth, M. (1979): Attachment as related to mother-infant interaction. In: Rosenblatt, J./Hinde, R. A./Busnel, M (Hrsg.): Advances in the study of behavior, Bd. 9, San Diego, CA: Academic Press, S.1-51

Ainsworth, M (1972): Attachment and dependency: A comparison, Winston, Oxford

Bandura, A (1986): Social foundation of thought and action: A social cognitive theory. Englewood Cliffs, NJ: Prentice-Hall

Berk, L.E (2005): Entwicklungspsychologie, Pearson Studium, München

Bolten, M. (2009): Klinische Bindungsforschung in Schneider, S/Margraf, J (Hrsg.): Lehrbuch de Verhaltenstherapie Band 3: Störungen des Kindes und Jugendalters, Springer Medizin Verlag, Heidelberg

Bokhorst, C./Bakermans-Kranenburg, M/Fearon, P./Ijzendoorn, M/Fonagy, P./Schuengel, C (2003): The importance of shared environment on mother-infant security: A behavioral genetic study. In: Child Development, 74, S. 1769-1782

Bowlby, J. (2010): Bindung als sichere Basis. Grundlagen und Anwendung der Bindungstheorie, Ernst Reinhardt, GmbH & Co KG, Verlag, München

Bowlby, J. (1991): Ethologisches Licht auf psychoanalytische Probleme. In: Grossmann, K. E/Grossmann, K. (Hrsg.) (2015): Bindung und menschliche Entwicklung. John Bowlby, Mary Ainsworth und die Grundlagen der Bindungstheorie, Klett-Kotta, Stuttgart

Bowlby, J.(1977): Das Aufnehmen und Lösen von affektiven Bindungen. In: J. Bowlby (1979): Das Glück und die Trauer, Klett-Kotta, Stuttgart

Bowlby, J. (1987): Bindung. In: Grossmann, K. E/Grossmann, K. (Hrsg.) (2015): Bindung und menschliche Entwicklung. John Bowlby, Mary Ainsworth und die Grundlagen der Bindungstheorie, Klett-Kotta, Stuttgart

Bowlby, J. (1986): Trennung. Psychische Schäden als Folge der Trennung von Mutter und Kind, Fischer-Verlag, Frankfurt am Main

Bowlby, J. (1980): Mit der Ethologie heraus aus der Psychoanalyse: Ein Kreuzungsexperiment. In: Grossmann, K. E/Grossmann, K. (Hrsg.) (2015): Bindung und menschliche Entwicklung. John Bowlby, Mary Ainsworth und die Grundlagen der Bindungstheorie, Klett-Kotta, Stuttgart

Braun, K./Helmeke, C. (2004): Neurobiologie des Bindungsverhaltens: Befunde aus der Tierexperimentellen Forschung. In: Ahnert, L: Frühe Bindung. Entstehung und Entwicklung, Ernst Reinhardt, GmbH & Co KG, München

Bretherton, I. (2009): Die Geschichte der Bindungstheorie in Spangler, G./Zimmermann, P (Hrsg.): Die Bindungstheorie. Grundlagen, Forschung und Anwendung, Klett-Cotta, Stuttgart

Bründel, H./Hurrelmann, K. (1996): Einführung in die Kindheitsforschung, Beltz Verlag, Weinheim und Basel

Cierpka, M. (2008): Möglichkeiten der Gewaltprävention, Vanderhoeck und Rubrecht, Göttingen

Crick, N. R./Dodge, K. A. (1996): Social information-processing mechanisms in proactive and reactive aggression in: Child Development, 67, S. 992-1002

DeBellis, M. (2001): Development traumatology: The psychobiological development of maltreated children and its implications of research, treatment, and policy. Development and Psychopathology 13, S. 539-564

Dornes, M. (2009): Die frühe Kindheit. Entwicklungspsychologie der frühen Lebensjahre, Fischer Taschenbuchverlag GmbH, Frankfurt am Main

Dornes, M. (2007): Die emotionale Welt des Kindes, Fischer Taschenbuchverlag GmbH, Frankfurt am Main

Ecarius, J./Köbel, N./Wahl, K. (2011): Familie, Erziehung und Sozialisation, VS Verlag für Sozialwissenschaften, Wiesbaden

Egeland, B. (2002): Ergebnisse einer Langzeitstudie an Hoch-Risiko-Familien. Implikationen für Prävention und Intervention In: In: Brisch, K. H./Grossmann, K. E./Grossmann, K./Köhler, L. (Hrsg.): Bindung und seelische Entwicklungswege. Grundlagen, Prävention und klinische Praxis, Klett-Cotta, Stuttgart

Engfer, A (1997): Gewalt gegen Kinder in der Familie. In: Egle, U./Hoffmann, S.Q./Joraschky, P. (Hrsg.): Sexueller Missbrauch, Misshandlung, Vernachlässigung. Erkennung und Behandlung psychischer und psychosomatischer Folgen früher Traumatisierungen. Schattauer, Stuttgart, S. 21-34

Erickson, M. F. (2002): Bindungstheorie bei präventiven Interventionen. In: Brisch, K.H./Grossmann, K. E./Grossmann, K./Köhler, L. (Hrsg.): Bindung und seelische Entwicklungswege. Grundlagen, Prävention und klinische Praxis, Klett-Cotta, Stuttgart

Erikson, E. (1974). Jugend und Krise. Klett-Cotta, Stuttgart

Fonagy, P. (2003): Bindungstheorie und Psychoanalyse, Klett-Cotta, Stuttgart

Fonagy, P. (1998): Die Bedeutung der Entwicklung metakognitiver Kontrolle der mentalen Repräsentanzen für die Betreuung und das Wachstum des Kindes. Psyche 52, S. 349-369

Fonagy, P./Steele, H./Steele M.(1991): Maternal representations of attachment during pregnancy predict the organization of infant-mother-attachment at one year of age. Child Development 62, S. 891-906

Gasteiger-Klicpera, B (2009): Exkurs: Psychische Folgen familiärer Gewalt und Vernachlässigung in Julius, H./Gasteiger-Klicpera, B./Rüdiger Kißgen (Hrsg.): Bindung im Kindesalter - Diagnostik und Interventionen, Hogrefe Verlag GmbH & Co. KG, Göttingen

Gloger-Tippelt, G./Gomille, B./Koenig, L./Vetter, J. (2002): Attachment representations in 6-year-olds: Related longitudinally to the quality of attachment in infancy and mothers' attachment representations. Attachment & Human Development, 4, 318-339

Gloger-Tippelt, G. (1999): Transmission von Bindung über die Generationen - Der Beitrag des Adult Attachment Interview. In Praxis der Kinderpsychologie und Kinderpsychiatrie 48 2, S. 73-85

Grossmann, K/Grossmann, E. K. (2012) : Bindungen- das Gefüge psychischer Sicherheit, Klett-Cotta, Stuttgart

Grossmann, K. E. (1995): The evolution and history of attachment research and theory. In: Goldberg, S./Muir, R./Kerr, J. (Hrsg.): Attachment Theory: Social, Development, and Clinical Significance. Hilldsdale, NJ, S. 85-121

Hopf, C. (2005): Frühe Bindungen und Sozialisation. Eine Einführung, Juventa Verlag, Weinheim und München

Hopf, C./Hopf, W. (1997): Familie, Persönlichkeit, Politik. Eine Einführung in die politische Sozialisation, Juventa Verlag, Weinheim

Howes, C./Eldredge, R. (1985): Response of abused, necleted, and nonmaltreated children to the behaviors of their peers. In: Journal of Applied Developmental Psychology, 6, S. 261-270

Ijzendoorn, M. H. (1995): Adult attachment representations, parental responsiveness, and infant attachment: A meta-analysis on the predictive validity of the adult attachment interview. Psychological Bulletin 117, S. 387-403

Julius, H. (2009): Diagnostik der Bindungsqualität im Grundschulalter- Der Separation Anxiety Test (SAT) in Julius, H./Gasteiger-Klicpera, B./Rüdiger Kißgen (Hrsg.): Bindung im Kindesalter - Diagnostik und Interventionen, Hogrefe Verlag GmbH & Co. K.G, Göttingen

Kißgen, R (2009): Interventionen auf bindungstheoretischer Basis in Hochrisikofamilien- Das STEEP™- Programm in Julius, H./Gasteiger-Klicpera, B./Rüdiger Kißgen (Hrsg.): Bindung im Kindesalter - Diagnostik und Interventionen, Hogrefe Verlag GmbH & Co. K.G, Göttingen

Lamnek, S. (2007): Theorien abweichenden Verhaltens 1: Klassische Ansätze: Eine Einführung für Soziologen, Psychologen, Juristen, Journalisten und Sozialarbeiter, UTB, Stuttgart

Landolt, M. A. (2012): Psychotraumatologie des Kindesalters. Grundlagen, Diagnostik und Interventionen, Hogrefe Verlag GmbH & Co. K.G, Göttingen

Lohaus, A. /Vierhaus, M. (2015): Entwicklungspsychologie des Kindes- und Jugendalters für Bachelor, Springer-Verlag, Berlin Heidelberg

Lynch, M./Cicchetti, D. (1998): An ecological- transactional analysis of children and contexts: the longitudinal interplay among child maltreatment, community violence, and children's symptomatology. Development and Psychopathology, 10, 235-257

Lyons-Ruth, K. (1996): Attachment relationships among children with aggressive behavior problems: The role of disorganized early attachment patterns. J. Consulting and Clinical Psychology 64, S. 64-73

Main, M. (2001): Aktuelle Studien zur Bindung in Gloger-Tippelt, G. (Hrsg.): Bindung im Erwachsenenalter: Ein Handbuch für Forschung und Praxis, Verlag Hans Huber, Bern, Göttingen, Toronto, Seattle

Main, M./George, C. (1985): Responses of abused and disadvantaged toddlers to distress in agemates: A study in the day care setting. In: Development Psychology, 21, S. 407-412

Main, M./Hesse, E. (1990): Parent's unresolved traumatic experiences are related to infant disorganized attachment status: Is frightened and/or frightening parental behavior the linking mechanism? In: Greenberg/Cicchetti/Cummings (Eds.): Attachment in the preschool years. Chicago: The University of Chicago Press, S. 161-184.

Main, M./Solomon, J. (1986): Discovery of an insecure disorganized/disoriented attachment pattern: Prodcedures, findings and implications for the classification of behavior. In: Brazelton, T./Yogman (Hrsg.), Affective development in infancy, Norwood, NJ: Ablex, S. 95-124

Main, M./Solomon, J. (1990): Procedures for identifying infants as disorganisized/disoriented during the Ainswort Strange Situation. In: Greenberg u.a. (Hrsg.), S.121-160

Moggi, F. (2009) Kindesmisshandlung in Schneider, S./Margraf, J. (Hrsg.): Lehrbuch der Verhaltenstherapie Band 3: Störungen des Kindes und Jugendalters, Springer Medizin Verlag Heidelberg

Pinquart, M./Feusner, C./Ahnert, L. (2012): Metaanalytic evidence for stability in attachments from infancy to early adulthood. Attachment and Human Development, 14, S. 1-30

O'Connor, T. G./Plomin, R. (2000): Developmental behavioral genetics. In Sameroff, A. J./Lewis, M./Miller, S. M. (Hrsg.): Handbook of developmental psychopathology S. 217-235

Oliver, J. (1993): Intergenerational transmission of child abuse: Rates, research, and clinical implications. Amer. J. Psychiatry 150, S. 1315-1324

Rauh, H. (2002): Vorgeburtliche Entwicklung und Frühe Kindheit. In: Oerter, R./Montana, L.(Hrsg.): Entwicklungspsychologie, S. 131- 139, Verlags Union, Weinheim

Sroufe, L. A. (1983): Infant-caregiver attachment and patterns of adaption in preschool: the roots of maladaption and competence. In: Development and policy concerning children with special needs. The Minnesota Symposia on Child Psychology, Bd. 16. Erlbaum, Hillsdale u.a., S. 41-83

Suess, G. J./Kißgen, R (2005): Frühe Hilfen zur Förderung der Resilienz auf dem Hintergrund der Bindungstheorie: Das STEEP™-Modell. In Cierpka, M. (Hrsg.): Möglichkeiten der Gewaltprävention, Vanderhoeck und Rubrecht, Göttingen

Internetquellen:

Bock, J./Helmeke, C./Ovtscharoff jr, W./Gruß, M./Braun, K. (2003): Frühkindliche emotionale Erfahrungen beeinflussen die funktionelle Entwicklung des Gehirns. In: Neuroforum 2/2003
http://www.ibio.ovgu.de/ibio_media/pdf/lehrstuehle/zoologie_entwickl/hirnforschung/Nf2_03_Bock_et_al.pdf (aufgerufen am 12.1.2016)

Braun, K. (2004): Wie Gehirne laufen lernen. In: Magdeburger Wissenschaftsjournal 2/2004
http://www.uni-magdeburg.de/MWJ/MWJ2004/braun.pdf (aufgerufen am 13.1.2016)

Hedda Lausberg

Der Körper
in der Psychotherapie

Verlag W. Kohlhammer

Dieses Werk einschließlich aller seiner Teile ist urheberrechtlich geschützt. Jede Verwendung außerhalb der engen Grenzen des Urheberrechts ist ohne Zustimmung des Verlags unzulässig und strafbar. Das gilt insbesondere für Vervielfältigungen, Übersetzungen und für die Einspeicherung und Verarbeitung in elektronischen Systemen.

Pharmakologische Daten verändern sich ständig. Verlag und Autoren tragen dafür Sorge, dass alle gemachten Angaben dem derzeitigen Wissensstand entsprechen. Eine Haftung hierfür kann jedoch nicht übernommen werden. Es empfiehlt sich, die Angaben anhand des Beipackzettels und der entsprechenden Fachinformationen zu überprüfen. Aufgrund der Auswahl häufig angewendeter Arzneimittel besteht kein Anspruch auf Vollständigkeit.

Die Wiedergabe von Warenbezeichnungen, Handelsnamen und sonstigen Kennzeichen berechtigt nicht zu der Annahme, dass diese frei benutzt werden dürfen. Vielmehr kann es sich auch dann um eingetragene Warenzeichen oder sonstige geschützte Kennzeichen handeln, wenn sie nicht eigens als solche gekennzeichnet sind.

Es konnten nicht alle Rechtsinhaber von Abbildungen ermittelt werden. Sollte dem Verlag gegenüber der Nachweis der Rechtsinhaberschaft geführt werden, wird das branchenübliche Honorar nachträglich gezahlt.

Dieses Werk enthält Hinweise/Links zu externen Websites Dritter, auf deren Inhalt der Verlag keinen Einfluss hat und die der Haftung der jeweiligen Seitenanbieter oder -betreiber unterliegen. Zum Zeitpunkt der Verlinkung wurden die externen Websites auf mögliche Rechtsverstöße überprüft und dabei keine Rechtsverletzung festgestellt. Ohne konkrete Hinweise auf eine solche Rechtsverletzung ist eine permanente inhaltliche Kontrolle der verlinkten Seiten nicht zumutbar. Sollten jedoch Rechtsverletzungen bekannt werden, werden die betroffenen externen Links soweit möglich unverzüglich entfernt.

1. Auflage 2022

Alle Rechte vorbehalten
© W. Kohlhammer GmbH, Stuttgart
Gesamtherstellung: W. Kohlhammer GmbH, Stuttgart

Print:
ISBN 978-3-17-030147-4

E-Book-Formate:
pdf: ISBN 978-3-17-030148-1
epub: ISBN 978-3-17-030149-8

Für meinen Mann

Lothar Stemwedel (1953–2017),

dessen stets inspirierende Kommentare in das erste Kapitel
dieses Buches noch einfließen konnten

Inhalt

Vorwort 9

1. Vorlesung
Körperausdruck: Historischer Überblick und Grundlagen 11
    Historischer Abriss und aktuelle Situation 11
    Zur Neuropsychologie von Mimik, Gestik und Haltung ... 16
    Die Deutung expressiven Bewegungsverhaltens 19
    Universelle, kulturelle und individuelle Komponenten
    expressiven Bewegungsverhaltens 22

2. Vorlesung
**Die Unbewusstheit nonverbalen Verhaltens
und die therapeutische Relevanz** 30
    Die implizite Natur von Ausdrucksverhalten 30
    Die Unbewusstheit nonverbaler Interaktion 33
    Nonverbales Verhalten des Therapeuten und
    Therapieerfolg 41
    Entwicklung von nonverbaler interaktiver Kompetenz 44

3. Vorlesung
**Gesten und ihre Relation zu Sprache und zu
nichtsprachlichen kognitiven Funktionen** 51
    Definition und wissenschaftliche Untersuchung
    von Gesten 51
    Neuropsychologie des gestischen Ausdrucks 55
    Dissoziationen zwischen gestischer und sprachlicher
    Aussage 59

Die Produktion von Gesten in Relation zu nichtsprachlichen kognitiven sowie emotionalen Prozesse 62

4. Vorlesung
Gesten in der Psychotherapie ... 68
Relevanz der Gesten für die Psychotherapie 68
Spezifische Gestentypen und ihre Bedeutung
für die Psychotherapie 71
Therapeutisches Arbeiten mit Gesten 80

5. Vorlesung
Selbstberührungen und andere Handbewegungen
in der Psychotherapie ... 87
Nichtgestische Handbewegungen in psycho-
therapeutischen Sitzungen 87
Zur psychischen Funktion von phasischen, repetitiven
und irregulären Selbstberührungen 96
    Phasisch am Körper 99
    Repetitiv am Körper............................ 100
    Irregulär am Körper 101
Selbstberührungen als Gegenstand psychotherapeutischer
Diagnostik 105

Literatur ... 109

Stichwortverzeichnis ... 121

Personenverzeichnis ... 126

Vorwort

Dieses Buch basiert auf einer gleichnamigen Vorlesung, die ich 2015 im Rahmen der Lindauer Psychotherapiewochen gehalten hatte. Die plötzliche schwere Erkrankung meines Mannes und die seinem Tod folgende Stille brachten es jedoch mit sich, dass ich erst 2019 das mit dem Kohlhammer Verlag vereinbarte Buchprojekt ernsthaft aufnahm. Die ersten Restriktionen im Rahmen der Corona-Pandemie seit 2020 schufen dann – als eine ihrer wenigen positiven Seiten – Freiräume für das Erarbeiten und Schreiben des Manuskriptes. Dieses Buch ist somit vor dem Hintergrund einschneidender persönlicher und gesellschaftlicher Veränderungen entstanden.

Die ursprüngliche Vorlesung der Lindauer Psychotherapietage ist dabei grundlegend überarbeitet und erweitert worden. Zentral ist das Thema, dass der Körper nicht nur in der körper- und bewegungsorientierten Psychotherapie, sondern auch in der verbalen Psychotherapie allgegenwärtig ist. Mit einer neuropsychologischen Perspektive wird unter anderem folgenden Fragen nachgegangen: Mit welchen spezifischen psychischen Prozessen sind Mimik, Gestik und Haltung assoziiert? Was sind universelle, kulturelle und individuelle Komponenten expressiven Bewegungsverhaltens? Wie zuverlässig ist die intuitive Deutung von Bewegungsausdruck? Wie unterscheiden sich unbewusste und bewusste nonverbale Interaktion? Welche Informationen liefern Gesten in Abgrenzung zu Sprache? Welche psychische Funktion haben unterschiedliche Typen von Selbstberührungen? Bei jedem Thema wird nach Darlegung der Grundlagen jeweils die therapeutische Relevanz diskutiert.

Ich hoffe, dem Leser[1] somit einerseits empirisch fundiertes Wissen über Körperausdruck als auch andererseits Anregungen für seine therapeutische Praxis zu vermitteln.

Danken möchte ich Peter Henningsen für die Einladung zu der – dem Buchprojekt zugrunde liegenden – Vorlesung bei den Lindauer Psychotherapietagen, Peter Joraschky, Klaus Pieber, Angela Rothenhäusler, Peter Sigmund und Lennart Lausberg für ihre anregenden und durchdachten Kommentare, Corinna Klabunde für die Formatierung und die Erstellung der Verzeichnisse und Stefanie Reutter für das Lektorat. Dem Kohlhammer-Verlag danke ich für sein Verständnis und sein Entgegenkommen über die Jahre der Erstellung.

Hedda Lausberg   Köln, im September 2022

---

1 Zugunsten einer lesefreundlichen Darstellung wird in diesem Text bei personenbezogenen Bezeichnungen in der Regel die männliche Form verwendet. Diese schließt, wo nicht anders angegeben, alle Geschlechtsformen ein (weiblich, männlich, divers).

1. Vorlesung
Körperausdruck: Historischer Überblick und Grundlagen

Historischer Abriss und aktuelle Situation

Die Deutung und Erforschung des menschlichen Körperausdrucks lässt sich in unserem Kulturkreis bis in die vorchristliche Zeit zurückverfolgen. Bereits in der philosophischen Schule von Phytagoras (580–500 v. Chr.) wurden Bewerber bei der Aufnahmeprüfung hinsichtlich ihrer Haltung und ihres Ganges als charakterlichem Ausdruck beurteilt. Im antiken Rom spielte das Studium des gestischen Ausdrucks, insbesondere im Kontext politischer Reden, eine große Rolle. Werke wie *De humania physiognomonia* (1593) von Giovan Battista della Porta, *Pathomyotonia* (1649) von John Bulwer oder *Physiognomonische Fragmente* (1778) von Johann Caspar Lavater dokumentieren das Interesse an der Thematik seit der Renaissance.[2]

Einen wissenschaftlichen Meilenstein stellt Charles Darwins[3] bedeutsames Werk *The Expression of the Emotions in Man and Animals* dar. Anhand der in seiner Zeit verfügbaren anthropologischen Studien und Beobachtungen an Patienten mit psychischen Erkrankungen erhob Darwin Thesen zu universellen Mustern von Gesichtsausdruck, Körperhaltung und emotionalem Erleben.

Seit Beginn des 20. Jahrhunderts entwickelte sich die Ausdruckspsychologie, in der Mimik, Gestik, Haltung, Gang, Stimme und Handschrift in Relation zu Persönlichkeit und Charakter experimentell unter-

---

2 Ausführliche historische Überblicke finden sich in Kendon A (2004) und Mayer A (2013).
3 Darwin C (1872, Neuauflage 1955)

sucht wurden[4]. Vor dem Hintergrund der einflussreichen psychoanalytischen Theorie legte Wilhelm Reich (1933) in *Charakteranalyse* den Zusammenhang zwischen Muskelspannungsmustern und Charakterformen dar. Ein anderer Ansatz entwickelt sich aus Arbeiten wie *The Mastery of Movement* des Tanztheoretikers Rudolf von Laban[5]. Basierend auf der Zerlegung von Bewegung in Komponenten wie Körper, Raum und Bewegungsqualität entwickelte Laban in Analogie zur Notenschrift in der Musik eine Notation für Körperbewegungen und tänzerische Choreographien. Tänzer, die mit der Laban-Analyse im pädagogischen oder therapeutischen Kontext arbeiteten, beobachteten Zusammenhänge zwischen bestimmten Bewegungsformen und Persönlichkeitstypen.

In den 60er Jahren des letzten Jahrhunderts rückte das Interesse an den interaktiven und kommunikativen Aspekten von Bewegungsverhalten in den Vordergrund. Die gleichen Bewegungskategorien, die in der Ausdruckspsychologie im Hinblick auf Persönlichkeit untersucht worden waren, wurden nun Gegenstand von Studien zu Interaktion und Kommunikation: Haltung und Sitzposition, Gestik, Berührungsverhalten, Mimik, Blickverhalten, Proxemik (Einteilung des persönlichen Raums, Territorium) sowie Prosodie (Sprechmelodie) und Stimme[6].

Von diesen Kategorien wurde gegen Ende des letzten Jahrhunderts insbesondere die Gestik in der linguistischen Forschung aufgegriffen. Neben der kommunikativen und interaktiven Funktion von Gesten, z. B. in Kendons[7] *Gesture – Visible Action as Utterance*, richtete sich der Blick dabei auch auf das Individuum selbst. Hier lag der Fokus auf der Frage, was Gesten über gedankliche Prozesse aussagen, wie z.B. in McNeills[8] *Hand and Mind – What Gestures Reveal about Thought*. Die Erkenntnisse über den Zusammenhang zwischen Kognition und Gestik wurden auch von Entwicklungspsychologen genutzt, um die präverbale kognitive Entwicklung bei Kindern zu untersuchen[9]. In der evolutionä-

---

4 Allport GW, Vernon PE (1933); Kietz G (1952); Wolff W (1943)
5 Laban R (1988)
6 Birdwhistell RL (1979); Davis M (1979, 1982); Efron D (1941); Ekman P, Friesen WV (1969); Knapp ML, Hall JA (1992)
7 Kendon A (2010)
8 McNeill D (1992)
9 Goldin-Meadow S et al. (1993)

ren Anthropologie wurde Gestik ferner als Indikator symbolischen Denkens bei Menschenaffen untersucht. Eine wissenschaftliche Frage liegt dabei darin, ob in der Phylogenese des Menschen die gestische Kommunikation der verbalen vorausgegangen sein könnte. Etwa zeitgleich mit dem Aufblühen der linguistischen Gestenforschung entwickelte sich die Erforschung der Gebärdensprache der Gehörlosen, deren Erkenntnisse später einen wesentlichen Baustein für die rechtliche Anerkennung der Gebärdensprache als gleichwertige Sprache im Jahre 2002 darstellte.

In der aktuellen »Ära der Neurowissenschaften« liegt der Fokus auf den neuronalen Korrelaten der oben genannten Ausdruckskategorien. So findet sich bei der Ausführung *pantomimischer* Gesten des Werkzeuggebrauchs, z. B. gestisch so zu tun, als würde man sich mit einer imaginären Zahnbürste die Zähne putzen, in bildgebenden Verfahren wie der funktionellen Magnetresonanztomographie (fMRT) eine Aktivierung im Schläfenlappen der linken Gehirnhälfte[10], die sich von dem Aktivierungsmuster bei tatsächlichem Objektgebrauch unterscheidet. Die gestisch-symbolische Darstellung mit imaginiertem Objekt geht somit mit einer spezifischen zerebralen Aktivierung einher. Eine Einschränkung dieser bildgebenden Verfahren (fMRT, funktionelle Nahinfrarotspektroskopie usw.) liegt jedoch darin, dass beim aktuellen Stand der Methodik Ausdrucksbewegungen wiederholt und bewusst, d. h. explizit, ausgeführt werden müssen, damit die mit der Produktion der Bewegung einhergehende zerebrale Aktivierung erfasst werden kann. Tatsächlich – wie in Vorlesung 2 ausführlich dargelegt werden wird (▶ 2. Vorlesung) – ist jedoch Ausdrucksverhalten überwiegend unbewusst (implizit) und die neuronalen Korrelate von expliziten und impliziten Ausdrucksbewegungen unterscheiden sich.

Dieser kurze historische Überblick verdeutlicht, dass der Zusammenhang zwischen Bewegungsverhalten und psychischen sowie interaktiven Prozessen seit jeher von wissenschaftlichem Interesse ist. Dabei ist augenfällig, dass – obwohl sich ansonsten in der Wissenschaft immer mehr spezialisierte Fachdisziplinen ausgebildet haben – sich nie eine eigenständige Wissenschaft des expressiven bzw. interaktiven Bewegungsverhaltens entwickelt hat. Das Manko der fehlenden eigenständigen

---

10 Lausberg H (2015)

Identität lässt sich bis zu den einzelnen Forscherpersönlichkeiten zurückverfolgen:

> »The list of those who have written about expressive movement or nonverbal communication since 1872 reads like a ›Who's Who‹ in the behavioral sciences; yet writers still defend the relevance of such study or introduce the subject as if it were esoteric and unheard of. It is as if a great many serious behavioral scientists have shown a fleeting interest in body movement and then gone on«[11].

Ein Grund für die – bis dato – ausbleibende Entwicklung einer eigenen Wissenschaftsdisziplin mag die geringere Wertschätzung körperlicher im Vergleich zu intellektuellen Fähigkeiten in unserem Kulturkreis sein. Speziell der Aspekt des Körperausdrucks als ein implizites, unbewusstes Verhalten hat zudem häufig die negative Konnotation, dass etwas unkontrolliert zum Ausdruck kommt und über die Person »verrät«. Neben körperlichem Ausdruck als Forschungsgegenstand betrifft die kulturelle Bewertung auch Kunstformen wie Tanz oder körper- und bewegungsorientierte Therapieformen. Seit Bühlers Aussage 1981[12], dass die bewegungs- und körperorientierten psychotherapeutischen und -analytischen Verfahren »ein obskures Dasein am Rande der etablierten psychiatrischen und psychotherapeutischen Behandlungsverfahren« führen, hat sich wenig geändert, obwohl die bewegungs- und körperorientierten therapeutischen Ansätze auf eine ähnlich lange Tradition wie die verbalen psychoanalytischen und psychotherapeutischen Verfahren zurückblicken können. Auch hier überwiegt die Aufsplitterung in unterschiedliche Schulen und Ansätze zuungunsten einer gemeinsamen Identität, die für eine Etablierung im Gesundheitssystem dringend notwendig wäre.

Wie dargelegt, verteilt sich die Erforschung des Bewegungsverhaltens trotz der langen Historie weiterhin auf viele unterschiedliche wissenschaftliche Disziplinen wie Medizin, Psychologie, Linguistik, Anthropologie, Sport- und Bewegungswissenschaft, Kriminologie oder Soziologie. Die Multidisziplinarität birgt den Nachteil, dass die verschiedenen Disziplinen – obwohl sie dieselbe Thematik beforschen – kaum miteinan-

---

11 Davis M (1972), S. 2
12 Bühler C (1981), S. 8

der in wissenschaftlichem Austausch stehen. Somit liegt der interdisziplinäre Wissenstand zur Relation zwischen Bewegungsverhalten und psychischen Prozessen trotz der langen Forschungstradition deutlich hinter dem potentiell möglichen Stand zurück. In dieser Vorlesungsreihe wird daher nicht nur Wissen aus dem Bereich der Psychotherapie, Psychosomatik und Psychiatrie zusammenzutragen, sondern es werden auch Befunde aus anderen Fachdisziplinen wie der Neuropsychologie, der Linguistik, der Bewegungslehre und der Anthropologie berücksichtigt.

Eine positive Perspektive zeigt sich aufgrund der aktuellen Fortschritte in der Videotechnik. Während es bis in die 60er Jahre des letzten Jahrhunderts technisch aufwändig war, Bewegungsverhalten zu erfassen, ist es heute im Zeitalter von Smartphones einfach geworden, Bewegung jederzeit mit Video aufzuzeichnen. Ein weiterer Fortschritt liegt in der Entwicklung von Annotationssoftware, wie ELAN (https://tla.mpi.nl/tools/tla-tools/elan/), mit der behaviorale Analysesysteme verknüpft und Videoaufzeichnungen von Bewegungsverhalten einfach analysiert werden können. Diese technischen Entwicklungen stellen Meilensteine für die Erforschung expressiven und interaktiven Bewegungsverhaltens dar. Es ist zu hoffen, dass – ebenso wie die Forschung zur Gebärdensprache einen wesentlichen Baustein für deren rechtliche Anerkennung darstellte – die Erforschung des expressiven Bewegungsverhaltens auch zu der weiteren Etablierung von bewegungs- und körpertherapeutischen Verfahren sowie von nonverbalen Interventionen in der verbalen Psychotherapie beitragen wird. Bewegungsverhalten stellt ein effektives diagnostisches und therapeutisches Medium dar und dies nicht nur in den körper- und bewegungsorientierten psychotherapeutischen Verfahren, sondern – wie in dieser Vorlesungsreihe dargelegt werden wird – auch in verbalen psychotherapeutischen Verfahren.

Zur Neuropsychologie von Mimik, Gestik und Haltung

Wie dargelegt, werden seit der Antike immer die gleichen Kategorien des Bewegungsverhaltens als Ausdruck psychischer Prozesse untersucht: Mimik, Gestik und Haltung. Dies kann pragmatisch als Indikator ihrer Validität in Bezug auf psychische Prozesse gewertet werden. Je nach Fragestellung und wissenschaftlicher Disziplin wurden dabei bestimmte Ausdruckskategorien bevorzugt erforscht. Bei Studien zu emotionalen Prozessen lag der Fokus auf Mimik und Haltung, bei Untersuchungen zu Stressregulation auf Selbstberührungen, bei der Analyse von Interaktion auf Sitzpositionen oder bei Untersuchungen zu kognitiven Prozessen auf Gesten. Diese Verknüpfungen legen es nahe, dass die einzelnen Ausdruckskategorien mit spezifischen psychischen Prozessen assoziiert sind.

Belege dafür finden sich in der Neuropsychologie. Mimik, Gestik und Haltung werden von unterschiedlichen Hirnregionen gesteuert, die sich in ihrer Funktion in emotionalen und kognitiven Prozessen unterscheiden. So wird die emotionale Mimik vom Hypothalamus (im Zwischenhirn) als Teil des emotionalen Netzwerks und den Basalganglien als Teil des extrapyramidalen Systems über absteigende neuronale Bahnen zum Hirnstamm gesteuert[13] (in Vorgriff auf Vorlesung 2 sei an dieser Stelle bereits erwähnt, dass mimischer Ausdruck auch willentlich vom Großhirn kontrolliert werden kann). Unter anderem da anenzephale[14] Kinder mimische Ausdrücke wie Weinen oder Ekel zeigen, wird davon ausgegangen, dass im Hirnstamm mimische Ausdrucksmuster angelegt sind. Daher können bei Schädigung der absteigenden neuronalen Bahnen, die den Hirnstamm kontrollieren, mimische Ausdrücke unwillkürlich, ohne ein entsprechendes emotionales Erleben auftreten[15]. Das »pathologische Weinen und Lachen« tritt situationsunangemessen, häu-

---

13 Bähr M, Frotschner M (2014); Rinn WE (1984)
14 Schwerste Missbildung des Gehirns, bei dem große Teile des Gehirns fehlen, der Hirnstamm aber angelegt sein kann.
15 Poeck K, Hacke W (1998)

fig sogar gegen den Willen des Betroffenen auf und kann weder unterdrückt noch unterbrochen werden[16]. Es wird davon ausgegangen, dass es sich hierbei um Enthemmungsphänomene der im Hirnstamm angelegten mimischen Ausdrucksmuster handelt. Die Verbindung zwischen emotionalem Netzwerk und Hirnstamm mit mimischen Ausdrucksmustern stellt das neuronale Korrelat für die psychologisch dokumentierte Wechselwirkung zwischen Stimmung und mimischem Ausdruck dar.

In einer Studie sollten Versuchspersonen sich glückliche, traurige und ärgerliche Situationen vorstellen. Bei der Imagination der verschiedenen Gefühle fanden sich jeweils spezifische Muster muskulärer Aktivität, gemessen mit Elektromyogramm (EMG), die auch dann noch nachweisbar waren, wenn der Gesichtsausdruck im Video nicht mehr erkennbar war[17]. In umgekehrten Experimenten, bei denen über Anspannung spezifischer mimischer Muskeln entsprechende Gefühle evoziert wurden, konnte demonstriert werden, dass bei Kontraktion mimischer Lachmuskeln Cartoons als lustiger beurteilt werden, als wenn diese Muskeln nicht angespannt werden[18]. Die willentliche Anspannung des Musculus corrugator (Bildung einer senkrechten Falte zwischen den Augenbrauen) hingegen führt zu einer traurigen Stimmung der Probanden[19]. Auf der Grundlage, dass über muskuläre Anspannung Stimmungen evoziert werden können, scheint auch der Einsatz des Nervengiftes Botulinumtoxin mit dem Ziel der Lähmung des Musculus corrugator antidepressiv zu wirken[20].

Im Gegensatz zu emotionaler Mimik, die durch Hypothalamus/emotionales Netzwerk und Basalganglien gesteuert wird, werden gestische Ausdrucksbewegungen der Hände fast ausschließlich von der motorischen Hirnrinde (Kortex) des Großhirns gesteuert. Dabei wird die rechte Hand von der linken Gehirnhälfte kontrolliert und die linke Hand von der rechten Gehirnhälfte. Die ausschließlich unilaterale Innervation der Hände ermöglicht es, dass die Hände simultan unterschiedliche

---

16 Poeck K, Hacke W (1998)
17 Schwartz GE et al. (1976)
18 Strack F et al. (1988)
19 Larsen RJ et al. (1992)
20 Stearns TP et al. (2018)

Aufgaben ausführen können, z. B. bei beidhändigem Werkzeuggebrauch oder komplexen gestischen Darstellungen. Da Gesten kortikal gesteuert werden, ist ihre Produktion mit anderen kortikalen Funktionen wie Sprache, Werkzeuggebrauch, räumlichem Denken, metaphorischem Denken oder bildlichem Vorstellen assoziiert. Die Produktion von Gesten ist also mehr mit kognitiven als mit emotionalen Prozessen verknüpft. In Entsprechung zu diesen neuronalen Grundlagen werden Gesten primär bei Fragestellungen zu kortikal repräsentierten Prozessen untersucht, wie z. B. räumliches Denken. Bei räumlichen Planungstests wie dem Turm-von-London-Test, bei dem verschiedenfarbige Kugeln auf unterschiedlich lange Stäbe umgesteckt werden müssen, um von der Ausgangsposition zu einer vorgegebenen Zielposition zu gelangen, führen Testteilnehmer spontan räumliche Gesten aus. Diese Gesten reflektieren ihr räumliches Denken während der Lösung des Problems. Auch in alltäglichen Situationen, wie jemandem den Weg zu einem Zielort zu erklären, offenbaren die spontanen sprachbegleitenden Gesten räumliche Vorstellungen. Ebenso wie über die Anspannung mimischer Muskeln bestimmte emotionale Zustände hervorgerufen werden können, scheinen über die Ausführung von Gesten auch kognitive Prozesse angestoßen und gefördert werden zu können. So ist es empirisch gut belegt, dass die Ausführung räumlicher Gesten mit besserer Leistung bei räumlichen Planungsaufgaben einhergeht[21].

Eine wieder andere neuronale Kontrolle als bei Mimik und Gestik findet sich bei der Körperhaltung. Die Körperhaltung ist definiert als Ausrichtung des Körpers relativ zu den vertikalen, horizontalen und sagittalen (Körpervorderseite – Körperrückseite) Körperachsen. Sie wird wesentlich von der Rumpf- und Standmotorik bestimmt, die von Kleinhirn und Basalganglien kontrolliert wird[22]. Sowohl Kleinhirn als auch Basalganglien modulieren motorisches Verhalten auch im Zusammenspiel mit emotionalen Prozessen[23]. Diese Befunde eröffnen neuropsychologische Perspektiven auf die Verknüpfung von Affekt und Haltung, d. h. die neuronale Basis dafür, dass sich die Stimmung in der Körper-

---

21 Cook SW, Goldin-Meadow S (2006); Sassenberg U et al. (2011)
22 Bähr M, Frotscher M (2014)
23 Adamszek M et al. (2017); Damasio HAR et al. (2000); Strata P (2019)

haltung spiegelt. Im klinischen Kontext wird der Zusammenhang zwischen einer zusammengesunkenen, der Schwerkraft nachgebenden Körperhaltung und depressiver Stimmung bereits in den Anfängen der Psychiatrie dokumentiert[24]. Ebenso wie bei Mimik und Gestik kann auch bei der Körperhaltung über eine Veränderung der Haltung die Stimmung und Einstellung beeinflusst werden kann[25]. Testpersonen, die aufgefordert werden, eine zusammengefallene Körperhaltung einzunehmen, reagieren später in einem Test hilfloser als Personen, die eine expansive, aufrechte Haltung einnehmen sollten.

Zusammenfassend ist es aufgrund der neuropsychologischen Grundlagen von Mimik, Gestik und Haltung plausibel, dass diese Ausdruckskategorien mit unterschiedlichen psychischen Funktionen assoziiert sind. Während Mimik mit emotionalem Erleben assoziiert sein kann (▶ 2. Vorlesung), repräsentieren Gesten primär kognitive Prozesse. Die Haltung wiederum reflektiert eher die überdauernde affektiv getönte Einstellung einer Person, die aber situativ variieren kann.

Die Deutung expressiven Bewegungsverhaltens

Während es allgemeines menschliches Erfahrungswissen ist, dass sich im körperlichen Ausdruck Gefühle, Einstellungen und Gedanken spiegeln, ist die bewusste explizite Deutung von körperlichem Ausdruck komplexer als gemeinhin angenommen. Der Mensch erwirbt ab Geburt ein implizites Erfahrungswissen (»können, ohne sagen zu können, wie«) über nonverbalen Ausdruck und die meisten Menschen schätzen sich selbst so ein, dass sie das nonverbale Verhalten ihres Gegenübers auch explizit (analog: »können und sagen können, wie, warum ...«) gut deuten können. Tatsächlich ist jedoch die Übereinstimmung zwischen

---

24 Darwin C (1890); Kraepelin E (1899); Lemke MR et al. (2000); Michalak J et al. (2009); Reich W (1933); Wallbott HG (1989)
25 Riskind JH, Gotay CC (1982); Wilson VE, Peper E (2004)

Selbsteinschätzung und Fremdeinschätzung von expliziter nonverbaler Entschlüsselungskompetenz gering[26]. Dies liegt zumeist daran, dass implizites unbewusstes Erfahrungswissen nicht explizit bewusst genutzt werden kann und dass explizit verfügbares Wissen defizitär oder falsch ist. Zum Teil werden intuitiv richtige Eindrücke intellektuell falsch begründet, d. h., es werden falsche Kriterien für eine richtige Einschätzung aufgeführt, z. B. »An dieser Stelle lügt die Person [richtig]. Das erkennt man daran, dass sie die Arme verschränkt [falsch – in diesem fiktiven Beispiel, da die Person auch bei wahren Aussagen die Arme verschränkt]«.

Seit der Ära der Ausdruckspsychologie wurde immer wieder demonstriert, dass untrainierte Beobachter in der expliziten Deutung nonverbalen Verhaltens nicht mit objektiven externen Kriterien übereinstimmen[27]. Wallbott[28] ließ das nonverbale Verhalten depressiver Patienten bei Aufnahme und Entlassung in einer psychiatrischen Klinik von 20 naiven Beobachtern, die über kein Fachwissen zu nonverbalem Verhalten verfügten, beurteilen. Die Beobachter sollten anhand der Videoaufnahmen einschätzen, ob die Handbewegungen dem Aufnahme- oder Entlassungsgespräch entstammten. Ihre Zuordnungen waren jedoch überwiegend falsch. Wallbott fand außerdem heraus, dass die Beobachter in ihren Entscheidungen »not ›wildly guessing‹«[29] waren, sondern bewusst systematisch bestimmte Bewegungskriterien, wie z. B. Intensität oder Ausdehnung der Bewegungen, anwendeten. Ihre expliziten Annahmen über den Zusammenhang zwischen diesen Bewegungskriterien und dem Status des Patienten, d. h. Aufnahme versus Entlassung, waren jedoch falsch. Gleichermaßen dokumentierte eine Untersuchung zur Lügendetektion mit Polizisten, Gefängniswärtern, Studenten und Gefängnisinsassen, dass die ersten drei Gruppen ihren Urteilen falsche Annahmen über das nonverbale Verhalten bei Lügen zu Grunde legten. Die höchste Zuverlässigkeit bei der Lügendetektion zeigten die Gefängnisinsassen. Diese gingen richtigerweise davon aus, dass eine Abnahme

---

26 Hall JA et al. (2009); Riggio RE, Riggio HR (2001)
27 Eisenberg P, Reichline P (1939)
28 Wallbott HG (1989)
29 Wallbott HG (1989), S. 142

an Finger- und Handbewegungen mit Lügen einherging, wohingegen Polizisten, Gefängniswärter und Studenten fälschlicherweise von einer Zunahme ausgingen[30]. Die Autoren diskutierten, dass die Gefängnisinsassen aufgrund größerer »Selbsterfahrung« mit Lügen über ein zuverlässiges und explizit zugängliches Wissen verfügten. Eine weitere Studie zu Lügendetektion hob hervor, dass Beobachter häufig nonverbale Kriterien anführen, von denen sie glauben, dass diese für das Urteil relevant seien, dass diese Kriterien de facto aber nicht relevant sind[31]. Die Korrelation zwischen den explizit berichteten Kriterien und dem tatsächlichen Urteil war zudem gering, d. h., die Beobachter gaben explizit an, ihr Urteil auf bestimmte Kriterien zu stützen, wendeten aber tatsächlich implizit andere Kriterien an.

Zusammenfassend belegen die Deutungsexperimente, dass naive Beobachter in ihrer expliziten Deutung nonverbalen Verhaltens häufig von objektiven externen Urteilen und Fakten abweichen. Zudem scheinen sie für ihre Urteile implizit andere nonverbale Kriterien anzuwenden, als sie explizit berichten, d. h., sie konstruieren im Nachhinein eine intellektuelle Begründung für ihr intuitives Urteil. Wie bereits erwähnt, bedeutet die Tatsache, dass die explizite Deutung nonverbalen Verhaltens von untrainierten Beobachtern unzuverlässig ist, nicht zwangsläufig, dass deren implizite intuitive Reaktion *in vivo* in der nonverbalen Interaktion falsch wäre.

Die Befunde verdeutlichen jedoch, dass es für Psychotherapeuten wichtig ist, einerseits ihre impliziten Wahrnehmungen und Reaktionen differenziert und explizit zu identifizieren (vgl. Selbsterfahrung) und andererseits objektives empirisches Wissen zu nonverbalem Verhalten zu erwerben. Die Kenntnis objektiver und im Hinblick auf psychische Prozesse valider nonverbaler Parameter verfeinert wiederum die Wahrnehmung des Psychotherapeuten, indem sie seine Aufmerksamkeit auf bestimmte nonverbale Phänomene lenkt. Die objektive und explizite Identifikation nonverbaler Ausdrucksbewegungen und die Kenntnis ihrer psychischen Korrelate ist ferner die Voraussetzung für die (Selbst-)Supervision und die Weitergabe von Wissen.

---

30 Vrij A, Semin GR (1996)
31 Zuckermann M, Koestner R & Driver R (1981)

Universelle, kulturelle und individuelle Komponenten expressiven Bewegungsverhaltens

Das expressive Bewegungsverhalten einer Person wird von universellen, kulturellen und individuellen Faktoren beeinflusst. Für die psychotherapeutische Arbeit ist diese Differenzierung von Interesse, da nur universelle Komponenten im Verhalten des Patienten vom Therapeuten spontan und ohne Training zuverlässig identifiziert werden können. Hingegen muss sich der Therapeut Wissen über kulturelle Ausdrucksformen explizit aneignen, wenn der Patient einer anderen Kultur oder Subkultur angehört. Was die individuellen Ausdrucksmuster des Patienten betrifft, so müssen diese vom Therapeuten im Laufe der Psychotherapie entschlüsselt werden. Dabei lernt der Therapeut mit welchen psychischen Zuständen welche Ausdrucksformen des Patienten verbunden sind, zum Beispiel dass der Patient immer seine Armbanduhr am Handgelenk dreht, wenn traurige Gefühle auftauchen.

Bei universellen Ausdrucksmustern handelt sich zum einen um angeborene Reiz-Reaktionsmuster. Auf denselben emotional relevanten Stimulus zeigen Menschen die gleiche mimische oder posturale Reaktion[32]. Zum Beispiel finden sich bei blind und taub geborenen Kindern die gleichen mimischen Ausdrücke wie bei gesunden Kindern[33]. Da die blind-tauben Kinder die Ausdrucksmuster nicht durch (visuo-motorische) Imitation erlernt haben können, ist davon auszugehen, dass diese Muster angeboren sind. Wie bereits oben dargelegt, sind diese Ausdrucksmuster der genuinen emotionalen Mimik wahrscheinlich auf Hirnstammebene angelegt.

Universelle Ausdrucksmuster sind nicht auf die Mimik beschränkt, sondern finden sich auch in Körperhaltung, Körperposen und Gestik. Der bereits dargestellte Zusammenhang zwischen Körperhaltung und Stimmung – eingefallene Haltung bei gedrückter Stimmung bzw. aufgerichtete Haltung mit erhobener Brust bei gehobener Stimmung –

---

32 Darwin C (1872)
33 Eibl-Eibesfeld I (1979)

scheint universell zu sein. Auch bei Körperposen als expressiven Ganzkörperstellungen finden sich universelle Muster.

Ferner sind grundlegende soziale Beziehungsformen wie Zuneigung/Abneigung oder Dominanz/Unterordnung universell durch ähnliche Formen von Körperposen und Körperorientierungen gekennzeichnet[34]. Ein Beispiel ist der Kniefall, der in vielen Kulturen als Zeichen von Demut oder Unterwerfung zu finden ist.

Gleichermaßen finden sich auch universelle Grundtypen von Gesten wie *Zeige*gesten, *Betonungs*gesten, *Pantomime*gesten oder *Formpräsentations*gesten[35]. Wie oben dargelegt, hängt die Produktion von Gesten primär mit kognitiven Prozessen zusammen. Aufgrund der Universalität kognitiver Prozesse und anatomischer Strukturen erfordern bestimmte Bewegungsziele bestimmte Bewegungsformen. Um zum Beispiel mit der Hand gestisch präzise auf einen Ort im Raum zu deuten, ist eine Bewegungsform gefordert, bei der die Longitudinalachse der Hand als Startpunkt eines Vektors dienen kann, dessen gedachte Verlängerung zum Zielort führt. Das Ausstrecken des Zeigefingers erhöht dabei die Präzision. Der Bewegungsfluss ist gebunden mit einem kurzen Anhalten in der Hauptphase. Gesten mit einer runden Handform, einem kreisförmigen Bewegungsweg oder einem freien Bewegungsfluss wären hingegen für das Zeigen auf einen Ort nicht effektiv. Weitere Belege für die Universalität expressiver Gesten stammen aus der Gebärdensprachforschung. Taube Vorschulkinder aus China und den USA, die zum Zeitpunkt der Untersuchung noch keine Gebärdensprache gelernt hatten, zeigen in der Organisation ihrer spontanen Handzeichen strukturelle Ähnlichkeiten[36].

Ferner enthält das expressive Bewegungsverhalten eines Individuums kulturelle Komponenten, die das Individuum im Laufe seiner Entwicklung in einer bestimmten Kultur, Subkultur oder Bezugsgruppe lernt. Dabei ist zu unterscheiden zwischen kulturellen Variationen universeller Ausdrucksmuster und willkürlichen kulturellen Zeichen, die neu in einer Kultur entwickelt werden.

---

34 Morris D (1977)
35 Skomroch H et al. (2013)
36 Goldin-Meadow S, Mylander C (1998)

Kulturelle Variationen finden sich zum Beispiel bei mimischen Ausdrücken. Dies gilt insbesondere für mimische Ausdrücke, die primär der sozialen Regulation dienen[37]. Soziales Lächeln in der nordamerikanischen Kultur geht in der Regel mit einem Zeigen der Zähne einher (»Cheese«), wohingegen in asiatischen Kulturen wie zum Beispiel in Korea traditionell die Lippen geschlossen bleiben oder der Mund sogar mit der Hand abdeckt wird. Insbesondere für Frauen gilt es als unschicklich, Zähne und Zahnfleisch beim Lachen zu zeigen[38].

Auch bei Körperposen finden sich kulturelle Variationen universeller Muster. So zeigen sehende und blind geborene Sportler verschiedener Kulturen bei Stolz/Sieg zwar die gleichen Körperposen (zum Jubel hochgerissene Arme), bei Scham/Niederlage hingegen unterscheiden sich sehende, nicht aber blinde Sportler unterschiedlicher Kulturen. Die sehenden Sportler aus individualistischen Kulturen wie Nordamerika, Europa und Westasien führen dabei schambezogene Körperposen in geringerer Ausprägung aus als sehende Sportler kollektivistischer Kulturen. Die blinden Sportler hingegen zeigen kulturübergreifend die gleiche Ausprägung der Posen. Dies weist darauf hin, dass Körperposen bei Sieg und Niederlage universell sind, jedoch in Abhängigkeit von der Kultur modifiziert werden können.

Besonders bekannt sind kulturelle Variationen in der Gestik. So demonstrierte Efron[39] zahlreiche Unterschiede in der Gestik zwischen osteuropäischen jüdischen und süditalienischen Einwanderern in New York. Zum Beispiel führten Letztere Gesten mit einem deutlich größeren Radius aus als Erstere. Auch die Lateralität von Gesten kann kulturell determiniert sein. Kinder der Aborigines in Australien lernen explizit, dass sie für Objekte zu ihrer Linken die linke Hand und für Objekte zur ihrer Rechten die rechte Hand zum Zeigen einsetzen müssen. In anderen Kulturkreisen wird in der Regel unabhängig von der Lokalisation des Zieles die dominante Hand zum Zeigen eingesetzt[40]. Darüber hinaus finden sich Unterschiede in der Häufigkeit bestimmter Gestenty-

---

37 vgl. »display rules« nach Ekman P, Friesen WV (1975)
38 Zi-Hyun Kim, persönliche Kommunikation, 2018
39 Efron D (1941)
40 Wilkins D, Ruiter JP (1999)

pen[41]. Koreaner führen zum Beispiel bei dem Beschreiben emotionaler Tanzvideos spontan mehr *Zeige*gesten aus, die auf den Projektionsort des Videos verweisen (»Dort hat der Tänzer eine drehende Bewegung gemacht«), wohingegen Deutsche mehr *Präsentations*gesten ausführen, mit denen sie die Formen, räumliche Relationen und Bewegungen der Tänze direkt darstellen[42]. Dies ist vereinbar mit den kulturell divergierenden Einstellungen zum Ausdruck individuellen Erlebens. Während in der deutschen Kultur individueller Ausdruck gewünscht bzw. gefordert ist, fordert die koreanische Kultur eher die Zurücknahme des individuellen Ausdrucks[43]. Neben den beschriebenen kulturellen Variationen universeller Gesten gibt es kulturelle Neuschöpfungen von Gesten. Bei diesen sogenannten *Emblemen* handelt es sich um innerhalb einer Kultur formal und semantisch eindeutig definierte nonverbale Zeichen. Diese können daher auch sprachersetzend eingesetzt werden wie zum Beispiel das Peace-Zeichen. *Emblematische* Gesten werden ebenso wie Sprache nur innerhalb einer (Sprach-)Kultur verstanden. Im Mittelmeerraum, insbesondere in Süditalien, werden *emblematische* Gesten im Vergleich zu Nordeuropa relativ häufig zur Kommunikation eingesetzt.

Auch bei den individuellen Komponenten expressiven Bewegungsverhaltens sind individuelle Variationen universeller oder kultureller Ausdrucksmuster von individuellen Neuschöpfungen zu unterscheiden.

Individuelle Variationen betreffen zum Beispiel die Art und Weise, wie jemand lächelt oder eine Zeigegeste ausführt. Die essentiellen formalen Komponenten des Ausdrucks, die mit anderen Individuen universell oder kulturell geteilt werden, z. B. die Mundwinkel nach oben ziehen, sind jedoch vorhanden, so dass der Ausdruck universell oder kulturell identifiziert werden kann. Die Variationen sind dabei intra-individuell sehr zuverlässig. Daher kann ein Mensch zum Beispiel auch nach Jahren noch an seinem Gang wiedererkannt werden, z. B. an seiner ganz individuellen Kombination von Körperhaltung, Schrittgröße, Betonung, Armbewegung usw.

---

41 Skomroch H et al (2013)
42 Kim ZH, Lausberg H (2018)
43 Kim ZH (2016)

Individuelle Neuschöpfungen sind neue Bewegungsformen, zum Beispiel sich mit dem kleinen Finger hinter dem Ohr zu kratzen. Viel häufiger jedoch liegt die Neuschöpfung in der individuellen Verknüpfung von bestimmten Bewegungsformen mit bestimmten psychischen Zuständen. Nach Leventhal[44] können universelle Ausdrucksmuster, die zunächst in angeborenen Reiz-Reaktionsmustern an universell relevante Reize gekoppelt sind, im Laufe der individuellen Entwicklung mit einem anderen, für das Individuum relevanten Reiz gekoppelt werden, z. B. beim Anblick einer Schnecke einen angeekelten Gesichtsausdruck zeigen. Aber auch Gesten und Handlungen, die ursprünglich eine bestimmte Funktion erfüllten, können in individueller Weise an bestimmte psychische Zustände gekoppelt werden. Schon Darwin beschrieb, dass Handlungen vom ursprünglichen Zweck gelöst und neu an einen psychischen Zustand gekoppelt werden können:

> »The principle of serviceable associated Habits. – Certain complex actions are of direct or indirect service under certain states of the mind, in order to relieve or gratify certain sensations, desires, etc.; and whenever the same state of mind is induced, however feebly, there is a tendency through the force of the habit and association for the same movements to be performed, though they may not then be of the least use«[45].

Demnach können primär funktionale Handlungen, wie zum Beispiel das Hochschieben einer verrutschten Brille, in individueller Weise quasi sinnentfremdet mit psychischen Zuständen verknüpft werden, zum Beispiel das Hochschieben der (nicht verrutschten) Brille bei Verlegenheit (Brillenträgern, die gelegentlich Kontaktlinsen tragen, ist das Phänomen des Hochschiebens der nicht vorhandenen Brille vertraut). Diese individuellen Verknüpfungen von bestimmten Bewegungen mit bestimmten psychischen Zuständen zeigen eine hohe intra-individuelle Zuverlässigkeit[46]. Die intra-individuelle Reliabilität dieser Verknüpfungen, die hier als individuelle kineso-psychische Muster bezeichnet werden sollen, soll anhand folgender Beispiele aus eigenen Untersuchungen illustriert werden:

---

44 Leventhal (1982)
45 Darwin C (1872, 2009), S. 38
46 Allport GW, Vernon PE (1933); Darwin C (1890)

Bei heiterer Stimmung zeigte Herr A. immer folgende komplexe Bewegungssequenz in fast identischer Art und Weise: Lachen und Brille hochschieben mit der linken Hand → Arme verschränken → Knie schließen (▶ Abb. 1).

Sequence 1: 1:08 – 1:12 min

 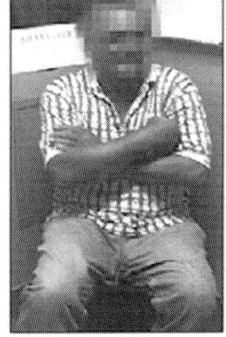 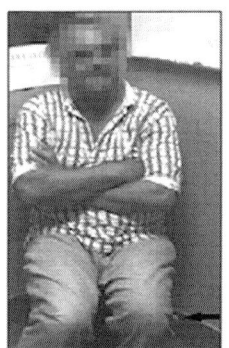

Sequence 2: 8:01 – 8:04 min

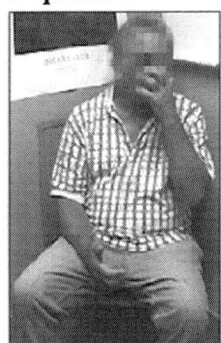 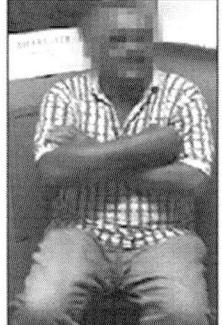 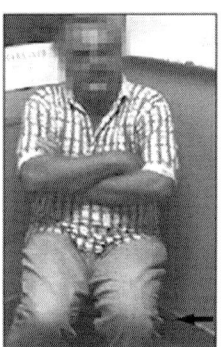

Abb. 1[47]: Herr A. zeigt in Minute 1 und Minute 8 der Sitzung jeweils bei heiterer Stimmung identische Bewegungssequenzen.

---

47 Hinweis: Die Abbildungen in diesem Werk beruhen zu einem großen Teil auf Videoaufzeichnungen von therapeutischen Sitzungen. Da es sich um naturalistische Daten handelt, sind diese teilweise von minderer Qualität. Die hier veröffentlichten Aufnahmen des nonverbalen Verhaltens sind jedoch zum Verständnis des Textes unabdingbar und sind von besonderer Bedeutung, da sie spontane Momente aus Therapiesitzungen zeigen.

Frau G. zeigte bei resignativer Stimmung zuverlässig folgende Bewegungssequenz: Achselzucken links → Zurechtrücken des linken Trägers mit der linken Hand (▶ Abb. 2).

Sequence 1: 5:54 – 6:01 min

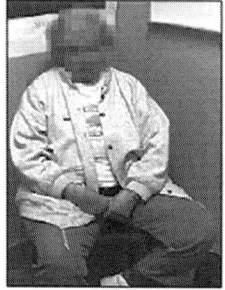 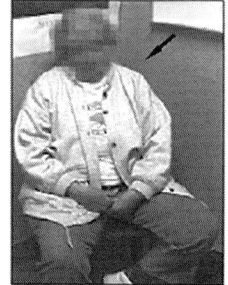 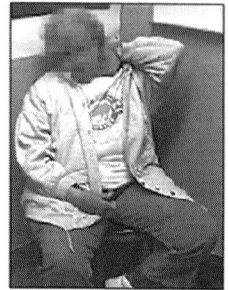

Sequence 2: 15:48 – 15:53 min

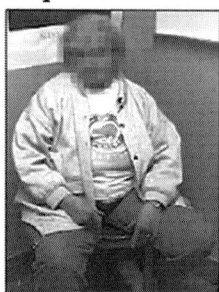 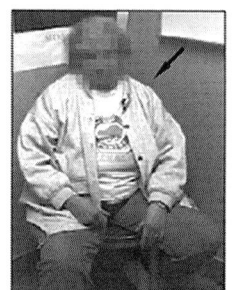 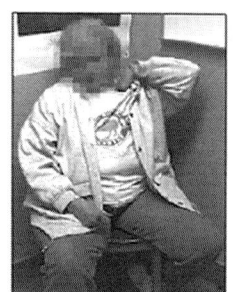

Abb. 2: Frau G. zeigt in Minute 5 und Minute 15 der Sitzung jeweils bei resignativer Stimmung identische Bewegungssequenzen.

Zusammenfassend setzt sich das expressive Bewegungsverhalten eines Individuums aus universellen, kulturellen und individuellen Komponenten zusammen. Universelle Ausdruckskomponenten im nonverbalen Verhalten des Patienten werden in der Regel vom Therapeuten ohne Weiteres richtig – implizit oder explizit – identifiziert. Hinsichtlich kultureller Ausdruckskomponenten ist es für den Therapeuten wichtig, diese explizit zu lernen, wenn Patient und Therapeut unterschiedlichen Kulturen entstammen.

Als Beispiel aus der therapeutischen Praxis fiel einer Psychotherapeutin auf, dass ihr chinesischer Patient sie nie anschaute. Sie thematisierte dies und daraufhin berichtete der Patient, dass in seiner Heimatregion in China direkter Blickkontakt als übergriffig gelte. Im weiteren Verlauf der Therapie wurde ferner deutlich, dass er in Deutschland in seiner Firma Mühe hatte, Kollegen »auf Augenhöhe« zu begegnen, und dass ihm eine für seine Qualifikation zu niedrige Position zugeteilt worden war[48].

Individuelle Ausdruckskomponenten des Patienten können bei längerem oder wiederholtem Kontakt vom Therapeuten identifiziert und ihre Bedeutung durch die Analyse des Kontextes erschlossen werden.

Zum Beispiel nimmt ein Patient immer, wenn er über seinen Vater spricht, die gleiche Sitzposition mit verschränkten Armen ein. Die Dekodierung derartiger individueller kineso-psychischer Muster ermöglicht es dem Therapeuten, auch auf psychische Zustände des Patienten rückzuschließen, die dieser möglicherweise nicht verbal thematisiert. Zum Beispiel könnte die Einnahme der gleichen Sitzposition, wenn der Patient über seinen Chef spricht, darauf hinweisen, dass Vater und Chef von dem Patienten psychisch ähnlich erlebt werden, ohne dass der Patient dies verbal thematisiert.

Da individuelle kineso-psychische Muster durch eine hohe Reliabilität gekennzeichnet sind, deuten Änderungen des nonverbalen Verhaltens in einem bestimmten Kontext zuverlässig auf Änderungen des psychischen Zustandes hin[49]. In genanntem Beispiel wäre es daher bemerkenswert, wenn der Patient plötzlich in der Therapie bei dem Thema »Vater« eine andere Haltung einnehmen würde. Als Therapieverlaufsparameter sind individuelle kineso-psychische Muster und ihre Veränderungen von besonderem Interesse, da sie in der Regel nicht der expliziten Kontrolle des Patienten unterliegen und implizite therapeutische Prozesse anzeigen.

---

48 Persönliche Kommunikation, Angela Rothenhausler, 2020
49 Davis M, Hadiks D (1990)

2. Vorlesung
Die Unbewusstheit nonverbalen Verhaltens und die therapeutische Relevanz

Die implizite Natur von Ausdrucksverhalten

Ein Charakteristikum nonverbalen Ausdrucks liegt darin, dass dieses Verhalten in der Regel jenseits der bewussten Kontrolle ausgeführt wird. Mimik, Gestik, Selbstberührungen oder Haltung werden überwiegend implizit[50] ausgeführt, d. h., die Bewegungen laufen quasi »von selbst«. Explizite Ausdrucksbewegungen, deren Ausführung die Person sich bewusst ist, finden in therapeutischen und alltäglichen Interaktionen hingegen selten statt, wie zum Beispiel ein absichtliches Lächeln oder eine bewusste Aufrichtung der Körperhaltung (»Setz' Dich gerade hin!«). Auch Gesten werden nur selten explizit ausgeführt. Bei diesen handelt es sich in erster Linie um *emblematische*, kulturell definierte Gesten wie das Peace-Zeichen (▶ 1. Vorlesung), die in ärztlichen und psychotherapeutischen Gesprächen jedoch nur sehr selten vorkommen.

Implizite Bewegungen unterscheiden sich neuropsychologisch und in der Bewegungsform von ihren expliziten Pendants. Studien an Patienten mit Hirnschädigungen zeigen, dass explizite und implizite Bewegungen auf unterschiedlichen neuronalen Netzwerken beruhen. Klinische Evidenz für die Dissoziation zwischen expliziter und impliziter Mimik findet sich z. B. bei Patienten, die nach Schädigung einer Ge-

---

50 In Analogie zu Schacters Definition von *implicit* und *explicit* (1992) soll hier der Begriff *implizit* für Bewegungen angewandt werden, deren Ausführung sich die Person nicht bewusst ist: »*Explicit* knowledge refers to knowledge that is expressed as conscious experience and that people are aware that they possess; ... *Implicit* knowledge, by contrast, refers to knowledge that is revealed in task performance without any corresponding phenomenal awareness.« (S. 11113)

hirnhälfte die kontralaterale Gesichtshälfte beim Lächeln nicht willentlich miteinbeziehen können und daher ein asymmetrisches Lächeln aufweisen, wohingegen sie bei spontaner Freude ein symmetrisches Lächeln zeigen[51]. Umgekehrt findet sich bei Patienten mit Parkinson-Syndrom und Störungen im extrapyramidalen System eine deutliche Reduktion der spontanen emotionalen Mimik (Maskengesicht), während sie die Gesichtsmuskulatur andererseits bei Aufforderung regelrecht anspannen können. Bei Schädigungen bestimmter Hirnareale können einige Patienten Gesten oder Aktionen, z. B. sich rasieren, nicht explizit auf Aufforderung hin ausführen, jedoch die gleiche Bewegung implizit problemlos als Teil automatisierter Routine durchführen, z. B. sich rasieren, wenn sie morgens am Waschbecken stehen[52].

Ein Patient berichtete von sich selbst, dass er nicht mit seiner linken Hand etwas aus seiner Hosentasche ziehen könne, wenn er die Aktion beabsichtige. Dieselbe Aktion konnte er jedoch ohne Schwierigkeit ausführen, wenn er nicht darüber nachdachte[53].

Auch in Hirnstromableitungen (Elektroenzephalographie) lässt sich der Unterschied zwischen impliziter und expliziter Bewegungsausführung belegen. Bei Gedächtnistests zeigen Probanden bei intermittierendem akustischem Stress spontan vermehrt Selbstberührungen im Gesicht. Diese implizit ausgeführten Selbstberührungen gehen mit Veränderungen der hirnelektrischen Theta-Aktivität einher, die auf kortikale Regulationsprozesse hinweisen. Wenn die Probanden hingegen Selbstberührungen im Gesicht nach Aufforderung, also explizit, ausführen, treten diese Veränderungen der hirnelektrischen Aktivität nicht auf[54].

Die Unterschiede in der neuronalen Kontrolle von impliziten und expliziten Bewegungen gehen mit Unterschieden in der Bewegungsform einher. Aufgrund der unterschiedlichen Innervation von oberer und unterer Gesichtshälfte (bilateral bzw. unilateral kontralateral) kann

---

51 DeJong RN (1967)
52 Buxbaum LJ et al. (1995); Lausberg H et al. (1999); Liepmann H, Maas O (1907)
53 Lausberg H et al. (1999)
54 Grunwald M et al. (2014)

die untere Gesichtshälfte besser willentlich einseitig und differenziert kontrolliert werden als die obere. Es wird daher in der Regel als einfacher empfunden, einen Mundwinkel zu heben als eine Augenbraue. Nach Rinn[55] erklärt dies, warum absichtliches, d. h. explizites, kortikal gesteuertes Lachen sich vornehmlich, z. T. auch asymmetrisch in der unteren Gesichtshälfte zeigt. Bei spontanem emotionalen, implizitem Lachen, das über den Hypothalamus als Teil des emotionalen Netzwerks gesteuert wird, findet sich demgegenüber eine vergleichsweise stärkere Beteiligung der Augen- und Stirnregion. Auch kinematisch lassen sich Unterschiede zwischen expliziter und impliziter Bewegungsausführung nachweisen: Die gleiche Bewegung, z. B. einen Hebel greifen und verschieben, weist eine andere Kinematik auf, wenn die Person angewiesen wird, den Hebel zu fassen und zu bewegen, als wenn sie, z. B. während eines Computerspiels, den Hebel spontan greift und bewegt[56].

Generell erfolgen implizite Reaktionen schneller als explizite. Dies belegen Befunde an Patienten mit unilateraler kortikaler Blindheit, die visuelle Stimuli in der geschädigten Hemisphäre nur noch implizit, aber nicht mehr explizit verarbeiten können. Bei tachistoskopischer[57] Präsentation von emotionalen Gesichtern und Körperposen zu der geschädigten Hemisphäre, die Stimuli nur noch unbewusst verarbeiten kann, erfolgt die mimische und vegetative Reaktion schneller, als wenn der Stimulus der gesunden Hemisphäre, die das emotionale Gesicht oder die Körperpose bewusst verarbeitet, präsentiert wird[58]. Auch implizite gestische Reaktionen erfolgen schneller als explizite[59].

Die Unterschiede in der Bewegungsform zwischen impliziten und expliziten Ausdrucksbewegungen bringen es mit sich, dass auch der Interaktionspartner diese differenzieren kann. In experimentellen Settings gehen akustische Stimuli von spontanem versus willentlichem Lachen beim Rezipienten mit unterschiedlichen zerebralen Aktivierungen ein-

---

55 Rinn WE (1984)
56 Bock O, Hagemann A (2010)
57 Experimentelle Methode, in der ein visueller Stimulus sehr kurz selektiv einer Gehirnhälfte dargeboten wird.
58 Tamietto M et al. (2009)
59 Lausberg H et al. (2003); Tanaka Y et al. (1996)

her[60]. Daher muss auch für den therapeutischen Kontext davon ausgegangen werden, dass der Patient es wahrnimmt, wenn der Therapeut absichtlich einen nonverbalen Ausdruck ausführt, z. B. den Patienten willentlich anlächelt.

Die Unbewusstheit nonverbaler Interaktion

Nonverbaler Ausdruck wird nicht nur überwiegend implizit generiert, sondern auch vom Interaktionspartner überwiegend implizit verarbeitet. So belegen experimentelle Studien, dass sprachbegleitende Gesten zu einer Verbesserung des Verständnisses und der Erinnerung an die kommunizierten Inhalte beitragen, auch wenn der Rezipient die Gesten nicht bewusst verarbeitet[61]. Wenn z. B. eine Person sagt »Ich war am Meer« und dabei spontan sprachbegleitend eine gestische Handbewegung ausführt, als würde sie über eine glatte Fläche streichen, wird der Zuhörer den Eindruck behalten, dass es sich um ruhige See gehandelt hat, auch wenn er im Nachhinein wahrscheinlich nicht angeben kann, woher er diese Information erhalten hat. Die unbewusste Verarbeitung der gestischen Inhalte lässt sich auch in der Hirnstromableitung (Elektroenzephalographie) nachweisen: Wenn Inhalte von Gesten und Worten sich widersprechen, offenbaren ereigniskorrelierte hirnelektrische Potentiale, dass das Gehirn die Inkongruenz sofort detektiert[62].

Dies bedeutet, dass die nonverbale Interaktion als gegenseitiges Wechselspiel von nonverbalem Ausdruck und Eindruck primär jenseits der bewussten Wahrnehmung und Steuerung abläuft. Dabei besteht eine sehr feine nonverbale Abstimmung zwischen den Interaktionspartnern. Heaths mikroanalytische behaviorale Studien von Arzt-Patienten-Gesprächen (1984) demonstrieren eindrücklich das abgestimmte Wech-

---

60 Lavan N et al. (2017)
61 Cohen RL, Otterbein N (1992); Feyereisen P (1999)
62 Kelly SD et al. (2004)

selspiel zwischen Gesten, Blick und verbalen Äußerungen von Patient und Arzt. Das unbewusste nonverbale Aufeinanderbezogensein lässt sich auf formaler und temporaler Ebene nachweisen. Begriffe wie Synchronizität, Imitation, Spiegelung, Mimikry, Kontagion (Ansteckung), motorische Empathie, Chamäleon-Effekt u. a. m. beschreiben verschiedene Facetten der komplexen interaktiven Abstimmung. Im Rahmen dieser Vorlesung soll jedoch nur die Unbewusstheit dieser Abstimmungsprozesse verdeutlicht werden.

Was die Form des Ausdrucks betrifft, so nimmt der Interaktionspartner diese differenziert wahr und reagiert in passender Weise. Zum Beispiel wird freudiges Lächeln versus höfliches Lächeln spontan vom Interaktionspartner mit dem entsprechenden Lächeln, freudig versus höflich, beantwortet[63]. Dabei wird auf das emotionale, freudige Lachen signifikant schneller mit emotionalem, freudigem Lachen reagiert, häufig innerhalb von 200 Millisekunden, als auf das höfliche Lächeln mit höflichem Lächeln. Nur das freudige Lächeln, nicht jedoch das höfliche Lächeln, geht mit einer antizipatorischen muskulären Aktivierung einher[64]. Die Fähigkeit zur Spiegelung des mimischen Ausdrucks ist in der menschlichen Entwicklung früh angelegt: Bereits im Alter von 2 bis 3 Wochen können Säuglinge mimische Ausdrücke des Gegenübers spiegeln[65].

Implizite formale Bezugnahme lässt sich auch bei Sitzpositionen beobachten und als Indikator der Qualität der therapeutischen Beziehung werten. In psychotherapeutischen Settings gehen kongruente Sitzpositionen von Therapeut und Patient mit positiven, interpersonellen, spezifischen und an die therapeutische Situation gebundenen verbalisierten Themen einher. Nicht kongruente Sitzstellungen von Therapeut und Patient hingegen sind eher mit selbstbezogenen, unspezifischen und widersprüchlichen verbalen Äußerungen und Negationen assoziiert[66]. Ferner besteht in erfolgreichen Therapien eine signifikant positive Korrelation zwischen der Zugänglichkeit[67] der Sitzpositionen von

---

63 Heerey EA, Kring AM (2007)
64 Heerey EA, Crossley HM (2013)
65 Metzloff AN, Moore MK (1977)
66 Charny EJ (1965)
67 Die Zugänglichkeit der Sitzposition ist operationalisiert durch den Grad der Körperorientierung zum Partner hin und den Grad der Öffnung der Körperposition.

Therapeut und Patient[68]. Auch Gesten werden unbewusst vom Interaktionspartner übernommen. So greifen Therapeuten unbewusst die Gesten ihrer Patienten auf und können diese sogar konzeptuell im Verlauf der therapeutischen Interaktion weiterentwickeln[69] (▶ Abb. 13 in Vorlesung 4).

Interaktionspartner zeigen nicht nur eine formale, sondern auch eine temporale Abstimmung ihres nonverbalen Verhaltens. Während bei Studien zur zeitlichen Abstimmung verbaler Äußerungen der Wechsel (»turn-taking«[70]) im Vordergrund steht, liegt bei nonverbaler Interaktion der Fokus auf der Gleichzeitigkeit von Ausdrucksbewegungen der Interaktionspartner. In der Literatur findet sich eine Vielfalt von Definitionen und Operationalisierungen von Synchronizität, z. B. Simultanität von Richtungswechseln in Körperbewegungen[71], von Hauptphasen[72] in Gesten und Aktionen[73] oder von Bewegungsaktivität überhaupt[74]. Dabei ist zu beachten, dass unterschiedliche Ausdruckskategorien wie Mimik, Gestik, Haltung nicht nur mit unterschiedlichen psychischen Prozessen assoziiert sind (▶ 1. Vorlesung), sondern auch unterschiedliche zeitliche Dynamiken aufweisen. Veränderungen des mimischen Ausdrucks finden zum Beispiel im Bereich von 0,25 bis 0,75 Sekunden statt[75] und mimische Mikroexpressionen (flüchtige Gesichtsausdrücke) dauern nur Sekundenbruchteile. Gesten hingegen nehmen durchschnittlich 2 bis 3 Sekunden in Anspruch[76] und Selbstberührungen mit *phasischer*[77] Trajektorie, z. B. sich einmal durch das Gesicht streichen, 1,5 Sekunden. Positionswechsel, d. h. Wechsel von einer Sitzposition in eine andere, z. B. die Arme kreuzen, um von einer offenen in eine geschlossene Position zu wechseln, dauern ca. 1 Sekun-

---

68 Davis M, Hadiks D (1994)
69 Lausberg H (2011)
70 Sacks H et al. (1974)
71 Condon WS, Ogston WD (1966)
72 Während der Transportphase wird die Hand zu einem Ort gebracht, an dem sie in der Hauptphase den Bewegungsplan umsetzt (▶ Abb. 12 in Vorlesung 5).
73 Lausberg H (2013)
74 Ramseyer F, Tschacher W (2011)
75 Beebe B et al. (1982)
76 Lausberg H (2019)
77 einfacher, unidirektionaler Bewegungsweg (▶ Abb. 15a in Vorlesung 5)

de. Im Gegensatz zu diesen zeitlich diskreten Kategorien nonverbalen Ausdrucks werden Selbstberührungen mit *irregulärer* Trajektorie[78], z. B. Knibbelbewegungen der Hände, von einigen Personen fast kontinuierlich während eines Gesprächs ausgeführt. Für psychotherapeutische Sitzungen wurde dokumentiert, dass einige Patienten bis zu 75 % der Zeit mit *irregulären* Bewegungen *am Körper* verbringen[79]. Ferner gibt es statische Verhaltensweisen wie Sitzpositionen, z. B. mit übereinandergeschlagenen Beinen sitzen, die in der Regel über mehrere Minuten – in psychiatrischen Aufnahmegesprächen im Durchschnitt 6 Minuten[80] – beibehalten werden.

Bei kontinuierlichen oder statischen Ausdruckskategorien ist entsprechend die Wahrscheinlichkeit von Synchronizität höher, z. B. dass beide Partner zeitgleich Knibbelbewegungen ausführen oder gleichzeitig in einer identischen Position mit übergeschlagenen Beinen sitzen, als bei diskreten Ausdruckskategorien, z. B. dass beide Partner zeitgleich einen Positionswechsel, eine Geste oder eine *phasische* Selbstberührung ausführen. Besonders augenfällig ist die Synchronizität bei diskreten und zudem formal gleichen Bewegungen.

> Abbildung 3 zeigt eine unbewusste Synchronisation formal gleicher *phasischer* Selbstberührungen von Therapeutin und Patientin. Die Therapeutin initiiert die Selbstberührung, indem sie die rechte Hand auf den Weg zum Auge bringt (Transportphase) (▶ Abb. 3a), die Patientin führt eine beschleunigte Transportphase durch (▶ Abb. 3b), so dass sich beide dann zeitgleich mit der rechten Hand unter dem rechten Auge streichen (Hauptphase) (▶ Abb. 3c).

---

78 unregelmäßiger Bewegungsweg mit kleinen Bewegungen (▶ Abb. 15c in Vorlesung 5)
79 Kryger M (2010)
80 Mahl FG (1968)

Die Unbewusstheit nonverbaler Interaktion

Abb. 3: Implizite Synchronisation formal gleicher *phasischer* Selbstberührungen von Therapeutin (links im Bild) und Patientin (rechts)

Es ist evident, dass die Synchronisation der Interaktionspartner bei diskreten Ausdrucksbewegungen eine wesentlich höhere Abstimmung erfordert als die Synchronisation bei kontinuierlichen oder statischen Ausdrucksformen. Dies sollte methodisch bei der Untersuchung von Synchronisation als Indikator therapeutischer Beziehungsqualität berücksichtigt werden.

Eine feine zeitliche Abstimmung, wie in Abbildung 3 gezeigt (▶ Abb. 3), ist nur bei unbewusster impliziter motorischer Reaktion möglich, da bewusste explizit gesteuerte Reaktionen zu langsam erfolgen würden[81]. Explizite und implizite Synchronisation werden zudem von unterschiedlichen zerebralen Aktivierungsmustern begleitet. So finden sich bei der willentlichen motorischen Anpassung an akustische Rhythmen Aktivierungen im dorsolateralen präfrontalen Kortex, bei der unbewussten Anpassung hingegen im ventralen präfrontalen Kortex[82].

Da sich die bewusste von der unbewussten Synchronisation unter anderem hinsichtlich der zeitlichen Dynamik unterscheidet, muss davon ausgegangen werden, dass der Interaktionspartner diese Unterschiede auch wahrnimmt. Während die unbewusste Synchronisation wahrscheinlich ein Gefühl der Gemeinsamkeit entstehen lässt, kann die dazu relativ zeitlich verzögerte bewusst initiierte Synchronisation möglicherweise zu Irritationen führen, z.B. dahingehend, dass der Interaktionspartner sich nachgeahmt fühlt.

Ebenso wie sich individuelle kineso-psychische Muster ausbilden (▶ 1. Vorlesung), entwickeln sich auch in Beziehungen zwischen Individuen interaktive kineso-psychische Muster. Die in Abbildung 3 gezeigte nonverbale Interaktion zwischen Therapeutin und Patientin soll hier als Beispiel dienen (▶ Abb. 3). So könnte sich die Therapeutin regelmäßig im Rahmen ihres individuellen kineso-psychischen Musters unbewusst unter dem Auge reiben, bevor sie der Patientin eine Deutung anbietet, und die Patientin könnte regelmäßig unbewusst die Bewegung der Therapeutin spiegeln und sich auf eine Deutung einstellen. In seiner Analyse einer Psychotherapie dokumentierte Scheflen[83], dass der Therapeut

---

81 Tamietto M et al. (2009); Lausberg H et al. (2003); Tanka Y et al. (1996)
82 Stephan KM et al. (2002)
83 Scheflen AE (1973)

in den Psychotherapiesitzungen zuverlässig nach 19 Minuten eine bestimmte Körperhaltung einnahm und dann eine spezifische Geste, »the bowl«, ausführte (▶ Abb. 4). Während der Ausführung der Geste sprach der Therapeut regelmäßig über Fantasien oder Tagträume und die Klientin orientierte ihre Sitzposition zum Psychotherapeuten hin und zeigte ein verführerisches Verhalten. Auf der übergeordneten Strukturebene der Sitzungen leitete die »bowl unit« den Übergang von verstecktem zu offenem Flirten ein.

Scheflen zufolge handelt es sich um ein Kommunikationsprogramm, das durch eine definierte Abfolge von Verhaltensweisen der Interaktionspartner charakterisiert ist.

Derartige interaktive kineso-psychische Muster entwickeln sich in längeren alltäglichen und therapeutischen Beziehungen.

> »In the early sessions, the psychotherapist often commented to the patient to remind him that he was supposed to say anything that came into his mind. Whenever the therapist verbalized this admonition, he cleared this throat. After a few sessions, the therapist simply cleared his throat without verbalizing the instruction. This representative act seemed quite sufficient, for the patient would stop talking about incidental matters and get down to reminiscing about his childhood whenever the throat clearing occurred. At a later session when the patient was small-talking, he cleared his own throat, immediately broke off this topic, and began to talk about his childhood.«[84].

Diese interaktiven kineso-psychischen Muster dienen der Regulation und Stabilisation von Beziehungen. Da sie implizit und routiniert ablaufen, können sie als etablierte Muster die Beziehung stabilisieren, ohne explizite Ressourcen zu erfordern.

Interaktive kineso-psychische Muster sind ebenso wie individuelle kineso-psychische Muster durch eine hohe Zuverlässigkeit gekennzeichnet. Es ist z. B. gut belegt, dass in therapeutischen Dyaden bestimmte Themen oder Stimmungen reliabel zusammen mit bestimmten Konstellationen der Sitzpositionen von Patient und Therapeut auftreten[85]. Entsprechend deuten Änderungen der interaktiven nonverbalen Muster auf Änderungen des assoziierten interaktiven Zustandes hin[86]. In dem

---

84 Scheflen AE. (1973), S. 160.
85 Davis M, Hadiks D (1990); LaFrance M (1982); Scheflen AE (1973)
86 Davis M, Hadiks D (1990)

2. Vorlesung: Die Unbewusstheit nonverbalen Verhaltens

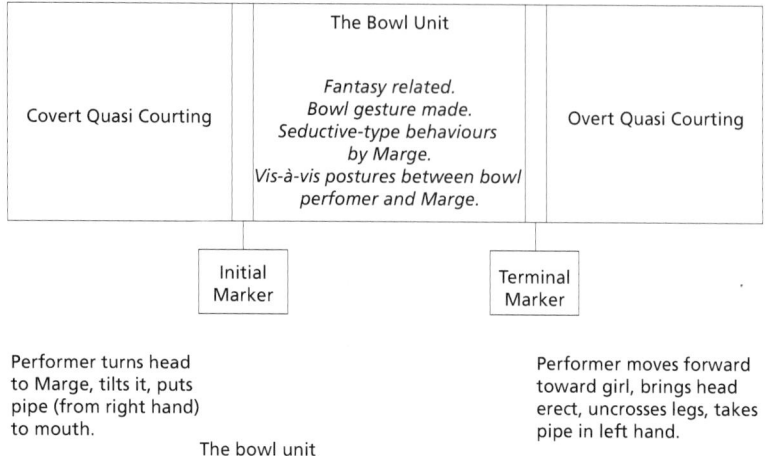

Abb. 4: Interaktives kineso-psychisches Muster zwischen Therapeut (»performer«) und Klientin (»Marge« oder »girl«) (aus Scheflen, 1973, S. 135)

»Throat-clearing«-Beispiel zeigte der Patient schließlich eine neue Verhaltensweise – er räusperte sich genau wie der Therapeut –, die damit verknüpft war, dass er sich selbst daran erinnerte, über seine Kindheit zu sprechen, und der Therapeut diese Rolle nicht mehr übernehmen musste.

Scheflen wies zudem darauf hin, dass die unbewussten interaktiven kineso-psychischen Muster jedoch auch destruktive oder unproduktive Beziehungen konsolidieren können. In der Psychotherapie ist die Identifikation derartiger unproduktiver interaktiver kineso-psychischer Muster zwischen Patient und Therapeut insbesondere dann bedeutsam, wenn der Therapeut den Eindruck hat, dass der therapeutische Prozess stagniert, ohne dass er die Ursache genau benennen kann. Diese unproduktiven Beziehungsmuster können über die kinesische Komponente identifiziert werden, z. B. indem der Therapeut bei der Selbstsupervision anhand einer Videoaufzeichnung bemerkt, dass ein Stocken in der Therapie immer mit der Einnahme einer geschlossenen Sitzposition verknüpft ist. Nach Identifikation des Musters kann der Therapeut das eigene nonverbale Verhalten dahingehend steuern, dass er die kinesische Komponente, d. h. das nonverbale Verhalten, *nicht* ausführt und damit auch den assoziierten psychischen Zustand *nicht* stabilisiert und anderen psychischen Prozessen Raum zur Entwicklung gibt.

In der Psychotherapie spielen interaktive kineso-psychische Muster auch für die vom Patienten thematisierten Beziehungen mit anderen Personen eine Rolle.

Ein Patient berichtete, dass er immer wieder gegen seinen Willen und ohne zu wissen, woran es läge, in Gegenwart seiner Mutter plötzlich das Gefühl habe, ein Versager zu sein. Dieses Gefühl wurde retrospektiv durch ein spezifisches nonverbales Verhalten der Mutter induziert, wenn sie das Kinn hob. Diese nonverbale Verhaltensweise der Mutter könnte früher einmal mit der Aussage »Du Versager« verknüpft gewesen, dann aber später ohne die verbale Aussage ausgeführt worden sein (vgl. auch das »Throat-clearing«-Beispiel). Da der Patient die nonverbale Verhaltensweise seiner Mutter implizit verarbeitete, konnte er zunächst nicht bewusst erkennen, wieso immer wieder das Gefühl bei ihm aufkam, ein Versager zu sein. Das destruktive kineso-psychische Muster konnte in diesem Fall identifiziert werden, indem der Patient sich genau vorstellte, wie seine Mutter und er sich in der Situation nonverbal verhielten.

Nonverbales Verhalten des Therapeuten und Therapieerfolg

Bestimmte nonverbale Verhaltensweisen des Therapeuten oder Arztes sind mit Parametern für Therapieerfolg wie Patientenzufriedenheit, Abbruchrate, Kompetenzen des Therapeuten usw. assoziiert.

So korreliert ein hoher Grad mimischen Ausdrucks und Nickens mit besserem Therapieerfolg[87]. Auch Schauspielpatienten berichten eine hö-

---

87 Ambady N et al. (2002)

here Zufriedenheit, wenn die Ärzte mehr lächeln[88]. Allerdings zeigen mikroanalytische Studien speziell für psychotherapeutische Settings, dass erfolgreiche Therapeuten mimisch mehr negative Affekte (Ärger, Verachtung, Ekel) darbieten als erfolglose Therapeuten. Die Befunde werden dahingehend interpretiert, dass die mimische Expression negativer Affekte der erfolgreichen Therapeuten einen Ausgleich für den einseitig positiven mimischen Ausdruck der Patienten darstellt. Die erfolgreichen Therapeuten zeigen somit mimisch diejenigen Affekte, die die Patienten selbst nicht generieren können[89]. Bei Patienten mit Panikstörung korreliert eine hohe Lächelfrequenz des Therapeuten in der ersten Sitzung sogar mit einem schlechteren Therapieausgang[90].

Mehr Blickkontakt des Arztes geht mit höherer Patientenzufriedenheit einher[91]. Ebenso berichten Schauspielpatienten eine höhere Zufriedenheit, wenn die Ärzte mehr Blickkontakt aufnehmen[92]. In Allgemeinarztpraxen korreliert der Blickkontakt von Arzt zu Patient positiv mit dem Ausmaß, in dem die Patienten psychosoziale Probleme ansprechen und die Ärzte affektiv und fachlich auf die Probleme eingehen[93]. Entsprechend sind Ärzte mit hoher Blickausrichtung auf den Patienten besser über dessen psychosoziale Geschichte informiert und erfassen die psychischen Probleme daher besser. Umgekehrt korreliert die Blickabwendung des Arztes vom Patienten mit der Blickabwendung des Patienten vom Arzt[94]. Experimentelle Studien weisen allerdings auf Geschlechtsunterschiede hin: Männliche Schauspielärzte wurden bei viel Blickkontakt als empathischer beurteilt, weibliche hingegen bei Blickvermeidung[95].

Eine eher abgewandte Körperorientierung des Arztes wird von Patienten als dominant erlebt[93]. Ärzte, die sich in ihrer Sitzposition mit offenen Armen vorwärtslehnten, wurden als zugänglicher beurteilt als

---

88 Griffith CH et al. (2003)
89 Krause R, Merten J (1999)
90 Benecke C, Krause R (2005)
91 Bensing J (1991)
92 Griffith CH et al. (2003)
93 Bensing J. et al. (1995)
94 Street RL, Buller DB (1987)
95 Brugel S et al. (2015)

solche, die sich mit geschlossenen Armen zurücklehnten[96]. In psychotherapeutischen Settings korreliert die Zugänglichkeit der Sitzposition des Therapeuten positiv mit dem Engagement des Therapeuten und mit der Selbsterfahrung des Patienten[97].

Generell scheint eine höhere Gestenproduktion des Arztes mit höherer Patientenzufriedenheit assoziiert zu sein[98]. Berührungen des Patienten durch den Therapeuten können im Rahmen der körperlichen Untersuchung oder als Kontaktaufnahme auftreten. Berührungen im Rahmen der körperlichen Untersuchung werden von Patienten als dominant erlebt[93]. In psychotherapeutischen Settings sind Berührungen bei Begrüßung und Verabschiedung mit mehr Selbstexploration des Patienten verbunden, wohingegen sich hinsichtlich der Evaluation des Therapeuten durch den Patienten heterogene Befunde zeigen. Berührung scheint positiver wahrgenommen zu werden, wenn der Therapeut gegengeschlechtlich ist[97].

Hinsichtlich interaktioneller Synchronizität weisen trotz methodisch sehr unterschiedlicher Ansätze (vgl. oben) eine Reihe von Studien darauf hin, dass bei psychischer Erkrankung die interaktionelle Synchronizität in Dyaden im Vergleich zu psychisch gesunden Dyaden gestört ist[99]. Dies legt nahe, dass Synchronizität zunächst einmal ein gesunder interaktioneller Prozess ist. Das gilt aber nicht uneingeschränkt für jedes Setting und jeden Zeitpunkt. So scheinen erfolgreiche Psychotherapien dadurch gekennzeichnet zu sein, dass die nonverbale Synchronizität zwischen Therapeut und Patient im Verlauf abnimmt[100].

Die aufgeführten Studien demonstrieren Zusammenhänge zwischen verschiedenen Parametern nonverbalen Verhaltens und verschiedenen psychologischen Indikatoren für Therapieerfolg. Es könnte nun argumentiert werden, dass die nonverbalen Verhaltensweisen per se nicht zum Therapieerfolg beitragen, sondern nur als Epiphänomen das nonverbale Verhalten eines Therapeuten abbilden, der verbal erfolgreich in-

---

96 Harrigan JA, Rosenthal F (1983)
97 Davis M, Hadiks D (1994)
98 Hall JA et al. (1995)
99 Beebe B et al. (1982); Condon WS, Brosin HW (1969); Kupper Z et al. (2015)
100 Paulick J et al. (2018); Reinecke K et al. (2019)

terveniert. Dagegen sprechen jedoch Studien, die die direkten Effekte nonverbalen Verhaltens dokumentieren. In 103 ärztlichen Konsultationen, in denen der Einfluss von affektivem Verhalten, systematischem und zielorientiertem Verhalten und patientenzentriertem Verhalten untersucht wurde (Fremdrating), hatte das affektive Verhalten und dabei insbesondere das nonverbale affektive Verhalten des Arztes (hier operationalisiert als Zeitanteil des Blickkontaktes zum Patienten) die größte Vorhersagekraft für die Patientenzufriedenheit[101]. In einer weiteren Studie simulierten Schauspieler Therapieszenen und variierten dabei systematisch die Sitzposition. Die Videos wurden ohne Ton und mit ausgeblendeten Gesichtern verschiedenen Beobachtern gezeigt. Bei ansonsten gleichen therapeutischen Situationen assoziierten diese vorwärtsgelehnte Sitzpositionen des Therapeuten mit einer signifikant besseren Therapeut-Patienten-Beziehung als aufrechte oder zurückgelehnte Positionen[102]. Weitere Studien belegen, dass bei der Einschätzung der Kompetenz von Medizinstudenten deren nonverbales Verhalten einen signifikanten Effekt auf das Urteil der professionellen Prüfer hatte[103]. Demnach hat das nonverbale Verhalten per se Effekte, die zum Therapieerfolg beitragen bzw. diesem abträglich sind.

Entwicklung von nonverbaler interaktiver Kompetenz

Die o. a. Studien identifizieren ein nonverbales Verhalten des Therapeuten, das mit hoher Patientenzufriedenheit bzw. Therapieerfolg einhergeht. Diese Befunde legen es auf den ersten Blick nahe, Regeln für das nonverbale Verhalten des Therapeuten zu formulieren, wie

---

101 Bensing J (1991)
102 Trout DL, Rosenfeld HM (1980)
103 Rowland-Morin PA et al. (1991)

- »Lächeln Sie den Patienten an!«
- »Sehen Sie den Patienten an!«
- »Orientieren Sie Ihren Körper zum Patienten!«
- »Nehmen Sie eine offene Körperhaltung ein!«
- »Gestikulieren Sie!«

Die Vermittlung derartiger Verhaltensregeln ist daher auch die Grundlage einiger Trainings für nonverbale Interaktion. Tatsächlich ist diese Methode jedoch kritisch zu betrachten und ihre Limitationen und Risiken müssen reflektiert werden.

Zunächst einmal verdeutlicht die o. a. Studienauswahl, dass es nicht ein setting- und personenübergreifendes »richtiges« nonverbales Verhalten gibt. Wie in Vorlesung 1 dargelegt, setzt sich das expressive Bewegungsverhalten einer Person aus universellen, kulturellen und individuellen Komponenten zusammen (▶ 1. Vorlesung). Diese Faktoren beeinflussen wiederum auch, wie eine Person das nonverbale Verhalten einer anderen Person erlebt und deutet. Im therapeutischen Kontext spielen dabei insbesondere Geschlecht, Art und Schwere des medizinischen Problems, Alter oder Bildung des Patienten eine Rolle. Daher mag zum Beispiel die Berührung des Arztes von einem Patienten als angenehm, von einem anderen als übergriffig erlebt werden. Entsprechend postuliert Schmid Mast[104]: »The existing results rather speak to a physician training that is not ›one size fits all‹«.

Dabei spielt es nicht nur eine Rolle, ob der Therapeut ein bestimmtes nonverbales Verhalten darbietet, sondern auch mit welcher Häufigkeit und Intensität er es tut. Zu häufig und zu intensiv kann sich dabei ebenso negativ auswirken wie zu selten und zu schwach.

> »The definition of too much or too little cannot be delineated precisely because interactant variables such as age, gender, ethnicity, topics and status greatly influence orientation cues, as well as many other nonverbal cues.«[105]

Zudem gelten bestimmte allgemeine Empfehlungen nicht für spezifische Settings. Während es eine allgemeine Verhaltensregel ist, den Pa-

---

104 Schmid Mast M (2007), S. 317
105 Hall JA (1995)

tienten anzulächeln, kann – wie oben bereits erwähnt – in der Psychotherapie eine hohe Lächelfrequenz des Therapeuten sogar mit einem schlechteren Therapieausgang einhergehen. Ebenso ist es bei Überbringung schlechter Nachrichten i. d. R. unangemessen zu lächeln.

Bei der Anwendung nonverbaler Verhaltensregeln ist ferner zu beachten, dass die Regeln im Wesentlichen auf der Basis von Studien erstellt wurden, in denen das spontane, implizite nonverbale Verhalten von Therapeuten untersucht wurde. Wie bereits dargelegt, verändert sich jedoch bei der bewussten, expliziten Ausführung nonverbaler Verhaltensweisen die Bewegungsform, so dass die bewusste Steuerung für den Interaktionspartner ersichtlich sein kann. Dies mag in manchen, nicht therapeutischen Settings kein Problem darstellen. Zum Beispiel kann bei einer Auseinandersetzung die für das Gegenüber erkennbar bewusste Einnahme einer martialischen Kämpferpose sogar zielführend sein. Die Person demonstriert damit, dass sie sich selbst steuern kann und dass sie es wagt, diese Pose – als ein soziales Signal – einzunehmen. In therapeutischen Settings hingegen ist die Authentizität des Therapeuten von großer Bedeutung. Da die nonverbale Interaktion normalerweise implizit abläuft, kann die erkennbar explizite Ausführung in der Regel vom Interaktionspartner als unauthentisch oder sogar als manipulativ erlebt werden. Wenn der Therapeut sein nonverbales Verhalten in Orientierung an Verhaltensregeln bewusst verändern möchte, sollte er dies daher in einer möglichst natürlichen und unauffälligen Weise tun. Dabei ist zu beachten, dass sich in einigen nonverbalen Kategorien – insbesondere aufgrund der zeitlichen Dynamik – das Verhalten besser bewusst verändern lässt als in anderen. Sitzpositionen können in der Praxis am besten explizit verändert werden, da sie in der Regel über mehrere Minuten beibehalten werden. Der Therapeut kann z. B. eine offene Sitzposition einnehmen oder in Reaktion auf den Patienten einige Zeit nach dessen Sitzpositionswechsel eine kongruente Sitzposition einnehmen, ohne dass dies auffallen muss. Der mimische Ausdruck ist hingegen schwieriger bewusst zu steuern, ohne dass dies vom Gegenüber bemerkt wird, da sich mimische Modulation normalerweise, d. h. bei spontaner Ausführung, im Sekundenbereich abspielt. Eine absichtliche Erwiderung des Lächelns des Patienten würde aufgrund der längeren Reaktionszeit und der möglicherweise geringeren Beteiligung der Augenregion von diesem als unauthentisches Therapeutenverhalten erlebt.

Eine wesentlich unproblematischere Nutzung der nonverbalen Verhaltensregeln liegt in der Supervision bzw. Selbstsupervision. Wenn dem Therapeuten bei der nachträglichen Videoanalyse einer Sitzung z. B. auffällt, dass er bei einem Patienten immer eine abgewandte Körperhaltung einnimmt oder einen skeptischen Gesichtsausdruck hat, d. h. sich entgegen der allgemeinen Regeln verhält, kann er diesen nonverbalen Befund bei seiner (Selbst-)Supervision berücksichtigen. Wie bereits oben dargelegt, gibt es jedoch kein absolut richtiges bzw. absolut falsches Verhalten. Der nonverbale Befund kann daher lediglich als Ausgangspunkt für eine Selbstexploration dienen.

Nonverbale Verhaltensregeln können dem Therapeuten ferner Anregungen liefern, wie er sich während der Therapiesitzung über eine Modifikation des eigenen nonverbalen Verhaltens in einen anderen psychischen Zustand versetzen kann. Wie in Vorlesung 1 bereits dargelegt (▶ 1. Vorlesung), kann z. B. die Veränderung der eigenen Körperhaltung zu einer Veränderung der mentalen Einstellung und des emotionalen Erlebens führen[106]. Zum Beispiel kann die bewusste Einnahme einer aufrechten Körperhaltung ein Gefühl von Hilflosigkeit mindern. Nonverbale Verhaltensregeln können auch eine Anregung für alternative Verhaltensweisen bei der Blockierung identifizierter unproduktiver kineso-psychischer Muster bieten. Wenn ein Therapeut z. B. bemerkt, dass er in therapeutisch festgefahrenen Situationen immer den Kopf aufstützt, könnte er stattdessen die Verhaltensregel, offen und leicht vorgeneigt zu sitzen, als Alternative erproben. Jedoch auch hier gilt die Forderung, dass dies in einer Weise erfolgen sollte, die für den Patienten nicht als eine bewusste Maßnahme des Therapeuten erkennbar ist.

Zusammenfassend sollten nonverbale Verhaltensregeln in individueller Passung an den Patienten und in einer möglichst natürlichen Weise umgesetzt werden. Sie können dem Therapeuten selbst bei der (Selbst-)Supervision nach der Therapiesitzung und bei der Selbstregulation während der Therapiesitzung eine Orientierung bieten. Voraussetzung für eine therapeutisch verantwortungsvolle Anwendung nonverbaler Ver-

---

106 Riskind JH, Gotay CC (1982)

haltensregeln ist das Wissen, dass unterschiedliche Personen und Settings unterschiedliche nonverbale Verhaltensweisen erfordern können und dass die explizite Ausführung nonverbaler Verhaltensweisen sich von der impliziten unterscheidet. Ferner ist eine differenzierte Wahrnehmungsfähigkeit und Bewegungserfahrung von großer Bedeutung. Je differenzierter ein Therapeut sein eigenes nonverbales Verhalten und das nonverbale Verhalten des Patienten wahrnimmt, umso passender kann er auf den Patienten reagieren (vgl. »Passungskompetenz« des Therapeuten[107]) und umso feiner kann er sein eigenes Verhalten modifizieren.

Gemäß einer Studie an Hausärzten[108] kann jedoch nicht zuverlässig von einer differenzierten Wahrnehmungsfähigkeit für nonverbales Verhalten ausgegangen werden. So korrelierte die Selbsteinschätzung der Ärzte hinsichtlich ihrer eigenen nonverbalen Expressivität nicht mit dem Fremdrating ihrer nonverbalen Expressivität. Das Fremdrating korrelierte positiv mit der Patientenzufriedenheit, das Selbstrating der Ärzte jedoch nur mit der Termindichte, aber nicht mit der Patientenzufriedenheit. D. h. Ärzte, die sich selbst für nonverbal expressiv hielten, hatten zwar einen vollen Terminkalender, aber keine zufriedenen Patienten. Je schlechter Ärzte außerdem in einem Test für nonverbale Sensitivität (PONS) nonverbalen Ausdruck wahrnahmen, umso häufiger erschienen ihre Patienten nicht zu den vereinbarten Terminen[109]. Eine differenzierte Wahrnehmung des nonverbalen Verhaltens des Patienten ist somit nicht nur die Voraussetzung für ein »passendes« nonverbales Verhalten des Therapeuten, sondern hat auch eine grundlegende Bedeutung für den Therapeut-Patienten-Kontakt.

Die Differenziertheit der Selbstwahrnehmung des eigenen nonverbalen Verhaltens korreliert positiv mit der Differenziertheit der Wahrnehmung des nonverbalen Verhaltens anderer Personen. Bereits in der Ära der Ausdruckspsychologie berichtete Wolff[110], dass der Gang einer anderen Person umso objektiver durch einen Beobachter beschrieben wer-

---

107 Körfer A, Albus C (2018)
108 Di Matteo MR et al. (1986)
109 Di Matteo MR et al. (1986)
110 Wolff W (1943)

den kann, je objektiver dessen Beurteilung seines eigenen Gangs ist. Gleiches gilt für die Identifikation verzerrter Stimmen[111]. Ebenso wies die bereits erwähnte Studie an Polizisten, Gefängniswärtern, Studenten und Gefängnisinsassen darauf hin, dass Letztere möglicherweise aufgrund der Selbstkenntnis ihres eigenen nonverbalen Verhaltens beim Lügen auch bei den anderen Personen Lügen anhand des nonverbalen Verhaltens am besten detektieren konnten[112]. Die Befunde dieser behavioralen Studien sind gut vereinbar mit aktuellen neurowissenschaftlichen Studien.

In einer Studie mit funktioneller Magnetresonanztomographie (fMRT) wurden Ballett-, Capoeira- und Nicht-Tänzern Videos von Ballett- und Capoeira-Tanzbewegungen präsentiert[113]. Die Probanden wurden instruiert, bei jeder Tanzbewegung per Mausklick auf einer dreistufigen Skala anzugeben, wie ermüdend die Bewegung ist. Die zerebrale Aktivierung war signifikant größer, wenn die Tänzer diejenigen Tanzbewegungen, d. h. Ballett versus Capoeira, beobachteten, die sie selbst beherrschten. Bei den Nicht-Tänzern zeigte sich die geringste Aktivierung. Eine erhöhte zerebrale Aktivierung beim Beobachten von Bewegungen, die zum eigenen Repertoire gehören, findet sich sogar dann, wenn die Bewegungen vorher nicht bei anderen Personen beobachtet wurden[114]. Die Beobachtung nur visuell bekannter Bewegungen, d. h. solcher, die der Beobachter zwar von anderen Personen kennt, jedoch nicht selbst ausführt, geht hingegen nicht mit einer stärkeren zerebralen Aktivierung einher[115]. Die aktuellen neurowissenschaftlichen Studien unterstreichen somit die Bedeutung der eigenen Körper- und Bewegungserfahrung für die Wahrnehmung der Bewegungen anderer Personen.

Zudem ermöglicht eine gut entwickelte Körper- und Bewegungserfahrung dem Therapeuten auch, seinen eigenen Körper explizit als diagnostisches Instrument zu nutzen. Wie bereits dargelegt, findet in alltäglichen und therapeutischen Gesprächen und Begegnungen auf der

---

111 Sackheim HA et al. (1978)
112 Vrij A, Semin GR (1996)
113 Calvo Merino B et al. (2005)
114 Reithler J et al. (2007)
115 Calvo-Merino B et al. (2006)

nonverbalen Ebene eine implizite Interaktion statt, in der die Körper der Interaktionspartner in Bewegung[116] agieren und aufeinander reagieren. Das »Laufenlassen« der nonverbalen Interaktion vermittelt dem Therapeuten Informationen über den Patienten, indem er seinen eigenen Körper auf den Körper und die Bewegungen des Patienten reagieren lässt. Es ist evident, dass diese fein abgestimmten interaktiven Prozesse blockiert werden, wenn der Therapeut sein nonverbales Verhalten explizit kontrolliert und sich an Regeln orientiert. Die nonverbale Interaktion ist in diesem Sinne einer Tanzimprovisation vergleichbar. Erfahrene Tänzer nehmen sich in der dyadischen Tanzimprovisation mehr Zeit, sich und den anderen zu spüren, und verlassen sich auf ihre implizite Intuition (inferentielle Strategie), wohingegen unerfahrene Tänzer eher explizit agieren (intentionale Strategie), was die Qualität der tänzerischen Interaktion negativ beeinflusst[117].

Die eigene nonverbale Kompetenz kann am besten geschult werden, indem nonverbale Selbsterfahrung mit dem Erwerb von Wissen über definierte Bewegungsphänomene Hand in Hand geht. Ebenso wie beim Erlernen anderer diagnostischer Methoden wie z.B. Elektroenzephalographie (EEG) ist das Wissen um die Existenz bestimmter Phänomene, z.B. Alpha-Wellen im EEG, eine Voraussetzung für deren Identifikation. Gleichermaßen bahnt auch das theoretische Wissen z.B. um unterschiedliche Gestentypen und unterschiedliche Typen von Selbstberührungen die Wahrnehmung dieser nonverbalen Ausdrucksformen im eigenen Verhalten und im Verhalten des Patienten.

Zusammenfassend ist sowohl für die verbale als auch für die körper- und bewegungsorientierte Psychotherapie davon auszugehen, dass je differenzierter die Körper- und Bewegungserfahrung des Therapeuten ist, umso differenzierter ist auch seine Wahrnehmung des Bewegungsausdrucks des Patienten. Die Bedeutung der Selbsterfahrung für die Entwicklung therapeutischer Kompetenz erstreckt sich somit auch auf den Bereich der nonverbalen Interaktion.

---

116 Unbewusste interaktive Prozesse finden sich auch auf der vegetativen Ebene, z.B. Anpassung der Pupillengröße (Harrison et al. 2006).
117 Evola V, Skubisz J (2018)

3. Vorlesung
Gesten und ihre Relation zu Sprache und zu nichtsprachlichen kognitiven Funktionen

In psychotherapeutischen Sitzungen sind bei vielen Patienten und auch Therapeuten die Hände ständig in Bewegung. Dabei führen sie überwiegend Gesten und Selbstberührungen aus. Da diese Ausdruckskategorien sowohl für die praktische Arbeit in der Psychotherapie geeignet als auch umfassend empirisch erforscht sind, sind sie Schwerpunkt der folgenden Vorlesungen.

Definition und wissenschaftliche Untersuchung von Gesten

Gemäß Duden[118] ist eine Geste eine »spontane oder bewusst eingesetzte Bewegung des Körpers, besonders der Hände und des Kopfes, die jemandes Worte begleitet oder ersetzt (und eine bestimmte innere Haltung ausdrückt)«. Da die Art der »Wortbegleitung« nicht präzisiert ist, würde es sich entsprechend dieser Definition jedoch auch bei Selbstberührungen während des Sprechens um Gesten handeln, zum Beispiel wenn eine Person sich beim Sprechen an der juckenden Nase berührt. Die Schwierigkeit, das für eine Geste notwendige Kriterium des Ausdrucks oder der Äußerung zu definieren, wird von dem bekannten Gestenforscher Adam Kendon[119] wie folgt thematisiert:

---
118 https://www.duden.de/suchen/dudenonline/Geste
119 Kendon A (2010), S. 7

3. Vorlesung: Gesten, Sprache und nichtsprachliche kognitive Funktionen

»Gesture‹, we have suggested, is a name for visible action when it is used as an utterance or as part of an utterance. But what is ›utterance‹, and how are actions in this domain recognized as playing a part in it.«

Auch die Angabe involvierter Körperteile (Hände, Kopf) ist nur wenig hilfreich. Aufgrund ihrer anatomischen Struktur haben die Hände zwar das größte gestalterische Potential und werden am häufigsten für gestischen Ausdruck eingesetzt, generell können Gesten jedoch mit allen isoliert bewegbaren Körperteilen ausgeführt werden, d. h. nicht nur mit Händen und Kopf, sondern auch mit Ellbogen, Schultern, Füßen oder sogar den Augen. Umgekehrt werden Hände und Kopf auch für eine Vielzahl von nichtgestischen Bewegungen eingesetzt. Es verwundert daher nicht, dass der Begriff »Geste« in der Literatur sehr unterschiedlich gebraucht wird.

Um dem Problem der Gestendefinition und -erfassung zu begegnen, wurden eine Reihe von Kodiersystemen entwickelt[120]. Trotz terminologischer und inhaltlicher Unterschiede, die darauf beruhen, dass die Systeme in unterschiedlichen wissenschaftlichen Disziplinen wie Anthropologie, Linguistik, Sozialwissenschaften, Psychotherapie, Neuropsychologie entwickelt wurden, zeigen die Klassifikationen deutliche Übereinstimmungen hinsichtlich der Existenz von Gesten-Grundtypen[121]. So klassifizieren disziplinübergreifend fast alle Analysesysteme Gesten,

- die rhythmische Akzente auf die verbale Äußerung setzen (auch bezeichnet als: Taktstockgeste, Betonungsgeste, emphasis, baton, punctuating, beat),
- die auf etwas zeigen oder in eine Richtung weisen (Zeigegeste, Richtungsgeste, deictic, direction, pointing),
- die etwas darstellen (Präsentationsgeste, Pantomime, presentation, pantomime, physiographic, illustrator, representational, iconic/metaphoric,), und
- die eine konventionalisierte Bedeutung und Form haben (Emblem, emblematic, emblem).

---

120 Efron D (1941); Ekman P, Friesen WV (1969); Freedman N (1972); Lausberg H (2019); McNeill D (1992)
121 Lausberg H (2013)

Die Systeme unterscheiden sich jedoch deutlich hinsichtlich der Eignung für bestimmte Forschungsfragen und der Objektivität und Reliabilität[122]. Um dem oben genannten Problem der Definition der Ausdrucksfunktion einer Handbewegung zu entgehen, greifen eine Reihe von Klassifikationen auf linguistische oder psycho-soziale Variablen wie die begleitende verbale Aussage oder den sozialen Kontext zurück. Tatsächlich jedoch erkennen Beobachter auch ohne Kenntnis der verbalen Äußerung oder des sozialen Kontextes zuverlässig die Ausdrucksfunktion einer Handbewegung. Der Leser wird daher in den Abbildungen 5 und 8 bis 12 mit großer Wahrscheinlichkeit erkennen, dass die Personen Gesten ausführen (▶ Abb. 5, ▶ Abb. 8, ▶ Abb. 9, ▶ Abb. 10, ▶ Abb. 11, ▶ Abb. 12). Da verbale Aussage oder Setting nicht angegeben werden, muss das Erkennen der Geste ausschließlich auf der Bewegungsform beruhen. Reliable Analysesysteme operationalisieren daher Gesten bzw. Gestentypen durch die Kombination mehrerer objektiver Bewegungskriterien wie

- Trajektorie,
- Aktionsort,
- Kontakt,
- Symmetrie,
- Handform,
- Handorientierung,
- Gestenraum usw.

Anhand dieser kann die Bewegungsform einer Handbewegung so genau beschrieben werden, dass Rückschlusse auf die Funktion gezogen werden können. Wie in der 1. Vorlesung bereits dargelegt (▶ Universelle, kulturelle und individuelle Komponenten expressiven Bewegungsverhaltens), erfordern bestimmte Bewegungsfunktionen bestimmte Bewegungsformen. Daher kann umgekehrt aus der Bewegungsform auf die Bewegungsfunktion rückgeschlossen werden.

---

122 Lausberg H, Slöetjes H (2009)

Abbildung 5 zeigt das NEUROGES®-Analysesystem für nonverbales Verhalten und Gesten (Modul III Gesten und Aktionen)[123] – so wie es in der Forschung angewandt wird – in Kombination mit der Software ELAN[124] (▶ Abb. 5).

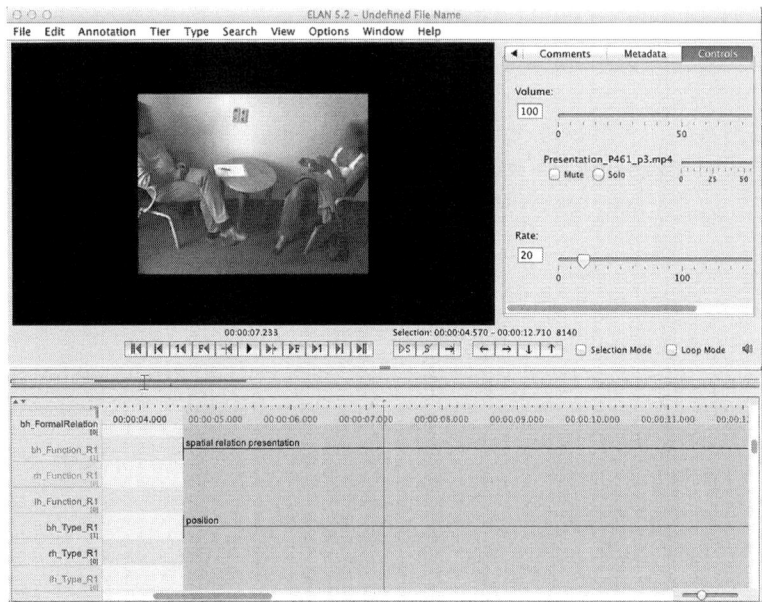

Abb. 5: Videoanalyse nonverbaler Interaktion mit dem NEUROGES®-ELAN System; Annotation der Geste der Patientin (rechts im Bild)

---

123 Das NEUROGES®-System ist ein neuropsychologisch fundiertes, objektives und reliables Analysesystem für nonverbales Verhalten und Gesten (Lausberg, 2013, 2019). Der fortlaufende Strom des nonverbalen Verhaltens wird in einem siebenstufigen Algorithmus analysiert. Bei jedem Analyseschritt werden spezifische Bewegungskriterien angewandt, die mit spezifischen neuropsychologischen bzw. psychischen Funktionen assoziiert sind. Das System besteht aus 3 Modulen: Modul I Kinesik (▶ Abb. 14), Modul II Lateralität, Modul III Gesten und Aktionen.
124 Lausberg H, Slöetjes H (2009, rev. 2015)

Bei der Gestenanalyse im therapeutischen Kontext werden zuerst die Gesten als Medium per se analysiert und dann in einem zweiten Analyseschritt in Relation zum verbalen Kontext gesetzt. Würden Sprache und Geste sofort zusammen analysiert, entstünde ein Bias dahingehend, dass die Gesten im Sinne der sprachlichen Aussage interpretiert würden und die genuin gestische Aussage vernachlässigt würde. Dies ist relevant, da insbesondere in der Psychotherapie gestisch-verbale Dissoziationen vorkommen, d. h. Äußerungen, bei denen sich die verbale und die gestische Aussage des Patienten widersprechen. Nur das zweistufige Vorgehen – erst Analyse der Gestik ohne Worte, dann Analyse der Relation zwischen Geste und Wort – ermöglicht die Detektion derartiger gestisch-verbaler Dissoziationen.

Neuropsychologie des gestischen Ausdrucks

Gesten begleiten häufig verbale Äußerungen in der Interaktion. Dabei werden sie auch dann ausgeführt, wenn die Handbewegungen von dem Gesprächspartner nicht gesehen werden können, wie z. B. bei Telefonaten. Ebenso sind Gesten bei Selbstgesprächen zu beobachten. Auch kongenital blinde Kinder, die Gesten also nicht durch Imitation lernen konnten, führen sprachbegleitende Gesten aus, sogar dann, wenn sie mit anderen blinden Kindern sprechen[125]. Gesten scheinen somit – neben Sprache – inhärenter Teil des gedanklichen Ausdrucks bei Menschen zu sein. Es verwundert daher nicht, dass Gesten seit langem Gegenstand psychotherapeutischer und psychoanalytischer Studien sind[126]. Dabei ist es von besonderem Interesse, dass Gesten gerade auch unbe-

---

125 Iverson JM, Goldin-Meadow S (1997)
126 Einen ausführlichen historischen Überblick über Gesten in der Psychotherapie liefert Ulrich Streeck in seinem Buch »Gestik und die therapeutische Beziehung«, das 2009 in dieser Buchreihe publiziert wurde. Dabei wird der historische Aspekt in diesem Buch nicht erneut behandelt.

wusste oder nicht verbalisierte Aspekte des Erlebens und Denkens der Patienten offenbaren[127].

Der Zusammenhang zwischen Gesten, Sprache und Denken ist in den letzten Jahrzehnten insbesondere durch neuropsychologische Untersuchungen beleuchtet worden. Hinsichtlich des methodischen Vorgehens sei vorab erwähnt, dass in der aktuellen neurowissenschaftlichen Forschung bildgebende Verfahren wie funktionelle Magnetresonanztomographie (fMRT) oder funktionelle Nahinfrarotspektroskopie (fNIRS) zwar wichtige Methoden sind, um die neuronalen Korrelate kognitiver und emotionaler Funktionen zu erforschen, jedoch für die Erforschung spontaner, impliziter sprachbegleitender Gestik kaum geeignet sind. Der aktuelle Stand der bildgebenden Methodik würde es erfordern, dass eine Geste wiederholt und somit bewusst, explizit kontrolliert ausgeführt wird. Wie in Vorlesung 2 dargelegt (▶ 2. Vorlesung), wird nonverbaler Ausdruck einschließlich der spontanen Gestik jedoch überwiegend implizit generiert und die implizite versus explizite Produktion der scheinbar »gleichen« Bewegung unterscheiden sich hinsichtlich der neuronalen Steuerung. Für die Erforschung der neuronalen Korrelate spontaner Gesten sind daher weiterhin die traditionellen Läsionsstudien das Mittel der Wahl. Bei Patienten mit umschriebenen Hirnschädigungen können anhand der spezifischen Veränderungen ihrer spontanen Gestik Rückschlüsse gezogen werden, welche Hirnregion bei der Produktion einer bestimmten Komponente der Gestik oder eines bestimmten Gestentyps eine entscheidende Rolle spielt.

Wie bereits in Vorlesung 1 dargelegt (▶ Zur Neuropsychologie von Mimik, Gestik und Haltung), werden Hände (und Füße) ausschließlich durch die kontralaterale, d. h. gegenüberliegende Hemisphäre innerviert, also die rechte Hand von der linken Hemisphäre und die linke Hand von der rechten Hemisphäre (▶ Abb. 6).

Dies bedeutet, dass ein Informationsaustausch zwischen den beiden Hemisphären über das Corpus callosum (größte Nervenfaserverbindung zwischen der rechten und der linken Hemisphäre) stattfinden muss,

---

[127] z. B. Freud S (1904); Krout M (1935); Sainsbury P (1955); Freedman N et al. (1972); Freedman N, Bucci W (1981); Davis M, Hadiks D (1990); Lausberg H, Kryger M (2011); Kreyenbrink I et al. (2017)

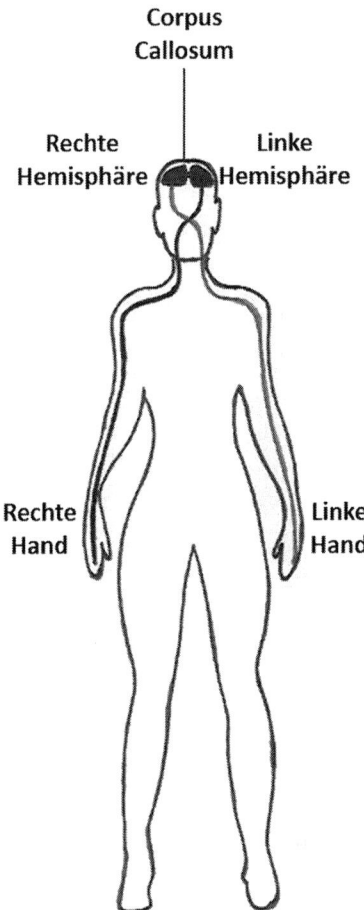

Abb. 6: Kontralaterale neuronale Kontrolle der rechten Hand durch die linke Gehirnhälfte und der rechten Hand durch die linke Gehirnhälfte

wenn die rechte Hand rechtshemisphärische Konzepte bzw. die linke Hand linkshemisphärische Konzepte ausführen soll. Wenn zum Beispiel eine Person mit linkshemisphärischer Sprachproduktion mit der linken Hand schreibt, so läuft die Steuerung von der linken Hemisphäre über das Corpus callosum zum motorischen Kortex der rechten Hemisphäre und von dort zur linken Hand.

Bei Personen mit kallosaler Diskonnektion ist das Corpus callosum geschädigt oder operativ durchtrennt – Letzteres zumeist zur Behandlung einer therapieresistenten Epilepsie (sog. Split-Brain-Patienten). Da ein Informationsaustausch zwischen beiden Hemisphären bei diesen Personen somit nicht mehr möglich ist, kann die linke Hand nur noch durch die rechte Hemisphäre differenziert kontrolliert werden und umgekehrt die rechte Hand durch die linke Hemisphäre. Personen mit kallosaler Diskonnektion führen sprachbegleitend mit jeder Hand spontan Gesten aus, jedoch mit der linken Hand deutlich mehr als mit der rechten Hand[128]. Die rechte Hemisphäre, von der die linke Hand kontrolliert wird, leistet somit einen größeren Beitrag zur spontanen Gestenproduktion als die linke Hemisphäre, von der die rechte Hand kontrolliert wird. Dies ist bemerkenswert, weil bei den untersuchten Personen mit kallosaler Diskonnektion experimentell bewiesen wurde, dass ihre linke Hemisphäre für Sprachproduktion spezialisiert ist. Dies entspricht der Hemisphärenspezialisierung in der Allgemeinbevölkerung, in der mehr als 95 % der Rechtshänder und mehr als 75 % der Linkshänder eine linkshemisphärische Sprachdominanz aufweisen. Die spontane Linkshandpräferenz der Personen mit kallosaler Diskonnektion für Gesten belegt somit, dass ein Großteil von Gesten sprachunabhängig in der rechten Hemisphäre generiert wird.

Diese Befunde werden durch Studien an Patienten mit links- und rechtshemisphärischen Schädigungen wie Schlaganfallpatienten[129] gestützt. Patienten mit rechtshemisphärischen Läsionen zeigen im Vergleich zu Patienten mit linkshemisphärischen Läsionen und zu gesunden Kontrollpersonen eine signifikante Abnahme spontaner sprachbegleitender Gesten. Die verminderte Produktion bei den Patienten mit rechtshemisphärischen Läsionen ist spezifisch für Gesten und betrifft nicht andere Typen von Handbewegungen wie Selbstberührungen. Patienten mit linkshemisphärischen Läsionen, von denen die meisten sogar einen kompletten Verlust der Sprachproduktion (Globalaphasie) erlitten haben, weisen hingegen keine Verminderung der Gestenproduktion auf. Die Schädigung der rechten Hemisphäre und nicht die der linken Hemi-

---

128 Lausberg H et al. (2000); McNeill D (1992); McNeill D, Pedelty LL (1995)
129 Feyereisen P (1983); Hogrefe K et al. (2016)

sphäre führt demnach zu einer Reduktion der Gestenproduktion. Die Läsionsstudien belegen somit, dass spontane sprachbegleitende Gesten überwiegend in der rechten Hemisphäre, d. h. primär sprachunabhängig generiert werden.

Es ist experimentell gut belegt, dass Sachverhalte in Gesten sprachunabhängig korrekt dargestellt werden. Probanden, die Zeichentrickfilme nacherzählen, führen zum Beispiel unabhängig von der verbalen Schilderung in Bezug auf die Referenzstimuli inhaltlich korrekte Gesten aus. Szenen mit geometrischen Objekten wie Quadraten, Dreiecken oder Kreisen, die sich mit unterschiedlichen Bewegungsformen wie rollen, springen, gleiten räumlich relativ zueinander bewegten, d. h. auseinander, hintereinander, zueinander usw., wurden von Probanden in ihren spontanen sprachbegleitenden Gesten hinsichtlich Objektform, Bewegungsform und räumlicher Relation präzise und korrekt dargestellt. Dabei wussten die Probanden nicht, dass ihre spontanen, impliziten Gesten Gegenstand der Untersuchung waren. Dies galt gleichermaßen, wenn die gestische Demonstration explizit erfolgte, d. h. die Probanden aufgefordert wurden, die Szenen ohne Worte gestisch darzustellen[130]. Die erinnerten Szenen wurden demnach sowohl in impliziter als auch in expliziter gestischer Darstellung korrekt wiedergegeben. Die rechte Hemisphäre generiert somit sprachunabhängig gestische Aussagen, die räumlich-zeitliche einschließlich bildlicher Sachverhalte korrekt wiedergeben.

Dissoziationen zwischen gestischer und sprachlicher Aussage

Wie dargelegt, werden viele spontane Gesten in der rechten Hemisphäre generiert, wohingegen Sprache primär in der linken Hemisphäre produziert wird. Aufgrund dieser neuronalen Organisation können Widersprüche zwischen gestischer und verbaler Aussage (»gesture-speech mis-

---

130 Lausberg H, Kita S (2003); Lausberg H et al. (2003)

match«[131]) auftreten[132]. Bei Patienten mit kallosaler Diskonnektion sind nonverbal-verbale Dissoziationen gut dokumentiert[133].

So fand sich bei einem Patienten mit kallosaler Diskonnektion bei Stimuluspräsentation im linken Gesichtsfeld ein bestätigendes Nicken des Kopfes, während er zeitgleich »Nein« sagte. Tatsächlich waren beide Antworten richtig, da die rechte (nichtsprachliche) Hemisphäre den Stimulus im kontralateralen linken Gesichtsfeld sehen konnte und daher als nonverbale Antwort nickte, wohingegen die linke (sprachdominante) Gehirnhälfte im kontralateralen rechten Gesichtsfeld keinen Stimulus sah und als verbale Antwort »Nein« sagte (▶ Abb. 7).

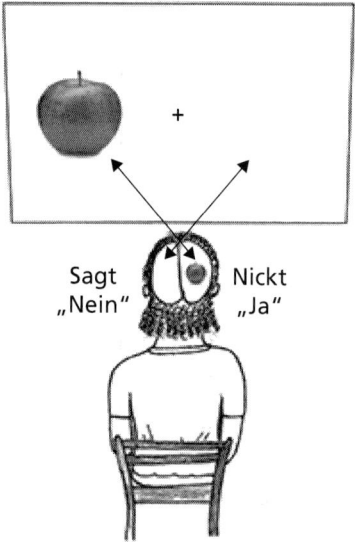

Abb. 7: Nonverbale (»Ja«) und verbale (»Nein«) Reaktion eines Patienten mit kallosaler Diskonnektion auf die Präsentation eines Stimulus (hier: Apfel) im linken Gesichtsfeld hin, der entsprechend nur in der rechten Gehirnhälfte verarbeitet wird.

---

131 McNeill D (1992)
132 Lausberg H et al. (1999)
133 Lausberg H et al. (2000); Sperry RW (1967)

Jedoch auch bei gesunden Personen finden sich Dissoziationen zwischen sprachlichem und gestischem Ausdruck. Ein alltägliches Beispiel für eine Dissoziation ist, dass eine Person bei einer Wegbeschreibung zwar »nach rechts« sagt, dabei aber mit der Hand nach links zeigt. Bei räumlichen Themen liefert die Geste in der Regel die korrekte Information, da Gesten als räumlich-zeitliche Ausdrucksformen[134] eine unmittelbare Umsetzung der räumlichen Vorstellung ermöglichen. Die sprachliche Aussage hingegen stellt eine mittelbare Übersetzung in eine lautliche Ausdrucksform dar, die somit störanfälliger ist. Insbesondere bei Experimenten zu räumlicher Kognition können daher Sprach-Gestik-Dissoziationen beobachtet werden.

Beim Umschüttversuch nach Piaget werden Probanden zwei gleich große mit Wasser gefüllte Gefäße gezeigt. Aus einem der beiden Gefäße wird vor ihren Augen das Wasser in ein hohes schmales Gefäß gefüllt. Auf die Frage, in welchem Gefäß mehr Wasser ist, antworten 5-jährige Kinder, dass in dem hohen schmalen Gefäß mehr Wasser ist. Sie berücksichtigen für ihr Urteil also nur die Höhe des Gefäßes. Einige Kinder zeigen dabei gestisch jedoch schon eine korrekte Antwort, d.h., sie führen sprachbegleitende Gesten aus, die sowohl die Höhe als auch die Breite des Gefäßes abbilden[135].

Diese Kinder berücksichtigen in ihrer nonverbalen Antwort demnach schon zwei Dimensionen, wobei sie sich verbal nur auf eine Dimension beziehen. Diese Kinder, die das Problem gestisch schon gelöst haben, liefern kurze Zeit später auch verbal die richtige Antwort. Die gestische Lösung des räumlichen Problems geht somit der sprachlichen Lösung voran. Unterschiedliche kognitive Strategien in gestischer und verbaler Aussage finden sich in Experimenten zum Planen von räumlichen Handlungen nicht nur bei Kindern, sondern auch bei Erwachsenen[136]. Auch bei emotionalen Problemen können Dissoziationen zwischen ge-

---

134 Bewegung ist physikalisch definiert als die Änderung des Ortes eines physikalischen Körpers mit der Zeit.
135 Church RB, Goldin-Meadow S (1986)
136 Garber P, Goldin-Meadow S (2002)

stischem und sprachlichem Ausdruck auftreten, wie an einem Beispiel aus der psychotherapeutischen Praxis veranschaulicht werden soll.

So führte eine Patientin eine linkshändige Geste aus, als würde sie vehement etwas/jemanden wegstoßen, während sie zeitgleich sagte: »... so wie ich an andere denk'«. (Kontext: »Und ... ich bin ein Mensch, der sich drückt vor Auseinandersetzungen. Ich möchte immer heile Welt haben. Und eh ... es ist heutzutage unheimlich ... Sie müssen immer schauen, dass Sie zu Ihrem Recht kommen ... und das gefällt mir eigentlich nicht ... ich will immer, ich denk' immer ... *so wie ich an andere denk'*, damit die nicht zu kurz kommen, denk' ich immer, andere denken auch an mich.«) Die gestische Aussage reflektierte somit unbewusste bildliche Vorstellungen (andere wegstoßen), die mit ihrem bewussten Selbstbild – wie verbalisiert – nicht übereinstimmten.

Die Produktion von Gesten in Relation zu nichtsprachlichen kognitiven sowie emotionalen Prozessen

Es gibt eine Reihe von Hinweisen, dass ein Großteil spontaner Gesten nicht nur in der rechten Hemisphäre generiert wird, sondern auch mit anderen rechtshemisphärischen Funktionen wie räumlichem Denken, metaphorischem Denken, bildlichem Vorstellen oder emotionalem Erleben assoziiert ist. Diese Befunde sind für die Psychotherapie von Interesse, weil Gesten sprachunabhängig unmittelbarer Ausdruck dieser Prozesse sein können.

Wie bereits dargelegt, sind Gesten als räumlich-zeitliche Ausdrucksformen besonders geeignet, um räumliche Gegebenheiten zu beschreiben. Die Verknüpfung zwischen Gestenproduktion und räumlichem Denken als rechtshemisphärischen Funktionen zeigt sich dahingehend, dass bei rechtshemisphärischen Läsionen nicht nur Defizite bei der Analyse und Konstruktion räumlicher Relationen von Objekten (konstruktive Apraxie) auftreten, sondern auch die Ausführung räumlicher Komponenten von Handbewegungen und Gesten gestört ist wie z. B. die Imitation von räumlich komplexen Fingerkonfigurationen[137]. Gleichermaßen kann bei einer rechtshemisphärischen Läsion mit einer Vernachlässigung der linken Raum- und Körperhälfte (Neglekt) auch in den Gesten ebenfalls eine Vernachlässigung des linken Gestenraums auftreten[138]. Rechtshemisphärische Störungen des räumlichen Denkens und der räumlichen Aufmerksamkeit schlagen sich somit in den Gesten nieder.

Bei gesunden Personen zeigt sich der Zusammenhang zwischen Gestenproduktion und räumlichem Denken dahingehend, dass diese mehr gestikulieren, wenn sie über Räume, Landschaften und Skulpturen sprechen als wenn sie über abstrakte Themen reden[139]. Bei räumlichen Problemlöseaufgaben führen Probanden zudem signifikant mehr Gesten aus als beim Stroop-Test[140, 141]. Räumliches Denken scheint somit mit gesteigerter Gestenproduktion einherzugehen. Dabei handelt es sich insbesondere um *Zeige*gesten[142], *Richtung*sgesten oder *Raumpräsentations*gesten (▶ 4. Vorlesung).

Ferner ist emotionales Erleben mit Gestenproduktion assoziiert. Das Erkennen und Generieren nonverbalen emotionalen Ausdrucks ist eine wissenschaftlich gut belegte Spezialisierung der rechten Hemisphäre[143]. Dies gilt nicht nur für genuin emotionale Mimik, sondern auch für die begleitenden Gesten. Die emotionalen Ausdrucksformen der rechten Hemisphäre beinhalten zudem emotionale Stimmlaute und affektive

---

137 Goldenberg G (1996, 1999)
138 Lausberg H et al. (2003)
139 Feyereisen P, Havard I (1999)
140 Test, der durch Farb-Wort-Interferenz misst, wie gut unwichtige Reize ausgeblendet werden können.
141 Barosso F et al. (1978)
142 Die operationalisierten Gestentypen des NEUROGES®-Analysesystems sind im Text durch Kursivschrift gekennzeichnet.
143 Blonder LX et al. (1991); Lausberg H et al. (2000); Ross ED, Mesulam MM (1979)

Sprechmelodie[144]. Gestische Äquivalente sind Taktstock- oder *Betonungs*gesten, die mit Sprechmelodie koordiniert sind und rhythmische Akzente in der verbalen Aussage setzen. Tatsächlich ist für *Raumpräsentations*gesten, emotionale Gesten, *Betonungs*gesten und auch metaphorische Gesten sogar bei Rechtshändern eine absolute oder relative Linkshandpräferenz dokumentiert. Aufgrund der kontralateralen Innervation (▶ Abb. 6) findet sich generell bei Anforderungen, die primär rechtshemisphärische Funktionen erfordern, ein vermehrter Gebrauch der linken Hand. Auch wenn neurologisch gesunde Personen mit der aktiven Hemisphäre die gleichseitige, ipsilaterale Hand über das Corpus callosum ansteuern können und daher zum Beispiel bei linkshemisphärischer Sprachdominanz trotzdem mit der linken Hand schreiben können, so besteht doch eine spontane Präferenz für die kontralaterale Hand, die von der aktiven Hemisphäre direkt kontrolliert wird[145]. Daher wechseln rechtshändige Probanden vom Gebrauch der rechten Hand bei verbalen Aufgaben, die hauptsächlich linkshemisphärische Funktionen beanspruchen, zu einem erhöhten Gebrauch der linken Hand bei räumlichen Aufgaben, die von der rechten Hemisphäre gesteuert werden[146]. Bei Gesten, die emotionalen Gesichtsausdruck begleiten, findet sich ebenfalls ein vermehrter Gebrauch der linken Hand, im Vergleich zu Gesten, die nicht mit emotionalem Gesichtsausdruck einhergehen. Auch bei Taktstock- oder *Betonungs*gesten findet sich eine relative Präferenz der linken Hand im Vergleich zu anderen Gestentypen[147]. In Übereinstimmung damit, dass die rechte Hemisphäre eine dominante Rolle bei der Verarbeitung von Metaphern spielt[148], zeigen Probanden ferner eine relative Linkshandpräferenz für metaphorische Gesten[149]. Die Linkshandpräferenz für die genannten Gestentypen spricht dafür, dass diese in der rechten Hemisphäre generiert werden, und stützt die Annahme, dass sie unmittelbarer Ausdruck

---

144 z. B Schirmer A et al. (2001)
145 Zaidel E et al. (1988)
146 Hampson E, Kimura D (1984)
147 Blonder LX et al. (1995); Lausberg H (2019); Sousa-Poza JF et al. (1979); Stephens D (1983)
148 Ferstl EC et al. (2008)
149 Argyriou P et al. (2017)

der genannten rechtshemisphärischen Funktionen räumliches Denken, metaphorisches Denken und emotionales Erleben sind.

Von besonderem Interesse für die Psychotherapie sind bildliche Vorstellungen, die in Gesten – mehr als in Sprache – ihren Ausdruck finden. Beide Hemisphären tragen mit unterschiedlichen Spezialisierungen zur Generation bildlicher Vorstellungen bei, zum Beispiel die rechte Hemisphäre für Gesichter[150] und die linke Hemisphäre für Werkzeuge. Kosslyn postuliert dauerhaft angelegte Gedächtnisstrukturen, in denen Informationen über das visuelle Erscheinungsbild von Objekten gespeichert werden. Ein externes Objekt wird als solches erkannt, indem es mit der internen gespeicherten Repräsentation verglichen wird[151]. Die interne Repräsentation eines Objekts ist auch die Basis für das bildliche Vorstellen des Objekts. Neben visuellen werden räumliche, motorische, olfaktorische, oder akustische Vorstellungsbilder unterschieden. Entsprechend können bei Hirnläsionen Defizite in der Generierung von Vorstellungsbildern auf spezifische Kategorien wie Formen von Objekten, Farben, Gesichter, Buchstaben oder räumliche Relationen beschränkt sein[152]. Der Verlust der visuellen Vorstellungsfähigkeit kann mit einem Verlust des Träumens einhergehen[153].

Bildliche Vorstellungen können durch *Präsentations*gesten für *Formen, räumliche Relationen* und *Bewegungsqualitäten* unmittelbar gestisch abgebildet werden (▶ 4. Vorlesung). Speziell motorische Bilder können zudem durch *Pantomime*gesten ausgedrückt werden, bei denen der Akteur so tut, als würde er selbst die Aktion ausführen. Der Zusammenhang zwischen einer bildlichen Vorstellung und einer Geste lässt sich gut anhand dieser *Pantomime*gesten veranschaulichen. Wenn z. B. gestisch-pantomimisch der Gebrauch einer Zahnbürste demonstriert werden soll, muss die bildliche Vorstellung der Zahnbürste in ein Bewegungskonzept integriert werden. Das Vorstellungsbild der Zahnbürste wird quasi in den Gestenraum projiziert, die Hand umschließt die imaginierte Zahnbürste und führt eine zähneputzende Bewegung vor dem

---

150 Verosky SC, Turk-Browne NB (2012)
151 Kosslyn SM (1980); De Renzi E (1999)
152 Goldenberg G (1993)
153 Humphrey ME, Zangwil OL (1951)

Mund damit aus. Die Integration des Vorstellungsbildes eines Werkzeuges in ein Bewegungskonzept ist eine kognitive Funktion, die in bildgebenden Studien (fMRT) mit einer Aktivität im linken Temporallappen einhergeht[154].

In experimentellen Settings werden bei Elizitation motorischer Vorstellungsbilder[155] sprachbegleitend spontan mehr *Präsentations-* und *Pantomime*gesten[156] ausgeführt als bei visuellen Vorstellungsbildern[157] und bei diesen mehr als bei den abstrakten Themen[158]. In psychotherapeutischen Settings sind abstrakte Themen jedoch relativ häufig und werden von *Präsentations*gesten begleitet. Schon der Psychoanalytiker Freedman[159] beschrieb sogenannte »representational« gestures, »in which either an abstract idea, or an image having clearly definable space and time referents, is given motor expression«. Auch in der linguistischen Forschung wurde in den letzten Jahren gut belegt, dass Gesten sich nicht nur auf konkrete Entitäten, sondern auch auf abstrakte Entitäten und Metaphern[160] beziehen können, wie die Dynamik einer Entwicklung oder die Nähe-Distanz in einer Beziehung. Zum Beispiel kann die gestische Darstellung einer runden Form bei dem Thema »Vater und Mutter« offenbaren, dass diese als eine »runde« Einheit wahrgenommen werden (▶ Abb. 12a) – ohne dass dies verbalisiert werden muss.

Zusammenfassend kann die Produktion von Gesten mit nichtsprachlichen Prozessen wie räumlichem Denken, metaphorischem Denken, bildlichem Vorstellen sowie emotionalem Erleben assoziiert sein[161]. Als

---

154 Lausberg H et al. (2015)
155 Beschreibung, wie man einen Reifen wechselt, ein Geschenk einpackt, ein bestimmtes Gericht kocht.
156 In dieser Studie wurden ikonische, metaphorische und deiktische Gesten als *representational* zusammengefasst, es handelt sich jedoch überwiegend um ikonische Gesten.
157 Beschreibung eines Raumes, einer Skulptur oder einer Landschaft aus der Erinnerung
158 Meinung zu Gleichberechtigung, einheitlicher Währung in Europa, Todesstrafe
159 Freedman N (1972), S. 159
160 Kita S et al. (2007); McNeill D (1992); Mittelberg I (2006); Müller C (1998)
161 Der Zusammenhang zwischen der linkshemisphärischen kognitiven Funktion der Praxie (einschließlich Werkzeuggebrauch) und der Produktion von Gesten wurde anhand des Beispiels der *Pantomime*geste angedeutet, d. h. die tatsächliche

zeitlich-räumliche Ausdrucksformen ermöglichen Gesten die unmittelbare Umsetzung von visuellen, räumlichen, motorischen oder sensorischen Vorstellungsbildern, die sich auf konkrete und abstrakte Entitäten beziehen können.

Aktion des Zähneputzens als Basis für die *pantomimische* Geste des Zähneputzens. Dieser Zusammenhang soll aber in diesem Buch nicht vertieft werden.

4. Vorlesung
Gesten in der Psychotherapie

Relevanz der Gesten für die Psychotherapie

Wie in der vorangehenden Vorlesung dargelegt, sind Gesten für die Psychotherapie[162] von besonderem Interesse, da sie bildliche Vorstellungen und emotionales Erleben direkt ausdrücken, z. B. kann ein Patient beim Thematisieren seiner Krankheit gestisch eine langsame Abwärtsbewegung ausführen oder beim Sprechen über seine Partnerin ein abruptes Wegstoßen andeuten. Da Gesten als räumlich-zeitliche Ausdrucksformen Informationen in einer grundsätzlich anderen Modalität als Sprache liefern, bieten sie immer – allein aufgrund der andersartigen Modalität – komplementäre Informationen zur sprachlichen Information (mit Ausnahme *emblematischer* Gesten als konventionalisierten, sprachersetzenden Handzeichen). Die Komplementarität ist dadurch gekennzeichnet, dass Gesten und Sprache unterschiedliche Aspekte einer gedanklichen Vorstellung oder eines emotionalen Erlebens ausdrücken[163]. Die Gesten des Patienten bieten dem Therapeuten daher wertvolle Einsichten in die bildlichen Vorstellungen und das emotionale und sinnliche Erleben des Patienten. Sie vervollständigen – in Ergänzung zu den verbal vermittelten Informationen – sein Verständnis des Patienten.

Im Gegensatz zu Komplementarität ist bei der Dissoziation zwischen sprachlicher und gestischer Aussage von zwei zu Grunde liegenden Konzepten auszugehen, von denen ein Konzept sprachlich und das an-

---

162 Die Ausführungen dieser Vorlesung beziehen sich gleichermaßen auf psychoanalytische Sitzungen.
163 McNeill D (1992)

dere gestisch ausgedrückt wird. Eine neuropsychologische Erklärung für das Vorkommen derartiger Dissoziationen ist die Repräsentation eines Konzeptes in der rechten Hemisphäre und die Repräsentation des anderen Konzeptes in der linken Hemisphäre. Interaktionspartner scheinen gestisch-sprachliche Dissoziationen wahrzunehmen. In neurophysiologischen Experimenten zeigt sich in der hirnelektrischen Aktivität beim Rezipienten eine Veränderung ereigniskorrelierter Potentiale, wenn ihm Stimuli mit Sprach-Gestik-Dissoziation präsentiert werden, z. B. das Wort »dick« zusammen mit einer Geste, die eine schmale Entität zeigt[164]. Die Inkongruenz wird somit bei der Reizverarbeitung sofort detektiert. Dies bedeutet jedoch nicht, dass der Rezipient diese auch bewusst identifiziert. Da die nonverbale Interaktion in der therapeutischen Praxis überwiegend implizit abläuft, ist davon auszugehen, dass auch die Wahrnehmung und Verarbeitung einer Sprach-Gestik-Dissoziation in der Regel implizit erfolgt. In o. g. Praxisbeispiel der Patientin, die eine wegstoßende Geste ausführte und zeitgleich verbalisierte, dass sie immer an andere denke und Harmonie haben wolle (▶ Dissoziationen zwischen gestischer und sprachlicher Aussage), wird die Dissoziation vom Therapeuten wahrscheinlich nicht bewusst identifiziert worden sein, sondern eher eine Intuition hinterlassen haben, dass an der Aussage des Patienten etwas »nicht stimmt«, ohne dass der Therapeut genau angeben konnte, woher seine Eingebung stammte.

Da gestisch-verbale Dissoziationen auf unbewusste Prozesse hinweisen, ist ihre explizite Identifikation für den psychotherapeutischen Prozess jedoch bedeutsam. Diagnostisch bietet die nachträgliche Analyse einer Videoaufzeichnung einer Therapiesitzung die Möglichkeit der Detektion dieser Dissoziationen. Bei der (Selbst-)Supervision wird das Video zunächst ohne Ton abgespielt, um die gestische Aussage per se zu erfassen und nicht einem verbalen Bias zu unterliegen. In einem zweiten Schritt wird dann der verbale Kontext der markierten Gesten analysiert.

Für die Psychotherapie ist es ferner von Interesse, dass eine bildliche Vorstellung zunächst gestisch und erst zu einem späteren Zeitpunkt verbal ausgedrückt werden kann. Wie bereits in der 3. Vorlesung dargelegt

---

164 Kelly SD et al. (2004)

(▶ Dissoziationen zwischen gestischer und sprachlicher Aussage), weisen entwicklungspsychologische Studien mit Piaget'schen Verhaltensexperimenten darauf hin, dass Kinder ein räumliches Problem bereits zu einem frühen Zeitpunkt in ihrer Entwicklung gestisch richtig darstellen, aber erst zu einem späteren Zeitpunkt die richtige verbale Antwort formulieren können:

> » ... we have found that correct explanations are produced in gesture before speech in children acquiring both conservation and mathematical equivalence, ...«[165].

Da die korrekten gestischen Antworten zeitgleich mit falschen verbalen Antworten auftreten können, d. h. also wenn eine – wie oben besprochene – Dissoziation auftritt, gehen Goldin-Meadow und Kollegen davon aus, dass die Dissoziation zwischen korrekter gestischer und inkorrekter verbaler Antwort einen Übergangszustand anzeigt, bei dem das Kind ein neues kognitives Konzept erwirbt (»transition in concept acquisition«). In diesem Sinne können oben beschriebene Dissoziationen auch Indikatoren für therapeutische Entwicklungsprozesse sein, die anzeigen, dass der Patient sich (unbewusst) mit zwei konkurrierenden Konzepten auseinandersetzt. Hinsichtlich des o. a. Fallbeispiels ist es demnach möglich, dass die Patientin, die andere Personen gestisch wegstößt und sich zeitgleich verbal aber als harmonisierend beschreibt, ihre Tendenz, andere wegzustoßen, zu einem späteren Zeitpunkt in der Psychotherapie verbalisieren würde.

Es können jedoch nicht nur Gesten, die der sprachlichen Aussage widersprechen, anzeigen, dass der Patient sich in einem Entwicklungsprozess befindet, sondern auch Gesten, die zunächst scheinbar keinen Bezug zur begleitenden sprachlichen Aussage haben und sich erst im Nachhinein als komplementär erweisen. Mahl berichtet aus seinen detaillierten nonverbalen Analysen psychoanalytischer Sitzungen, dass der gestische Ausdruck einer bildlichen Vorstellung der verbalen Formulierung vorangehen kann. Eines seiner Beispiele beschreibt Folgendes:

> »Mrs. B. ... discussed feelings of inferiority towards her husband, and while doing this she momentarily placed her fingers to her mouth. Three minutes

---

165 Goldin-Meadow S et al. (1993), S. 293

later she was stating that her sense of inferiority dated from childhood when she felt she was not as pretty as her sister because she had two buck teeth«.[166]

Bezugnehmend auf eine Reihe von Beispielen mehrerer Patienten fasst er zusammen:

»In all of the preceding observations, spontaneous verbalization followed the nonverbal behavior within minutes. The time interval may be greater. In some of our observations the action occurs one day and the spontaneous verbalization follows 1 or 2 days later«.[167]

Zusammenfassend ist die Beobachtung der Gesten des Patienten für den Psychotherapeuten von besonderem Interesse, da sie Einblicke in nicht bewusste oder nicht verbalisierte Aspekte des Denkens, Vorstellens und Erlebens des Patienten ermöglicht. Die gestische Aussage kann dabei die verbale Aussage inhaltlich ergänzen (komplementieren) oder ihr widersprechen (dissoziieren) sowie sie zeitlich begleiten oder ihr vorangehen.

Spezifische Gestentypen und ihre Bedeutung für die Psychotherapie

Wie in der vorangehenden Vorlesung dargelegt, lassen sich unterschiedliche Gestentypen differenzieren (siehe auch die unten genannte Website mit Videobeispielen für die einzelnen Gestentypen[168]). Im Folgenden soll deren Relevanz anhand von Beispielen aus der psychotherapeutischen und ärztlichen Praxis illustriert werden.

*Betonungs*gesten unterstützen die Sprechmelodie und setzen Akzente, z. B. im Einklang mit der Sprechmelodie ausgeführte repetitive Auf-Ab-Bewegungen des Unterarms mit Abwärtsakzent. Sie werden daher auch

---

166 Mahl FG (1968), S. 323
167 Mahl FG (1968), S. 324
168 https://neuroges.neuroges-bast.info/sites/neuroges.neuroges-bast.info/files/medien/NEUROGES_apetizer_5_10_1212_0.swf, siehe Beispiele unter Modul III

als Taktstockgesten bezeichnet. *Betonungs*gesten enthalten nur metrisch-rhythmische Information, d. h. im Gegensatz zu *Präsentations*gesten keine bildhafte Information. Es wird angenommen, dass sie beim Sprecher selbst den Sprechakt strukturieren. Repetitive Bewegungen haben zudem spezifische Effekte auf den Rezipienten. So ist zum Beispiel die kognitive Aufnahmefähigkeit für visuelle Stimuli besser, wenn diese on-beat im Vergleich zu off-beat präsentiert werden[169]. Es ist daher plausibel, dass *Betonungs*gesten beim Interaktionspartner die Aufnahme des bei On-beat Gesagten fördern.

*Egozentrische Zeige*gesten verweisen auf konkrete oder abstrakte, sichtbare oder imaginierte Orte aus einer egozentrischen Perspektive (im Gegensatz zu *Zeige*gesten mit allozentrischer Perspektive, die zu den *Raumpräsentations*gesten gehören [s. u.], nimmt sich der Gestikulierende bei egozentrischen *Zeige*gesten selbst als Referenzpunkt für die räumliche Anzeigen). In der psychotherapeutischen und ärztlichen Praxis werden vom Patienten bei körperlichen Beschwerden häufig *Zeige*gesten ausgeführt, um auf das betroffene Körperteil zu deuten *(Körper-Zeigegeste)*. Ein historisches Beispiel ist das Selbstporträt von Albrecht Dürer aus dem Jahre 1528 aus einem Brief an seinen Arzt, in dem er auf eine schmerzhafte Stelle deutet (▶ Abb. 8).

*Zeige*gesten können sich nicht nur auf Körperteile, sondern auch auf die Person selbst (»Ich«) beziehen *(Selbst-Zeigegeste)*. Im Gegensatz zu *Körper-Zeige*gesten folgt der Blick dabei nicht der Hand. In unserem Kulturkreis zeigt die Hand dabei typischerweise auf das Brustbein (▶ Abb. 9).

*Egozentrische Zeige*gesten beziehen sich ferner auf externe Ziele *(Externes-Ziel-Zeigegeste)*. Dabei kann es sich um konkrete sichtbare Orte, konkrete imaginierte oder abstrakte Orte handeln. Ein Beispiel für einen konkreten imaginierten Ort ist, wenn jemand aus der Erinnerung über eine Begegnung mit einer Person spricht und dabei auf einen Punkt rechts von sich zeigt – als Ausdruck davon, dass die Person rechts von ihm stand. Ferner können sich *Zeige*gesten auch auf abstrakte Räume beziehen. So wird z. B. häufig auf Zeitpunkte wie »gestern« oder »morgen« mit *Zeige*gesten verwiesen. In unserem Kulturkreis wird die

---

169 Hickey P et al. (2020)

Abb. 8: »Do der gelb fleck ist vnd mit dem finger drawff dewt do ist mir we« (Albrecht Dürer, 1528; Quelle: 7.5.2020, https://de.wikipedia.org/wiki/Datei:Duerer_malaria_spleen.jpg)

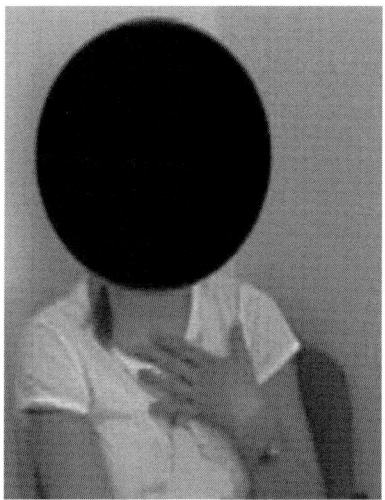

Abb. 9: *Selbst- Zeige*geste mit Referenz auf die Person selbst

Vergangenheit in der Regel links oder hinter dem Sprecher lokalisiert und Zukunft rechts oder vor dem Sprecher, z. B. »gestern« mit einer

*Zeige*geste auf einen Ort links vom Sprecher und »morgen« mit einer *Zeige*geste auf einen Ort rechts vom Sprecher. In anderen Kulturkreisen finden sich andere bildliche Vorstellungen von Zeit. So wird bei den Toba und den Aymara, Völkern in Südamerika, vom Sprecher gestisch die Zukunft hinter ihm und die Vergangenheit vor ihm lokalisiert. Dies beruht auf der Vorstellung, dass vergangene Ereignisse bekannt sind, quasi gesehen werden und daher vor der Person liegen, und zukünftige Ereignisse unbekannt, quasi nicht sichtbar sind und daher hinter der Person liegen[170].

Auch die psychische Nähe oder Distanz zu einer Person kann durch *egozentrische Zeige*gesten abgebildet werden.

Zur Veranschaulichung sei der Fall einer jungen Patientin mit Essstörungen genannt, die zu Therapiebeginn kaum zwischen den Bedürfnissen ihrer Mutter und ihren eigenen Bedürfnissen unterschied[171]. Die systematische Analyse ihrer *egozentrische Zeige*gesten (n = 54) im Verlauf der Psychotherapie ergab, dass sie zu Beginn der Therapie ihre Mutter immer nahe bei sich lokalisierte (▶ Abb. 10a) und am Ende der Therapie im Gestenraum von sich entfernt (▶ Abb. 10b). Der Fokus der psychodynamischen Therapie lag bei dieser Patientin auf der geringen Selbst- und Objektdifferenzierung. Im Laufe der Therapie lernte sie zunehmend zwischen ihren eigenen und den Bedürfnissen ihrer Mutter zu differenzieren. Die Veränderung der räumlichen Position der Mutter im Gestenraum reflektierte die Veränderung der psychischen Beziehung zu ihrer Mutter. Der gestische Befund ist von besonderer diagnostischer Relevanz, da die Patientin die *Zeige*gesten unbewusst ausführte. Während eine verbal berichtete Distanzierung von ihrer Mutter eine Aussage im Sinne des therapeutisch Erwünschten hätte sein können, ohne dass dies tatsächlich von der Patientin so vollzogen wurde, reflektierte der implizite gestische Ausdruck zuverlässig eine Veränderung ihrer Vorstellungen.

---

170 Klein HEM (1987); Miracle AW, Yapita JD (1981)
171 Ausführliche Falldarstellung in Lausberg H, Kryger M (2011)

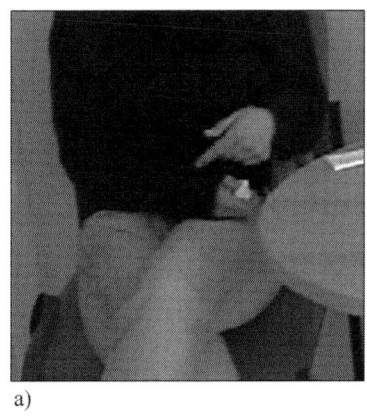 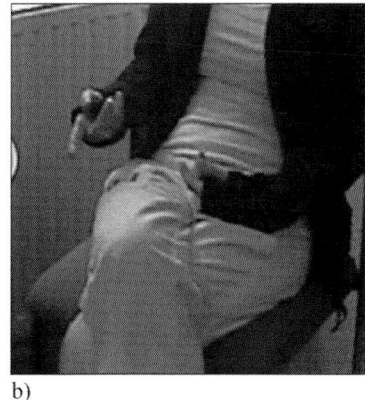

a) b)

Abb. 10: *Egozentrische Zeige*gesten einer Patientin mit Referenz auf ihre Mutter, a) zu Beginn der Psychotherapie, b) am Ende der Psychotherapie (aus: Lausberg & Kryger, 2011).

Bei *egozentrischen Richtungsgesten* demonstriert der Gestikulierende aus der egozentrischen Perspektive gestisch eine Richtung. *Richtungs*gesten unterscheiden sich von *Zeige*gesten von der Bewegungsform her u. a. durch den freien statt gebundenen Bewegungsfluss. Die *Richtungs*geste kann in eine geographische Richtung weisen, z. B. nordwärts (*neutrale Richtungsgestegeste*), aber auch in eine Richtung, in die sich eine andere Person oder ein Gegenstand bewegen soll, z. B. zur Seite gehen (*imperative Richtungsgeste*). Ferner kann sie die Richtung anzeigen, in die man sich selbst in seiner Vorstellung bewegt (*selbstbezogene Richtungsgeste*)[172]. Ebenso wie *egozentrische Zeige*gesten können sich *egozentrische Richtungsgesten* auch auf abstrakte Räume ume beziehen, z. B. wenn man einer Person durch eine Bewegung der flachen Hand nach unten bedeutet, sie solle sich beruhigen.

Bei *Pantomime*gesten agiert der Sprechende bzw. Gestikulierende so, als ob er selbst eine Handlung ausführen würde, z. B. sich die Zähne putzen. Wie bei den *Zeige*- und *Richtungs*gesten wird die Geste aus der ego-

---

172 Die drei Gestensubtypen lassen sich u. a. anhand der Nutzung des Gestenraumes differenzieren.

zentrischen Perspektive ausgeführt – im Gegensatz zur allozentrischen Perspektive, die bei *Präsentations*gesten eingenommen wird. Dies sei am Beispiel einer Geste veranschaulicht, mit der eine laufende Person dargestellt wird: Bei der egozentrischen Perspektive tut der Gestikulierende so, als würde er selbst laufen, indem er die Arme wie ein Läufer abwechselnd vor- und zurückbewegt (*Pantomime*geste). Wenn der Gestikulierende hingegen im Gestenraum vor sich die Hand senkrecht nach unten hält und mit Mittel- und Zeigefinger eine alternierende Vorwärtsbewegung ausführt (*Präsentations*geste), reflektiert dies eine allozentrische Perspektive, bei der er in seiner Vorstellung auf das Geschehen blickt. Seine Hand übernimmt dabei die Funktion, eine Person mit zwei Beinen, repräsentiert durch Mittel- und Zeigefinger, darzustellen.

Die Produktion von Gesten mit allozentrischer Perspektive ist mit höherer fluider Intelligenz assoziiert als die der mit egozentrischer Perspektive[173]. Dies bedeutet jedoch nicht, dass in dem spezifischen Setting der Psychotherapie die Ausführung allozentrischer Gesten immer erstrebenswert ist bzw. einen Therapieerfolg darstellt. Bei alexithymen Patienten zum Beispiel, bei denen das emotionale Erleben entwickelt werden soll, wäre eine Zunahme egozentrischer *Pantomime*gesten ein Indikator dafür, dass verbal Berichtetes verkörperlicht und emotional erlebt wird. Um erzählerische Höhepunkte zu schaffen, wechseln Erzähler sprachlich von der dritten (»er«, »sie«) zur ersten (»ich«) oder zweiten (»du«) Person[174]. Entsprechend kann auch bei Gesten der Perspektivenwechsel von allozentrisch zu egozentrisch ein zunehmendes Engagement des Patienten anzeigen.

> Als Beispiel aus der therapeutischen Praxis stellte eine Patientin *pantomimisch* dar, wie ihre Mutter immer den Telefonhörer aufknallte, wenn ihre Freundinnen anriefen (▶ Abb. 11). Die Patientin schlüpfte dabei quasi in die Haut ihrer Mutter und stellte deren Handeln dar. Im psychoanalytischen Sinne könnte man in diesem Fall von einer in der Gestik offenbarten Identifikation mit dem Aggressor sprechen.

---

173 Sassenberg U (2011)
174 Margetts A (2015)

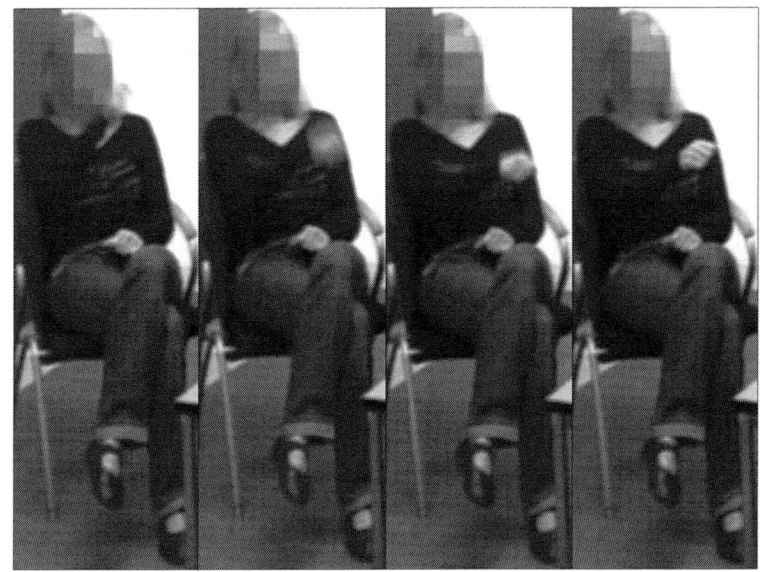

Abb. 11: *Pantomime*geste »Telefonhörer aufknallen«

*Pantomime*gesten sind für den Therapeuten somit von Interesse, weil der Patient in dem Moment das thematisierte Handeln verkörpert. Die Identifikation mit der gestisch dargestellten Aktion ist also deutlich größer als bei *Präsentations*gesten mit allozentrischer Perspektive.

*Präsentations*gesten sind Gesten, bei denen Formen, räumliche Relationen oder Bewegungsarten und -qualitäten dargestellt werden.

*Formpräsentations*gesten können sich auf konkrete Formen, z. B. einen Ball, oder abstrakte Formen beziehen, z. B. Vater und Mutter als eine runde Einheit.

In dem Beispiel aus der therapeutischen Praxis zeigt der Therapeut eine runde Entität (▶ Abb. 12a). Dabei sagt er: »Großmutter und Eltern«. D. h., der Therapeut verbalisiert *nicht* seine Vorstellung von Großmutter und Eltern als einer Einheit, in seiner Geste wird jedoch deutlich, dass er Großmutter und Eltern gedanklich als eine Einheit betrachtet.

4. Vorlesung: Gesten in der Psychotherapie

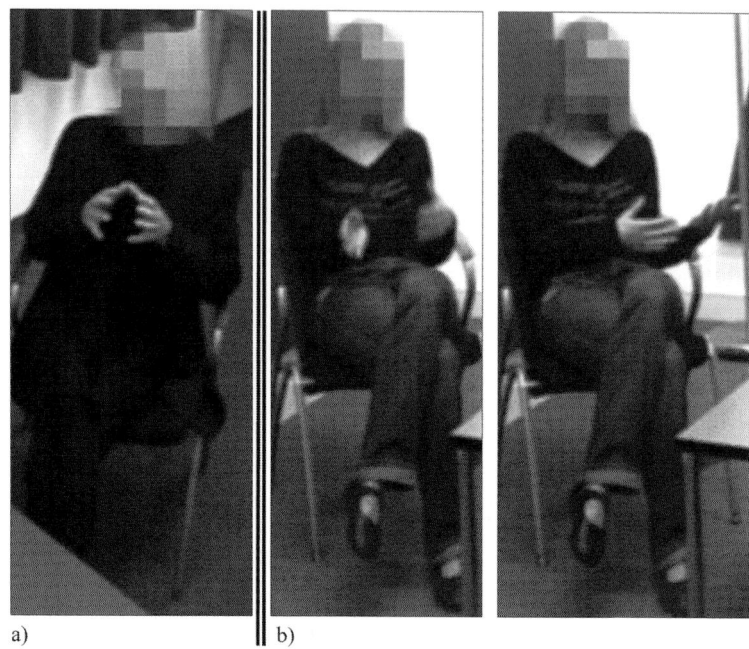

Abb. 12: a) Therapeut zeigt *Formpräsentations*geste: Großmutter und Eltern als eine runde Entität; b) und c) Patientin zeigt eine *Raumpräsentations*geste, in der Großmutter einerseits b) und Eltern c) andererseits sich als zwei getrennte Entitäten gegenübergestellt werden.

Bei *Raumpräsentationsgesten* wird eine räumliche Relation im Gestenraum geschaffen, z. B. wird mit der rechten Hand im rechten Gestenraum eine Position dargestellt und mit der linken Hand im linken Gestenraum eine andere. Die Darstellung der räumlichen Relation ist allozentrisch, d. h., der Gestikulierende gestaltet gestisch einen Raum, der unabhängig von seiner eigenen räumlichen Position ist. Im Gegensatz zu *egozentrischen Zeige-* oder *Richtungs*gesten ist er selbst kein Referenzpunkt. *Raumpräsentations*gesten können Formpräsentationen beinhalten, z. B. die Lokalisierung einer dreieckigen Form im linken Gestenraum. Ebenso wie die *Formpräsentations*gesten können sich die *Raumpräsentations*gesten auf konkrete und abstrakte Entitäten, wie zwischenmenschliche oder auch zeitliche Relationen, beziehen. In obigem

Praxisbeispiel wiederholt die Patientin verbal die Worte des Therapeuten: »Großmutter und Eltern«, stellt sie jedoch gestisch als zwei getrennte Entitäten gegenüber (▶ Abb. 12b und c). In diesem Beispiel zeigen nur die Gesten, nicht aber die Worte, dass Therapeut und Patientin unterschiedliche Vorstellungen von der Beziehung zwischen Großmutter und Eltern haben.

*Bewegungspräsentations*gesten stellen Bewegungstypen oder -dynamiken von konkreten oder abstrakten Entitäten dar, z. B. ein rollender Schneeball, ein starker Aufprall bei einem Unfall, eine ins Rollen kommende Entwicklung oder eine explosive Beziehung. Auch sensorische Eindrücke werden gestisch häufig mittels einer Bewegungsdynamik dargestellt, z. B. dass sich etwas weich anfühlt. *Bewegungspräsentations*gesten können Raumpräsentation und Formpräsentation enthalten, z. B. die Hand repräsentiert eine Person mit zwei Beinen (Form), die von rechts nach links im Gestenraum (räumliche Relation) hüpft (Bewegungstyp).

Embleme sind kulturspezifische, konventionalisierte Zeichen, die sprachersetzend eingesetzt werden können, wie z. B. das Victory-(V-)Zeichen. Während sich die populärwissenschaftliche Diskussion über Gesten häufig auf *Embleme* bezieht, weil diese einfach in Sprache übersetzt werden können, sind diese in der psychotherapeutischen Praxis jedoch nur selten zu beobachten.

Emotionsintrinsische Bewegungen sind motorische Begleiterscheinungen intensiven emotionalen Erlebens, wie z. B. bei Freude die Arme hochwerfen. Sie werden von der axialen und proximalen Muskulatur initiiert und von posturalem und mimischem Ausdruck begleitet. In dieser Reinform, d. h. als ausschließlicher Ausdruck emotionalen Erlebens, treten sie in psychotherapeutischen Sitzungen selten auf. Es kommt wesentlich häufiger vor, dass eine bestimmte Geste, die eine eigene Bedeutung hat, eine emotionale Tönung trägt, z. B. eine *Zeige*geste, die stark, schnell und direkt ausgeführt wird, wenn jemand mit Wut auf etwas zeigt. Gesten, die bei emotionalen Themen in therapeutischen Gesprächen auftreten, sind durch eine große Dynamik (sowie mittlere räumliche Komplexität und mittlere Dauer) gekennzeichnet[175].

---

175 Davis M, Hadiks D (1990)

Therapeutisches Arbeiten mit Gesten

Die Gesten des Patienten sind für den Therapeuten diagnostisch relevant, da sie Einblicke in nicht bewusste oder nicht verbalisierte Aspekte des Denkens und Erlebens des Patienten ermöglicht. Die unterschiedlichen Gestentypen liefern dabei unterschiedliche Arten von Informationen, die hier als Anregungen für die therapeutische Arbeit in Form diagnostischer Fragen formuliert werden:

- *Betonungsgesten*: Auf welchen Aspekt der verbalen Aussage setzt der Patient gestisch Akzente?
- *Zeigegesten*: Beziehen sich diese auf konkrete Orte oder auf abstrakte[176] Orte, wie z. B. die psychische oder soziale Position einer Person relativ zu ihr selbst?
- *Richtungsgesten*: Beziehen sich diese auf konkrete oder auf abstrakte Richtungen relativ zum Sprecher selbst, wie Annäherung einer Person zu ihm oder das Zurückweisen eines Gedanken?
- *Pantomimegesten*: Bei welcher spezifischen Aktion geht der Patient in den gestischen Modus der Verkörperung? Mit wem identifiziert sich der Patient in seiner gestischen Als-ob-Darstellung?
- *Formpräsentationsgesten*: Beziehen sich diese auf konkrete Objekte oder abstrakte Entitäten, wie Personengruppen, Symptome, Krankheiten?
- *Raumpräsentationsgesten*: Beziehen sich diese auf konkrete oder abstrakte räumliche Relationen, wie Beziehungen zwischen Personen, zeitliche Relationen, Aufwärts- oder Abwärtstrends?
- *Bewegungspräsentationsgesten*: Beziehen sich diese auf konkrete oder abstrakte Bewegungsqualitäten, wie eine Beziehungsdynamik, oder auf sinnliche Eindrücke, z. B. wie sich etwas anfühlt?

---

176 Beispiele werden hier nur für abstrakte Referenten gegeben, da diese für die Psychotherapie von größerem Interesse sind.

Falls eine bestimmte Geste im Therapieverlauf wiederholt auftaucht, kann untersucht werden, ob sich diese im Verlaufe einer Sitzung oder im Verlaufe der Therapie ändert (vgl. Fallbeispiel zu ▶ Abb. 10).

Von diagnostischer Relevanz ist ferner, ob spezifische Gestentypen, insbesondere *Präsentations*gesten oder *Pantomime*gesten, vermindert oder vermehrt sind. Dies sei am Beispiel der *Präsentations*gesten illustriert. Wie bereits dargelegt, werden bei Aktivierung bildlicher Vorstellungen vermehrt *Präsentations*gesten ausgeführt[177], d. h., *Präsentations*gesten zeigen an, dass sich eine Person in bildlichen Vorstellungen mit einer Thematik auseinandersetzt. So führen Sportler, die eine Gehirnerschütterung erlitten haben, bei der Schilderung des Sportunfalls signifikant mehr Gesten, insbesondere *Bewegungspräsentations*gesten, aus als Sportler, die einen Sportunfall schildern, den sie nur bei einer anderen Person beobachtet haben[178]. Vor diesem Hintergrund ist klinisch zum Beispiel die verminderte Ausführung von *Präsentations*gesten bei alexithymen Menschen von Interesse. Alexithymie ist ein Personalmerkmal, das charakterisiert ist durch eine Einschränkung der emotionalen Funktionen, Fantasiearmut und die Unfähigkeit, Gefühle verbal auszudrücken[179]. Alexithyme Personen zeigen im Vergleich zu nicht alexithymen Personen eine Reduktion von *Präsentations*gesten, wenn sie das eigene emotionale Erleben und das anderer Personen in vorgegebenen Szenarios beschreiben sollen[180]. Andere Gestentypen sind hingegen bei den alexithymen Personen nicht reduziert. Das signifikante Defizit in der Produktion von *Präsentations*gesten weist darauf hin, dass alexithyme Personen ihre Überlegungen zu emotionalen Szenarios weniger auf bildlichen Vorstellungen gründen als nicht alexithyme Personen. Sowohl die Bedeutung einzelner Gesten – wie oben anhand der diagnostischen Fragen illustriert – als auch die Quantität einzelner Gestentypen sind somit von diagnostischer Relevanz.

Einige Theorien, insbesondere von David McNeill, postulieren darüber hinaus, dass Gesten nicht nur quasi schon vorhandene Gedanken ausdrücken, sondern vielmehr Teil des Denkprozesses sind bzw. dazu beitragen, Gedanken zu formen:

---

177 s. o. Feyereisen P, Havard I (1999)
178 Helmich I et al. (2019)
179 Sifneos PE (1973)
180 Lausberg H (2022)

«… gesture, the actual motion of gesture itself, is a dimension of thinking«[181]
oder

»Gesturing can thus play a causal role in learning, perhaps by giving learners an alternative, embodied way of representing new ideas«[182].

Diese Annahmen basieren u. a. auf empirischen Befunden, die zeigen, dass diejenigen Schüler, die beim Erklären von Mathematikaufgaben gestikulieren, bessere Leistungen zeigen als Schüler, die dabei keine Gesten ausführen[183]. Gleiches gilt für Vorschulkinder bei räumlichen Transformationsaufgaben[184]. Ebenso geht bei Erwachsenen eine bessere Leistung bei geometrischen Analogieaufgaben mit einer höheren spontanen Gestenproduktion einher[185]. Es ist allerdings anzumerken, dass diese Befunde auch dahingehend interpretiert werden können, dass sie lediglich reflektieren, dass die Probanden erfolgreich mit bildlichen Vorstellungen arbeiten, ohne dass die gestische Ausführung per se den Denkprozess gefördert hat. Auch wenn die empirische Beweislage somit nicht eindeutig ist, soll an dieser Stelle McNeills Theorie auf die o. g. Fallbeispiele aus der therapeutischen Praxis angewandt werden. Es soll dabei illustriert werden, wie eine gestische »Formulierung« bei psychischen Prozessen förderlich sein kann.

In o. g. Fallbeispiel der *egozentrischen Zeige*gesten (▶ Abb. 10) könnte die gestische Verlagerung des Vorstellungsbildes der Mutter vom körpernahen in den körperfernen Gestenraum – im Sinne einer Erprobung – tatsächlich den psychischen Ablösungsprozess der Patientin von der Mutter gefördert haben. Die aktive Platzierung der Mutter relativ zu ihr selbst durch *Zeige*gesten stellt eine Konfliktbearbeitung auf der gestischen Ebene dar, die dazu beigetragen haben kann, die psychische Entwicklung voranzutreiben. Der Aspekt der Probehandlung ist noch stärker ausgeprägt bei den *egozentrischen Richtungs*gestengesten, bei denen der Patient jemand/etwas relativ zu sich selbst in eine Richtung bewegt, wie im Fallbeispiel der Patientin, die andere von sich wegstößt. Bei *Pantomime*gesten

---

181 McNeill D (2005), S. 98
182 Cook SW et al. (2008), S. 1047
183 Cook SW, Goldin-Meadow S (2006)
184 Ehrlich SB et al. (2006)
185 Sassenberg U et al. (2011)

schließlich verkörpert rpert der Patient eine Person – sich selbst oder jemand anderen – bei einer bestimmten Handlung. Im o. g. Fallbeispiel zu Abbildung 11 agiert die Patientin wie ihre Mutter beim aggressiven Aufknallen des Telefonhörers (▶ Abb. 11). Während der motorischen Ausführung der Handlung wird das assoziierte emotionale Erleben aktiviert.

Einerseits kann durch Ausführung der *Pantomime*geste der begleitende psychische Zustand besser verstanden werden (wie fühlt sich die Mutter, wenn sie diese Bewegung ausführt), andererseits kann durch die *Pantomime*geste auch das emotionale Erleben verkörpert rpert werden.

Im Vergleich zu *egozentrischen Zeige-, Richtungs-* und *Pantomime*gesten, bei denen der Patient selbst Referenzpunkt bzw. Agent ist, werden bei den *Präsentations*gesten gestische Bilder von Formen, allozentrischen räumlichen Relationen und Bewegungsqualitäten geschaffen. Diese Gestentypen basieren auf bildlichen Vorstellungen. Es ist möglich, dass der Prozess der Kreation des gestischen Bildes wiederum auf bildliche Vorstellungen zurückwirkt, sie differenziert und modifiziert. In diesem Sinne könnte die Ausführung von *Präsentations*gesten die Verarbeitung eines Problems auf der bildlich-sinnlichen Ebene nicht nur reflektieren, sondern sogar fördern. Aufgrund dieser Überlegungen ist es plausibel, dass es therapeutisch wirksam ist, wenn der Patient in der Therapie nicht nur spricht, sondern auch Gesten ausführt.

Der Therapeut kann den Patienten anregen, Gesten zu benutzen, indem er selbst Gesten ausführt. Wenn Lehrer beim Erklären Gesten einsetzen, so produzieren auch ihre Schüler mehr Gesten beim Lösen von Aufgaben[186]. Entsprechend ist davon auszugehen, dass Therapeuten, die Gesten ausführen und den Patienten so eine nonverbale Ausdrucks- und Verarbeitungsform für Erleben und Denken nahebringen, ihre Patienten auf diese Weise stimulieren, ebenfalls Gesten zu produzieren.

Wie in Vorlesung 2 dargelegt (▶ 2. Vorlesung), sollte der Therapeut seinen nonverbalen Ausdruck einschließlich der Gestik spontan laufen lassen und nicht willentlich steuern, da die explizite Produktion nonverbalen Ausdrucks vom Interaktionspartner häufig als solche erkannt und möglicherweise als manipulativ empfunden wird und die fein abgestimmte implizite Interaktion zwischen den Partnern gestört werden

---

186 Cook SW, Goldin-Meadow S (2006)

kann. Der Therapeut kann seinen eigenen spontanen gestischen Ausdruck jedoch ausbilden, indem er bei der Vor- oder Nachbereitung therapeutischer Sitzungen bewusst gestische Bilder für bestimmte Themen des Patienten oder seine eigenen Vorstellungen entwickelt. Da nonverbaler Ausdruck implizit an Gedanken, Vorstellungen und Gefühle gekoppelt wird, ist davon auszugehen, dass der Therapeut die bereits gestalteten und geprobten Gesten spontan in der Therapie ausführen wird, wenn das Thema behandelt wird und die damit verbundenen Gedanken, Vorstellungen und Gefühle auftauchen.

Die Gesten des Therapeuten werden den Patienten nicht nur anregen, selbst den gestischen Ausdruck zu suchen, sondern ihm auch helfen, die Konzepte des Therapeuten eher zu verstehen. So lernen Schüler besser, wenn die Lehrer ihre Erklärungen gestisch begleiten[187]. Anhand eines Fallbeispiels aus der ärztlichen Praxis soll veranschaulicht werden, wie die (unbewussten) Gesten des Arztes dazu beitragen, der Patientin seine Vorstellung über ihre Symptome zu veranschaulichen (▶ Abb. 13).

> Im Fallbeispiel führt die Patientin zur Darstellung ihrer Beschwerde eine *Körper-Zeige*geste aus (»Hier ist das.«), ohne jedoch ihre Beschwerde genauer beschreiben zu können (▶ Abb. 13a). Der Arzt greift die Geste der Patientin in modifizierter Form mit der rechten Hand auf und stellt aber gleichzeitig mit der linken Hand zusätzlich eine Form dar (▶ Abb. 13b), mit der er sein Konzept vermittelt, dass es neben der Stelle am Hals einen weiteren Aspekt zu beachten gibt. Diesen Aspekt elaboriert er gestisch durch eine beidhändige *Formpräsentations*geste (»Irgendetwas bedrückt Dich da.«) (▶ Abb. 13c) und setzt diese dann wieder in Verbindung mit dem Symptom (▶ Abb. 13d). Die Patientin versteht im Verlauf des Gesprächs, dass das Druckgefühl im Hals mit einer bedrückenden Situation in der Schule zusammenhängt. Die Gesten des Arztes reflektieren seine Vorstellung von den Beschwerden der Patientin. Er vermittelt diese Vorstellung gestisch-bildlich, ohne dass ihm selbst sein gestischer Ausdruck bewusst war (die Unbewusstheit des gestischen Ausdrucks wurde in diesem Fall in einem anschließenden Gespräch mit dem Arzt verifiziert).

---

187 Cook SW, Goldin-Meadow S (2006)

Therapeutisches Arbeiten mit Gesten

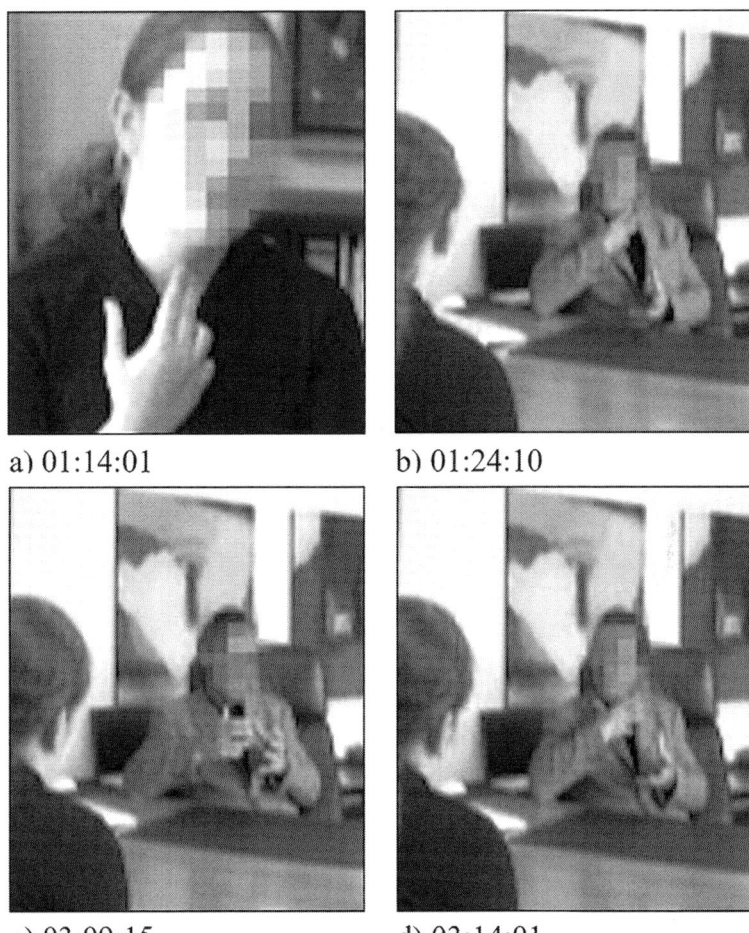

a) 01:14:01   b) 01:24:10

c) 03:09:15   d) 03:14:01

Abb. 13 a) Patientin lokalisiert ihre Beschwerden durch eine *Zeige*geste; b) Therapeut übernimmt mit der rechten Hand die Geste der Patientin und präsentiert mit der linken Hand gestisch eine Form, die er in c) in einer *Formpräsentations*geste elaboriert, um dann in d) wieder die Beziehung zum Symptom der Patientin herzustellen.

4. Vorlesung: Gesten in der Psychotherapie

Die Tatsache, dass die Gesten des Therapeuten seine eigenen bildlichen Vorstellungen reflektieren, kann auch für die (Selbst-) Supervision anhand von Videoaufzeichnungen genutzt werden. Sie ermöglichen dem Therapeuten, seine eigenen – möglicherweise nicht bewussten – bildlichen Vorstellungen im therapeutischen Prozess zu identifizieren.

5. Vorlesung
Selbstberührungen und andere Handbewegungen in der Psychotherapie

Nichtgestische Handbewegungen in psychotherapeutischen Sitzungen

Außer Gesten werden in psychotherapeutischen Sitzungen[188] – wie bei der menschlichen Interaktion im Allgemeinen – eine ganze Reihe anderer Handbewegungen ausgeführt. Dabei handelt es sich vor allem um Berührungsbewegungen, d. h. Selbstberührungen oder Berührungen von Schmuck, Kleidung, Stühlen und anderen Objekten, aber auch um Positionswechsel und kleine Regungen. Im Durchschnitt führen Patienten in Psychotherapiesitzungen 15 Sekunden pro Minute Berührungsbewegungen aus[189]. Es verwundert daher nicht, dass diese nichtgestischen Handbewegungen seit langem Gegenstand theoretischer Überlegungen und empirischer Untersuchungen in der Psychotherapie und Psychoanalyse sind. Der Fokus liegt dabei auf der Frage, warum diese scheinbar zwecklosen Bewegungen ausgeführt werden.

Bereits Freud beschrieb 1916 diese Bewegungen in Abgrenzung zu Fehlhandlungen:

> »Es gibt eine Anzahl anderer Erscheinungen, welche den Fehlhandlungen sehr nahestehen, auf welche aber dieser Name nicht mehr paßt. Wir nennen sie *Zufalls-* und *Symptomhandlungen*. Sie haben gleichfalls den Charakter des Unmotivierten, Unscheinbaren und Unwichtigen, überdies aber deutlicher den des Überflüssigen. Von den Fehlhandlungen unterscheidet sie der Wegfall einer anderen Intention, mit der sie zusammenstoßen und die durch sie ge-

---

188 Die Ausführungen dieser Vorlesung beziehen sich gleichermaßen auf psychoanalytische Sitzungen.
189 Freedman N (1972); Kryger M (2010); Reinecke K et al. (2020)

stört wird. Sie übergehen andererseits ohne Grenze in die Gesten und Bewegungen, welche wir zum Ausdruck der Gemütsbewegungen rechnen. Zu diesen Zufallshandlungen gehören alle wie spielend ausgeführten, anscheinend zwecklosen Verrichtungen an unserer Kleidung, Teilen unseres Körpers, an Gegenständen, die uns erreichbar sind, sowie die Unterlassungen derselben, ferner die Melodien, die wir vor uns hinsummen. Ich vertrete vor Ihnen die Behauptung, daß alle diese Phänomene sinnreich und deutbar sind in derselben Weise wie die Fehlhandlungen, kleine Anzeichen von anderen wichtigeren seelischen Vorgängen, vollgültige psychische Akte.«[190]

Freud war wie Darwin der Ansicht, dass diese Bewegungen eine psychische Funktion haben, wobei Darwin jedoch stärker die ursprüngliche Funktionalität der Bewegungen, die Neuverknüpfung mit spezifischen psychischen Zuständen und den Übergang in ein habituelles Muster in den Vordergrund stellte (▶ 1. Vorlesung). Experimentelle Studien von Krout[191], der Bewegungen wie Nägelkauen oder das Kinn streichen als *autistic gestures*[192] bezeichnete, leiteten ihn zu der Annahme, dass es sich um symbolische Handlungen handeln könnte:

»The theory of autistic gestures is that, in the presence of conflict and blockage, there may be an escape of impulses into effector-systems which, were the impulses uninhibited, would provide normal outlets for them.«

Ebenso beschrieb Mahl in psychotherapeutischen Interviews *autistic actions*, wie mit Schmuck oder Kleidung spielen, Kratzen, Rubbeln, Berühren verschiedener Körperteile, die er *communicative gestures* und *general postural changes* gegenüberstellte. Auch er betonte, dass *autistic actions* eine symbolische Funktion haben können und – ebenso wie Gesten – der Verbalisierung vorangehen können (▶ 4. Vorlesung), z. B. das Spielen mit dem Ehering der Verbalisierung eines Ehekonfliktes:

»While the person is talking about *one thing*, he may perform a certain action which is seemingly unrelated to what he is saying. Then, later, the person may *spontaneously* mention *something else* which is associatively linked to the first topic and also quite clearly related to the former action. The pattern of events s such that the action has anticipated the subsequent verbalization.«[193]

---

190 Freud S, Die Fehlleistungen, 4. Vorlesung (1916)
191 Krout M (1935), S. 126
192 Operationalisierte Gesten- und Selbstberührungstypen aus definierten Analysesystemen (NEUROGES®, Freedman usw.) sind im Text durch Kursivschrift gekennzeichnet.

Die Gegenüberstellung von kommunikativen Gesten versus autistische Handbewegungen wurde von dem Psychoanalytiker Freedman[194] in seinem differenzierten Analysesystem mit den Kategorien *object-focused movements* versus *body-focused movements* übernommen. Die *body-focused movements* unterteilte er anhand eines arbiträren Zeitkriteriums von 3 Sekunden in *discrete* (< 3 Sek.) und *continuous* (> 3 Sek.). Ferner differenzierte er *body-focused movements* anhand des Fokus in

- *direct hand-to-hand* (Hände agieren aneinander, z. B. an den Fingern knibbeln oder sich die Hände reiben),
- *direct hand-to-body* (Hand agiert am Körper, z. B. sich am Arm reiben oder durch das Gesicht streichen) und
- *indirect* (Hand agiert an einem körperverbundenen oder körperfernen, separaten Objekt, z. B. mit der Halskette oder einem Stift spielen).

Diese Differenzierung entwickelte Freedman in Anlehnung an Ferenczi[195] basierend auf Überlegungen, dass – während der Patient verbal den Dialog mit dem Therapeuten führt – seine Hand quasi wie abgespalten als Agent auf dem Körper als Objekt agiert. Während bei dem *direct* Subtyp *hand-to-hand* zwei gleiche Agenten aneinander agieren würden, agiere bei dem *direct* Subtyp *hand-to-body* die Hand als Agent auf dem Körper als Objekt. Bei *indirect* handele es sich um eine »getarnte› Form« der Selbststimulation, bei der Objekte die Funktion der Körperoberfläche übernehmen. In seinen späteren Arbeiten ordnete Freedman *hand-to-hand* und *hand-to-body* zwei Formen der Reizfilterung zu: *shielding* (Reizexklusion) und *contrasting* (Reizselektion). Den Zusammenhang zwischen *hand-to-hand* und *shielding* sahen Freedman und Bucci wie folgt:

> »Where self-stimulation is diffuse, unpatterned, and continuous, it appears to reflect a process of nonselective shielding. This type of behavior is exemplified by what we have termed bilateral finger/hand stimulation.«[196]

---

193 Mahl, FG (1968), S. 322
194 Freedman, N (1972)
195 Ferenczi, S (1955)
196 Freedman N, Bucci W (1981), S. 230

»On the one hand, in the shielding strategy, a speaker can create for himself a ›white noise‹ situation. ... A state of consciousness is created which reduces the sensitivity of the organism to intrusive peripheral thought (much as a hum or a fan may shield out the noise from outside the room so that the dialogue inside the room may proceed effectively).«[197]

Demgegenüber ordneten Freedman und Bucci *contrasting* (Reizselektion) *hand-to-body* zu:

»There is another form of self-stimulation ... These movements involve the direct stimulation by the hands of the body surface. They tend to be patterned in that the hands are used as agents upon the body as object. They tend to be lateralized, i. e., one hand touching a specific body part, and they may be either discrete in duration or continuous. The focused and patterned nature of these movements have us led to view them as a manifestation of contrasting.«[198]

»Similarly, for a contrasting strategy to be facilitated, the *sine qua non* of self-stimulation would have to be its patterned quality. To the extent that the speaker can provide himself with experiences of boundedness and segregation occurring in the periphery of awareness, there exists an inner context which favors ordering, juxtaposition, and restructuring.«[199]

Tatsächlich belegen jedoch aktuelle Studien, dass sich die beiden komplexen Bewegungsphänomene *continuous hand-to-hand* (unpatterned) und *discrete or continuous hand-to-body* (patterned), denen Freedman die psychischen Funktionen von *shielding* und *contrasting* zuordnete, sich wesentlich hinsichtlich der Bewegungsstruktur unterscheiden, die definiert ist durch die Trajektorie (Bewegungsweg) (▶ Abb. 15). Die Trajektorie erweist sich dabei als valider für die psychische Funktion als die von Freedman hervorgehobenen Bewegungskriterien des Fokus (*hand-to-hand* versus *hand-to-body*) und der Zeitgrenze von 3 Sekunden (< 3 Sek. versus > 3 Sek.).

Ausgehend von Freedmans System wurde unter Berücksichtigung neuropsychologischer und bewegungswissenschaftlicher Befunde das NEUROGES®-Modul I Kinesik für die Analyse nonverbalen Verhaltens[200] entwickelt. Wie in Abbildung 14 ersichtlich (▶ Abb. 14), wird der fortlaufende Strom des nonverbalen Verhaltens mit einem dreistufi-

---

197 Freedman N, Bucci W (1981), S. 228
198 Freedman N, Bucci W (1981), S. 230
199 Freedman N, Bucci W (1981), S. 228
200 Lausberg H (2019)

gen Algorithmus analysiert. Zuerst wird Bewegung versus Ruhe differenziert (Aktivierungskategorie[201]), dann werden Bewegungen anhand der Trajektorie klassifiziert (Strukturkategorie) und schließlich werden Bewegungen mit *irregulärer, repetitiver* oder *phasischer* Struktur[202] anhand des Fokus weiter differenziert (Fokuskategorie). Mit NEUROGES®-Modul I Kinesik können alle in der Psychotherapie vorkommenden Handbewegungen klassifiziert werden.

Bei der Fokuskategorie handelt es sich um eine Weiterentwicklung von Freedmans Unterteilung von *body-focused movements* in *direct* und *indirect:* In der NEUROGES®-Fokuskategorie wird differenziert zwischen

- *körperintern* (Muskeln, Sehnen usw., z. B. Kreisen der Schultern bei Verspannungen),
- *am Körper* (Körperoberfläche, z. B. sich die Hände reiben),
- *am körperverbundenen Objekt* (Objekte, die am Körper getragen werden, z. B. Spielen mit dem Fingerring),
- *am körperfernen Objekt* (Objekte, die vom Körper getrennt sind, z. B. an der Stuhllehne knibbeln),
- *an anderer Person* (z. B. jemandem die Hand schütteln) und
- *im Raum* (dabei handelt es sich funktionell fast ausnahmslos um Gesten[203], wie in den Vorlesungen 3 und 4 definiert; ▶ 3. Vorlesung, ▶ 4. Vorlesung).

---

201 Die Aktivierungskategorie (Step 1) differenziert anhand der Bewegungskriterien Motion, Schwerkraft und Muskelspannung zwischen *Bewegung* und *Ruhe* und ermöglicht eine operationalisierte Erfassung der Aktivitätsniveaus einschließlich Hyper- oder Hypoaktivität anhand von Häufigkeit, Dauer und Zeitanteil von *Bewegungs-* bzw. *Ruhe*einheiten.

202 *Positionswechsel* und *abgebrochene* Bewegungen (▶ Abb. 14) haben per definitionem keinen Wirkungsort.

203 In der 3. Vorlesung wurde die Problematik der objektiven Erfassung von Gesten thematisiert (▶ Definition und wissenschaftliche Untersuchung von Gesten). Durch die Struktur-Fokus-Analyse des NEUROGES®-Modul I Kinesik werden Gesten als *phasische* und *repetitive* Handbewegungen *im Raum* operationalisiert erfasst.

5. Vorlesung: Selbstberührungen und andere Handbewegungen

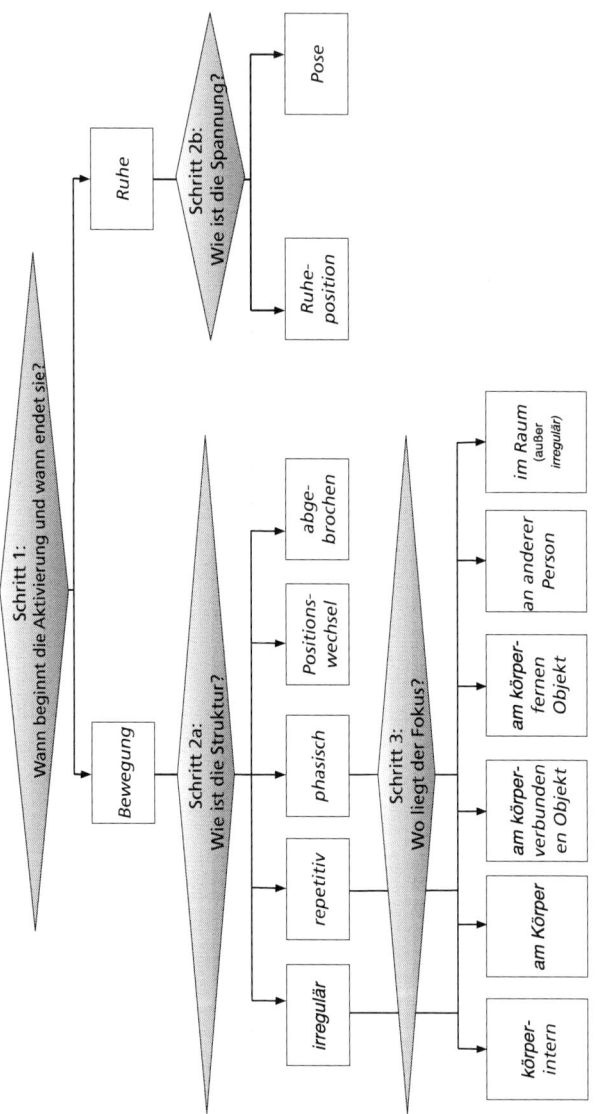

Abb. 14: NEUROGES®-Analysesystem für nonverbales Verhalten und Gesten: Modul I Kinesik (aus: Lausberg, The NEUROGES® Analysis System for Nonverbal Behavior and Gesture, 2019, S. 48). Reproduced with permission of Peter Lang AG through PLSclear.)

In dieser differenzierten Form gibt die Fokuskategorie Aufschluss über die Orientierung der Aufmerksamkeit, d. h. wohin eine Person (einen Teil) ihrer Aufmerksamkeit richtet, und über den somatosensorischen Eindruck, d. h. welche sinnlichen Reize sich die Person zuführt. Indirekt können Hinweise auf das Körpererleben der Person gewonnen werden, z. B. ob eine Person überhaupt ihren eigenen *Körper* berührt oder ob sie eher *körperverbundene* oder *körperferne Objekte* berührt oder sogar Berührungen ganz vermeidet[204].

Im Vergleich zu Freedmans System grundlegend neu ist die Klassifikation von Bewegungen anhand der Trajektorie. Abbildung 15 zeigt die drei häufigsten trajektoriellen Muster *irregulär*, *repetitiv* und *phasisch*[205] (▶ Abb. 15).

Bei *phasischen* und *repetitiven* Bewegungen wird die Ausführung eines motorischen Konzepts in der Transportphase vorbereitet und in der Konzeptphase realisiert. *Phasische* und *repetitive* Bewegungen sind daher Umsetzungen von Konzepten, wie der Gebrauch eines Werkzeuges, die gestische Gestaltung einer bildlichen Vorstellung oder eine zielgerichtete Selbstberührung. Sie haben exekutive Funktionen.

Phasische Bewegungen (z. B. eine *Formpräsentations*geste ausführen, eine Tasse heben oder sich einmal durch das Haar streichen) erfordern höhere kortikale Funktionen als *repetitive* Bewegungen[206] (z. B. *Betonungs*gesten ausführen oder sich am Arm kratzen). Bei Letzteren läuft die Bewegung während der Konzeptphase quasi wie von selbst, wenn der Bewegungsweg erst einmal eingeschlagen ist.

Repetitive Bewegungen haben andererseits spezifische psychische Effekte, die durch die durch Repetition entstehende Metrik bzw. Rhythmik bedingt sind. So verbessert sich die kognitive Leistung beim Gehen in selbst gewähltem Tempo im Vergleich zum Gehen in fremd be-

---

204 Für den Fokustyp *am körperverbundenen Objekt* findet sich in unserem Kulturkreis ein signifikanter Geschlechtsunterschied: Frauen führen mehr Berührungen an Kleidung, Schmuck usw. aus als Männer.
205 Ferner gibt es Bewegungen mit unidirektionalen und abortiven Trajektorien. Dabei handelt es sich um *Positionswechsel* bzw. um in der Vorbereitungsphase *abgebrochene* Bewegungen, die in dieser Vorlesung jedoch nicht behandelt werden sollen.
206 Schaal S et al. (2004)

5. Vorlesung: Selbstberührungen und andere Handbewegungen

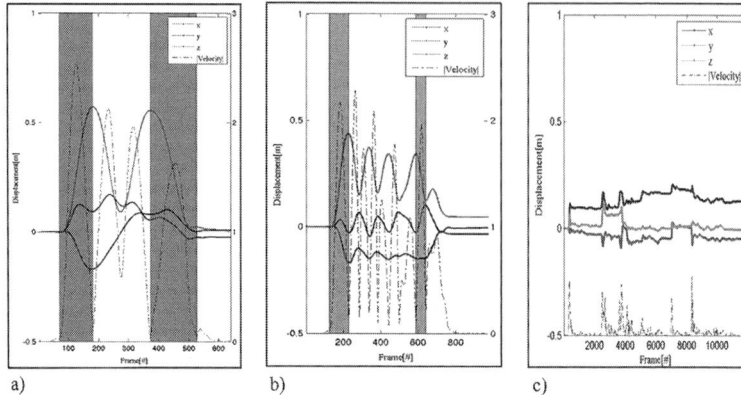

a) b) c)

Abb. 15: Trajektorien von a) *phasischen*, b) *repetitiven* und c) *irregulären* Bewegungen (mit freundlicher Genehmigung von Robert Rein): a) *phasisch* und b) *repetitiv* haben eine Phasenstruktur (Diagramme jeweils von links nach rechts zu lesen): Transportphase grau, Konzeptphase weiß und Retraktionsphase wieder grau markiert; in der Transportphase wird die Hand zum Aktionsort gebracht, z. B. zur Stirn, um dort in der Konzeptphase einen Bewegungsplan auszuführen, z. B. an der Stirn reiben. In der Retraktionsphase wird die Hand wieder zur Ruheposition zurückgeführt, z. B. wieder in den Schoß gelegt. c) *irregulär* hat keine Phasenstruktur.

stimmtem Tempo oder zum Sitzen[207]. Bei längerer Ausführung können metrische und einfache rhythmische Bewegungen flow- und tranceähnliche Zustände induzieren[208]. Trance-Tänze sind daher durch sich wiederholende Bewegungen gekennzeichnet. Als verwandtes psychopathologisches Phänomen finden sich Jaktationen wie z. B. monotones Vor- und Zurückschaukeln mit dem Oberkörper.

Irreguläre Bewegungen (▶ Abb. 15c) sind demgegenüber kleine, unregelmäßige Bewegungen ohne Phasenstruktur, die häufig über eine längere Dauer ausgeführt werden, wie z. B. Knibbeln an den Fingern oder an der Stuhllehne. Sie beruhen nicht auf einem motorischen Plan, sondern folgen der somatosensorischen Wahrnehmung. *Irreguläre* Bewegun-

---

207 Schaefer S et al. (2010)
208 Hove MJ, Stelzer J (2018)

gen haben somit keine konzeptuell-exekutiven, sondern nur selbstregulative Funktionen.

Durch die Kombination von Struktur- und Fokusanalyse entstehen Struktur-Fokus-Bewegungstypen, die durch distinkte psychische Funktionen gekennzeichnet sind. Abbildung 16 (▶ Abb. 16) zeigt die 14 Strukturfokustypen, die durch die Kombination von drei Strukturtypen (Reihen) mit fünf Fokustypen (Spalten) entstehen[209].

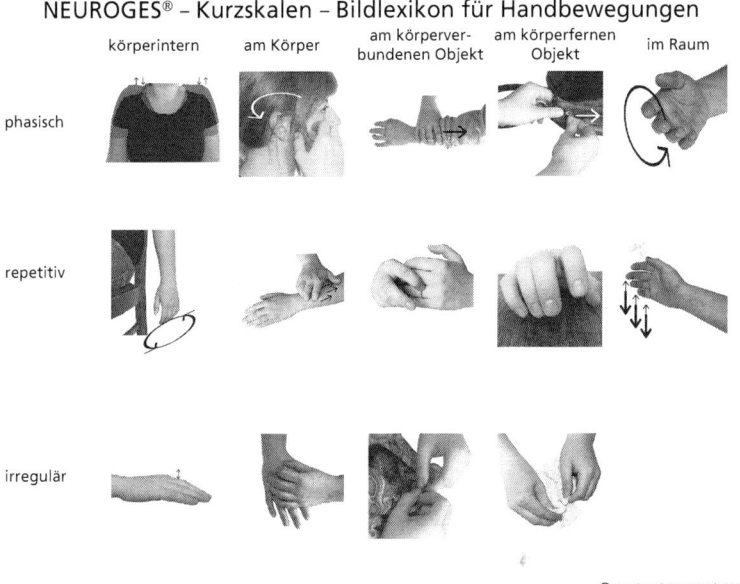

Abb. 16: Handbewegungen klassifiziert nach Struktur und Fokus (modifiziert nach Lausberg & Kreyenbrink, 2015)

---

209 Der sechste Fokustyp *an anderer Person* ist in der verbalen Psychotherapie von untergeordneter Bedeutung und daher nicht abgebildet. – *Irreguläre* Bewegungen können per definitionem nicht *im Raum* stattfinden, da es keine Transportphase gibt. Die Hand bewegt sich dort, wo sie in der Ruheposition hingelegt wurde.

Zusammenfassend sind nichtgestische Handbewegungen in therapeutischen Sitzungen, die auch als autistische, körperfokussierte oder Berührungsbewegungen bezeichnet werden, seit Beginn der Psychoanalyse und Psychotherapie Gegenstand der Beobachtung und später der experimentellen Forschung. Epochenübergreifend werden diesen Handbewegungen psychische Funktionen zugeordnet. Im Laufe der Zeit sind die Klassifikationssysteme für diese Bewegungen objektiver und differenzierter geworden und ermöglichen heute eine genaue Untersuchung der psychischen Funktionen dieser Bewegungen.

Zur psychischen Funktion von *phasischen*, *repetitiven* und *irregulären* Selbstberührungen

Die oben aufgeführten theoretischen Überlegungen und empirischen Befunde legen es nahe, zwischen *phasischen, repetitiven* und *irregulären* Berührungsbewegungen *am Körper, am körperverbundenen Objekt* und *am separaten Objekt* (▶ Abb. 16) zu differenzieren. Diese Berührungstypen unterscheiden sich zunächst einmal in dem Zeitanteil (Sekunden/Minute) und der Häufigkeit (Anzahl/Minute) ihres Auftretens in psychotherapeutischen Sitzungen (▶ Tab. 1)[210].

Berührungsbewegungen *am Körper*, d. h. Selbstberührungen, nehmen den größten Zeitanteil ein und werden am häufigsten ausgeführt. Dabei wird *irregulär am Körper* mit deutlich höherem Zeitanteil und größerer Häufigkeit ausgeführt als *phasisch* und *repetitiv am Körper*. Berührungsbewegungen an *körperverbundenen* oder *separaten Objekten* treten mit deutliche geringeren Zeitanteilen und Häufigkeiten auf. Entsprechend beziehen sich auch wissenschaftliche Studien in erster Linie auf Berührungsbewegungen *am Körper* (Selbstberührungen), auch wenn Berührungsbewegungen am *körperverbundenen Objekt* und *am separaten Objekt*

---

210 Reinecke K et al. (2020)

zweifelsohne im Hinblick auf ihre psychische Funktion von Interesse sind.

Tab. 1: Berührungstypen in psychotherapeutischen Sitzungen: Sekunden pro Minute und Anzahl pro Minute (Mittelwert ± Standardfehler)

Berührungstyp	Sekunden/Minute (Mittelwert ± Standardfehler)	Anzahl/Minute (Mittelwert ± Standardfehler)
irregulär am Körper	10,36 ± 1,34	0,80 ± 0,10
phasisch am Körper	2,28 ± 0,50	0,52 ± 0,09
repetitiv am Körper	2,00 ± 0,40	0,32 ± 0,05
irregulär am separaten Objekt	1,30 ± 0,69	0,06 ± 0,03
phasisch am körperverbundenen Objekt	0,35 ± 0,09	0,09 ± 0,02
phasisch am separaten Objekt	0,33 ± 0,12	0,06 ± 0,02
repetitiv am separaten Objekt	*	
repetitiv am körperverbundenen Objekt	*	
irregulär am körperverbundenen Objekt	*	

Anmerkung: *Diese Typen wurden von < 10/30 Patienten ausgeführt, daher werden keine Mittelwerte berichtet.

In der folgenden Übersicht zu Berührungsbewegungen *am Körper* werden nur empirische Studien berücksichtigt, in denen eine differenzierte Analyse des spontanen Selbstberührungsverhaltens mit operationalisierten Bewegungstypen erfolgte und die Reliabilität der Analysen durch unabhängige trainierte Rater gesichert wurde[211]. Das Freedman-System

---

211 Barosso F et al. (1978); Freedman N (1972); Freedman N, Bucci W (1981); Grunwald M et al. (2014); Helmich I, Lausberg H (2019); Heubach T (2016); Kreyenbrink I et al. (2017); Kryger M (2010); Lausberg H, Kryger M (2011); Lausberg H et al. (2016); Reinecke K et al. (2020); Sousa-Poza JF, Rohrberg R (1977); Ulrich G (1977); Ulrich G, Harms K (1979)

und das NEUROGES®-System sind hinsichtlich der Fokuskategorie vergleichbar. Freedmans *direct* entspricht NEUROGES® *am Körper*, Freedmans *indirect* entspricht der NEUROGES®-Fusion von *am körperverbundenen Objekt* und *am separaten Objekt*. Ein wesentlicher Unterschied zwischen den Systemen findet sich jedoch dahingehend, dass Freedman zur Unterteilung der *body-focused movements* ein arbiträres Zeitkriterium (< 3 Sekunden *discrete*, > 3 Sekunden *continuous*) benutzt, wohingegen NEUROGES® die Trajektorie (*phasisch, repetitiv, irregulär*) als entscheidendes Kriterium anwendet. Um Studien, in denen das Freedman-System eingesetzt wurde, mit denen, in denen das NEUROGES®-System angewendet wurde, dennoch vergleichen zu können, wurden Daten von 150 Probanden[212] ausgewertet. *Phasische* Berührungen *am Körper* dauern in der Regel weniger als 3 Sekunden[213] und entsprechen daher weitgehend Freedmans *discrete body-focused*. *Repetitive* Berührungen *am Körper* dauern meistens, aber nicht immer, weniger als 3 Sekunden[214] und sind daher nicht zuverlässig mit Freedmans Kategorien von *discrete* (< 3 Sek.) versus *continuous* (> 3 Sek.) vergleichbar. *Irreguläre* Berührungen *am Körper* dauern im Durchschnitt, jedoch mit großer Standardabweichung, länger als 3 Sekunden[215] und sind daher mit Einschränkung mit Freedmans *continuous direct body-focused* vergleichbar. In der folgenden Übersicht werden daher Befunde zu *phasisch am Körper* mit Befunden zu *discrete body-focused* zusammengefasst sowie Befunde zu *irregulär am Körper* mit Befunden zu *continuous body-focused*. *Repetitive* Berührungen *am Körper* werden als separate Kategorie behandelt.

---

212 Lausberg H (2019)
213 *phasisch am Körper*: rechte Hand: 1,52 ± 0,94; 1,27 Sekunden; linke Hand: 1,66 ± 1,01; 1,39 Sekunden (Mittelwert ± Standardabweichung; Median)
214 *repetitiv am Körper*: rechte Hand: 2,41 ± 1,77; 2,67 Sekunden; linke Hand: 2,50 ± 1,89; 2,87 Sekunden (Mittelwert ± Standardabweichung; Median)
215 *irregulär am Körper*: rechte Hand: 3,23 ± 2,39; 2,72 Sekunden; linke Hand: 3,30 ± 2,38; 2,89 Sekunden (Mittelwert ± Standardabweichung; Median)

Phasisch am Körper

Eine Reihe von Studien berichten Befunde zu *phasisch am Körper* bzw. *discrete body-focused*, wie z. B. einfaches Streichen über die Wange. Bei Interferenztests (Stroop), bei denen die Verarbeitung interferierender Reize unterdrückt werden muss, und bei räumlichen Planungsaufgaben (Turm von London) korrelieren *phasische* Berührungen *am Körper* negativ mit dem Stresslevel. D. h., je höher der Zeitanteil *phasischer* Selbstberührungen ist, umso geringer ist das subjektive Stresserleben[216]. Ferner geht ein hoher Zeitanteil *phasischer* Selbstberührungen mit guten Leistungen in den räumlichen Planungsaufgaben einher.

In einem in Vorlesung 1 (▶ 1. Vorlesung) bereits erwähnten Versuch zu Selbstberührungen[217] führten Probanden bei einem Gedächtnistest bei intermittierendem akustischem Stress spontan vermehrt *phasische* Berührungen *am Körper* (hier: Gesicht) aus. Den spontanen *phasischen* Berührungen ging in der hirnelektrischen Aktivität ein Abfall der Theta-Aktivität voran und sie wurden gefolgt von einem Anstieg der Beta- und Theta-Aktivität. Die Veränderungen der Theta-Aktivität vor und nach den spontanen *phasischen* Berührungen *am Körper* weisen auf kortikale Regulationsprozesse hin. Somit scheinen *phasische* Berührungen *am Körper* akuten Stress, wie durch experimentelle Settings oder spezifische Stressreize erzeugt, effektiv zu regulieren und den kognitiven Prozess zu fördern. Möglicherweise beruht die Verbesserung der kognitiven Leistung darauf, dass *phasische* Selbstberührungen – wie von Freedman und Bucci postuliert – die Reizselektion fördern[218].

Eine weitere Studie wurde mit feldabhängigen und feldunabhängigen Frauen durchgeführt. Feldabhängigkeit[219] ist ein kognitiver Stil, bei dem

---

216 Heubach T (2016)
217 Grunwald M et al. (2014)
218 Freedman und Bucci hatten die »Contrasting«-Funktion auf *hand-to-body* im Gegensatz zu *hand-to-hand* bezogen. Die hier aufgeführten Studien liefern jedoch keine Hinweise für die Notwendigkeit einer »patterned quality« (*hand-to-body*) als Voraussetzung für die Reizselektion. Vielmehr weisen die Studien darauf hin, dass für die psychische Funktion des »Contrasting« im Vergleich zum »Shielding« die *phasische* im Vergleich zur *irregulären* Trajektorie bedeutsamer ist.
219 Witkin HA, Lewis MB (1965)

die Wahrnehmung eines Objektes stark von der Umgebung des Objektes geprägt wird und der sich in verschiedenen Verhaltensdimensionen wie Körperschema, Grad der Anlehnungsbedürftigkeit, Durchhalten der eigenen Identität, Träumen oder Symptomwahl niederschlägt. In Untersuchungen mit assoziativen Monologen zeigen feldunabhängige Frauen mit hoher referentieller Kompetenz mehr *discrete body-focused* als feldabhängige Frauen[220]. Diese Studie weist darauf hin, dass *phasisch am Körper* als kinetische Strategie eher von psychisch stabileren Personen (hier: feldunabhängig) angewandt wird.

Repetitiv am Körper

Gesunde Probanden führen während der Beantwortung von Intelligenztest-Fragen (Hamburg-Wechsler-Intelligenztest [HAWIE]) mehr *repetitive* Berührungen *am Körper* aus als bei der Beantwortung von Fragen zu emotionalen Szenarios (Levels of Emotional Awareness [LEAS])[196]. Da die Beantwortung von Intelligenztest-Fragen in der Regel als Stress empfunden wird, kann davon ausgegangen werden, dass *repetitiv am Körper* ein selbstregulierendes Verhalten darstellt. In räumlichen Planungstests (Turm von London) korreliert eine gute Leistung positiv mit *repetitiv am Körper* während der Entspannungsphase des Experiments[221]. Dies spricht ebenso dafür, dass es sich um eine effektive Strategie der Selbstregulation handelt, die sekundär die kognitive Leistung positiv beeinflusst. Aufgrund der in Vorlesung 5 dargelegten Unterschiede zwischen *repetitiven* und *phasischen* Bewegungen (▶ Nichtgestische Handbewegungen in psychotherapeutischen Sitzungen) muss jedoch davon ausgegangen werden, dass es sich bei *repetitiven* Bewegungen um eine andere Form der Selbstregulation handelt als bei *phasischen* Bewegungen. *Repetitive* Berührungen *am Körper* gehen mit einer starken Stimulation der Haut einher. Mütter streicheln ihre Säuglinge spontan repetitiv-metrisch und wählen dabei unbewusst eine Streichelfrequenz von 1–10 cm/Sekunde, die C-taktile Nerven stimuliert. Die Stimulation dieser Nerven

---

220 Freedman N, Bucci W (1981)
221 Heubach T (2016)

führt wahrscheinlich zu einer Ausschüttung des Hormons Oxytocin[222], das das Wohlbefinden steigert und soziale Interaktion fördert[223]. Ebenso wie bei der *repetitiven* Berührung durch eine andere Person kommt es wahrscheinlich bei *repetitiv am Körper* zu einer Ausschüttung von Oxytocin.

Interessanterweise verhalten sich *repetitive* und *irreguläre* Bewegungen häufig gegenläufig: Patienten mit sozialer Phobie ohne begleitende Depression zeigen signifikant mehr *repetitive* und signifikant weniger *irreguläre* Bewegungen als Patienten mit sozialer Phobie und begleitender Depression[224]. Ebenso finden sich bei nicht alexithymen Personen im Vergleich zu alexithymen Personen signifikant mehr Berührungen *repetitiv am Körper* und signifikant weniger Berührungen *irregulär am Körper*[225]. *Repetitiv am Körper* ist somit im Gegensatz zu *irregulär am Körper* mit besserer psychischer Befindlichkeit verknüpft.

Zusammenfassend dienen *repetitive* Berührungen *am Körper* der Selbstregulation, indem sie das Wohlbefinden steigern. Sie können sogar zur Leistungssteigerung führen. Komorbid depressive und alexithyme Personen – und möglicherweise auch Personen mit anderen psychischen Erkrankungen – wenden dieses das Wohlbefinden steigernde Selbstberührungsverhalten weniger an als psychisch gesündere Vergleichspersonen.

Irregulär am Körper

Eine Reihe von Studien, insbesondere auch zu psychischen Einschränkungen und Störungen, berichtet Befunde zu *irregulär am Körper* bzw. *continuous body-focused*.

In o. g. Studie zu Feldabhängigkeit, in der Probandinnen bei assoziativen Monologen untersucht wurden, sowie in weiteren Studien zu Feldabhängigkeit mit Fragen zu persönlichen Themen (belastendes Lebensereignis, zwischenmenschliche Beziehungen) zeigen feldabhängige Personen mehr *continuous body-focused* als feldunabhängige Perso-

---

222 Croy I et al. (2016); Croy I, persönliche Kommunikation
223 Uvnäs-Moberg K. et al. (2015)
224 Reinecke K et al. (2020)
225 Lausberg H et al. (2016)

nen[226]. Es finden sich somit gegenläufige Befunde für *phasisch am Körper* (siehe oben) versus *irregulär am Körper*. Während *phasische* Berührungen *am Körper* mehr von feldunabhängigen Personen ausgeführt werden, finden sich bei feldabhängigen Personen mehr *irreguläre* Berührungen *am Körper*. *Irreguläre* Berührungen verhalten sich somit nicht nur gegenläufig zu *repetitiven*, sondern auch zu *phasischen* Berührungen.

Auch alexithyme Personen zeigen im Vergleich zu nicht alexithymen Personen bei Fragen zu emotionalen Szenarios (Levels of Emotional Awareness [LEAS]) signifikant mehr Berührungen *irregulär am Körper* als bei Intelligenztest-Fragen (Hamburg-Wechsler-Intelligenztest [HAWIE])[227]. Während die Beantwortung von Intelligenztest-Fragen für die meisten Personen einen Stressor darstellt (vgl. oben), ist gerade bei alexithymen Personen, die Schwierigkeiten haben, ihre Gefühle wahrzunehmen und zu benennen, davon auszugehen, dass sie durch Fragen zu emotionalen Szenarios in Anspannung geraten. Dies erklärt die große Häufigkeit von *irregulären* Berührungen *am Körper* bei alexithymen Personen bei Fragen zu emotionalen Szenarios.

Sportler mit persistierenden subjektiven psychischen Symptomen wie Konzentrationsstörungen, Verlangsamung, Müdigkeit oder Energielosigkeit nach mildem Schädel-Hirn-Trauma zeigen eine längere Dauer von *irregulären* Bewegungen als asymptomatische Sportler mit mildem Schädel-Hirn-Trauma[228]. Ebenso findet sich bei Personen mit sozialer Phobie und begleitender Depression im Vergleich zu Personen mit sozialer Phobie ohne begleitende Depression mehr *irregulär am Körper*[229]. Dabei korrelierte die Häufigkeit *irregulärer* Berührungen *am Körper* positiv mit dem Grad der Depression. Bei verschiedenen psychischen Erkrankungen wie paranoide Schizophrenie, endogene Depression, soziale Phobie sowie Essstörungen wurde *irregulär am Körper* bzw. *continuous body-focused* im Therapieverlauf untersucht[230]. Dabei fand sich regelmä-

---

226 Freedman N et al. (1972); Freedman N, Bucci W (1981); Sousa-Poza JF, Rohrberg R (1977)
227 Lausberg H et al. (2016)
228 Helmich I, Lausberg H (2019)
229 Reinecke K et al. (2020)
230 Freedman N (1972); Kryger M (2010); Lausberg H, Kryger M (2011); Kreyenbrink I et al. (2017); Ulrich G (1977); Ulrich G, Harms K (1979)

ßig nach erfolgreicher Psycho- oder Pharmakotherapie eine Abnahme von *irregulär am Körper*.

Dies bedeutet jedoch nicht, dass *irregulär am Körper* bei psychisch gesunden oder stabilen Personen nicht auftritt. In der Ausbildung zu motivierender Gesprächsführung zeigen Studierende zu Beginn der Ausbildung sowohl in der Therapeuten- als auch in der Patientenrolle einen hohen Zeitanteil an *irregulären* Bewegungen. Die *irregulären* Bewegungen nehmen am Ende der Ausbildung ab[231]. Dabei ist davon auszugehen, dass die Studierenden zu Beginn der Ausbildung beim Interview deutlich angespannter waren als am Ende. Ebenso ist bei Interferenztests (Stroop) *irregulär am Körper* im Vergleich zu räumlichen Planungsaufgaben und Entspannungsphasen erhöht[232].

Irreguläre Berührungen *am Körper* – ebenso wie *irreguläre Berührungen am körperverbundenen* oder *separaten Objekt* – dienen im Gegensatz zu *phasischen* und *repetitiven* Berührungen *am Körper* nicht der Exekution eines motorischen Konzepts. Vielmehr interagieren sie mit Körper- oder Objekt-Oberflächen, indem sie diese erspüren und an ihnen agieren. Sie werden mit deutlich höheren Zeitanteilen ausgeführt als *phasische* und *repetitive* Berührungen *am Körper*. Dadurch liefern sie eine bisweilen nahezu kontinuierliche somatosensorische Stimulation. Wie von Freedman und Bucci vorgeschlagen,[233] kann auf diese Weise eine Art »weißes

---

231 Reinecke K et al. (2020)
232 Barosso F et al. (1978); Heubach T (2016)
233 Freedman sah in dem Fokus *hand-to-hand (unpatterned)* versus *hand-to-body (patterned)* das entscheidende Bewegungskriterium für die psychische Funktion *shielding* versus *contrasting*. Tatsächlich ist jedoch die Studienlage diesbezüglich nicht wegweisend. In einer Studie zeigten depressive Patienten mehr *hand-to-body* und paranoide Patienten mehr *hand-to-hand* (Freedman, 1972). Eine spätere Studie an einer größeren Stichprobe depressiver Patienten berichtete einen Subtyp (Agitation 1) mit *hand-to-body* und einen anderen Subtyp (Agitation 2) mit *hand-to-hand* (Ulrich & Harms, 1985). Leider sind die Informationen über die jeweiligen Patientenstichproben nicht ausreichend, um die Ergebnisse beider Studien in Relation zueinander zu setzen. Studien zur Feldabhängigkeit (Freedman et al., 1972; Freedman & Bucci, 1981; Sousa-Poza & Rohrberg, 1977) warfen hinsichtlich des Fokus zudem die Frage der Geschlechterpräferenz auf, da feldabhängige Frauen mehr *hand-to-hand*, feldabhängige Männer hingegen mehr *hand-to-body* zeigten als ihre feldunabhängigen Geschlechtsgenossen. Diese Geschlechtsunterschiede wurden in einer Meta-Analyse von Skomroch et al. (2013) jedoch nicht

Rauschen« zur Abschirmung vor internen und externen störenden Reizen generiert werden. *Irreguläre* Berührungen *am Körper* können nicht nur die Qualität eines leichten Erspürens, sondern auch eines starken Bearbeitens, z. B. kräftiges Knibbeln, haben und auf diese Weise bei psychischer Anspannung dem motorischen Abreagieren dienen.

Zusammenfassend finden sich *irreguläre* Berührungen *am Körper* bei psychisch gesunden Menschen in Situationen psychischer Anspannung. Personen mit psychischen Einschränkungen wie Feldabhängigkeit oder Alexithymie zeigen in Tests, die sie hinsichtlich ihrer Einschränkung besonders fordern, wie z. B. Fragen zu emotionalen Szenarios bei Alexithymie, mehr *irregulär am Körper* als Personen ohne diese Einschränkungen. Bei Personen mit verschiedenen psychischen Erkrankungen korreliert die Häufigkeit *irregulärer* Berührungen *am Körper* positiv mit dem Schweregrad der Erkrankung. *Irregulär am Körper* tritt somit bei psychischer Anspannung im weiteren Sinne auf, wie sie durch stressinduzierende Situationen oder psychische Einschränkung oder Erkrankung ausgelöst werden kann. Im Gegensatz zu *phasischen* und *repetitiven* Berührungen *am Körper*, die auf konzeptuellen Prozessen basieren, stellen *irreguläre* Berührungen *am Körper* eine einfachere, nicht konzeptuelle Form der Selbstregulation dar. Einerseits liefern sie kontinuierliche somatosensorische Stimulation, die wahrscheinlich der Abschirmung von anderen Reizen dient, und andererseits ermöglichen sie ein motorisches Abreagieren. *Irregulär am Körper* unterscheidet sich von *phasisch* und *repetitiv am Körper* zudem dadurch, dass dies stärker mit psychischen Störungen verknüpft ist.

---

bestätigt. Die aktuellen Studien sprechen vielmehr dafür, dass unabhängig von dem Fokus *irreguläre* Berührungen *am Körper* überhaupt, d. h. nicht nur *hand-to-hand*, sondern auch *hand-to-body* sowie auch *irreguläre* Berührungen *am körperverbundenen Objekt* oder *am körperfernen Objekt* z. B. Knibbeln an der Stuhllehne, eine reizabschirmende Funktion haben. Umgekehrt wird auch eine Berührung *hand-to-hand* mit *phasischer* Trajektorie, z. B. einmaliges Streichen der Hände, keine reizabschirmende Funktion haben können. In Übereinstimmung mit Freedman und Bucci ist jedoch evident, dass bei der Kombination von *irregulärer* Trajektorie mit einem Fokus *hand-to-hand* ein großes Ausmaß somatosensorischen Stimulation besteht.

Selbstberührungen als Gegenstand psychotherapeutischer Diagnostik

Die psychische Funktion von Selbstberührungen ist theoretisch und empirisch gut belegt (siehe oben Befunde zu *am Körper*). Selbstberührungen können jedoch auch durch umschriebene körperliche Gründe hervorgerufen werden, wie z. B. das Reiben an einem schmerzenden Knie[234]. Sie weisen die gleichen Struktur-Fokus-Typen auf wie psychisch motivierte Selbstberührungen.

Beispiele für körperlich motivierte Selbstberührungen sind z. B.

- *phasisch am Körper:* Zurückstreichen einer Haarsträhne, die ins Gesicht gefallen ist;
- *repetitiv am Körper:* Kratzen an einem juckenden Insektenstich.

Beispiele für psychisch motivierte Berührungsbewegungen sind hingegen z. B.

- *phasisch am Körper:* Zurückstreichen einer Haarsträhne, die aber tatsächlich gar nicht verrutscht ist, so dass das Zurückstreichen auch keinen sichtbaren Effekt haben kann;
- *repetitiv am Körper:* Kratzen am Kopf, ohne dass es juckt;
- *irregulär am Körper:* Knibbeln an den Fingern.

In der therapeutischen Praxis gilt es daher zunächst einmal zwischen psychisch und körperlich motivierten Selbstberührungen zu differenzieren. Diese lassen sich zum einen anhand der Struktur der Bewegung unterscheiden. Bei *irregulären* Berührungsbewegungen ist die fehlende trajektorielle Phasenstruktur (▶ Abb. 15c) nicht mit der Realisierung körperlich-praktischer Ziele vereinbar. Umschriebene körperliche Grün-

---

234 In Anbetracht der Wechselwirkung zwischen psychischen und somatischen Prozessen (vgl. Psychosomatik) handelt es sich bei der Unterscheidung zwischen psychischen und umschriebenen körperlichen Gründen von Selbstberührungen um eine pragmatische diagnostische Unterscheidung.

de erfordern ein zielorientiertes Handeln und somit eine Bewegungsform mit einer Phasenstruktur mit Vorbereitungs- und Konzeptphase, in der ein motorischer Plan in seiner Ausführung vorbereitet und umgesetzt wird. *Irreguläre* Berührungen *am Körper* weisen keine derartige Bewegungsstruktur auf und sind daher quasi per definitionem psychisch motiviert. Ihr Auftreten in der Therapie legt nahe, dass der Patient das Bedürfnis hat, sich von inneren oder äußeren störenden Reizen abzuschirmen und/oder sich motorisch abzureagieren. Gemäß der aktuellen Studienlage kann davon ausgegangen werden, dass eine Abnahme von Selbstberührungen *irregulär am Körper* eine Besserung der psychischen Befindlichkeit anzeigt.

Das Problem der Differenzierung zwischen psychischen und umschriebenen körperlichen Gründen besteht somit in erster Linie bei *phasisch* und *repetitiv am Körper*. Bei diesen lassen sich physische und körperliche Gründe von der Bewegungsform her dahingehend unterscheiden, dass Selbstberührungen, die einem umschriebenen körperlichen Zweck dienen, eine wesentlich höhere intra-individuelle Variabilität in Anpassung an den jeweiligen Zweck aufweisen als Selbstberührungen, die vom ursprünglichen Zweck entfremdet in stereotyper Weise bei einem bestimmten psychischen Zustand ausgeführt werden (▶ Abb. 1 und ▶ Abb. 2). Wie bereits in Vorlesung 1 zu Darwins »principle of serviceable associated habits« dargelegt (▶ 1. Vorlesung), können psychisch motivierte Selbstberührungen ursprünglich eine körperliche oder praktische Funktion gehabt haben, dann aber vom ursprünglichen Zweck gelöst und an einen psychischen Zustand gekoppelt worden sein. Da die Bewegung dann keinen praktischen Zweck mehr erfüllt, an den sie angepasst werden müsste, wird sie formal invariabel und stereotyp.

> Dies sei am Beispiel einer Selbstberührung am Kopf illustriert. Eine Selbstberührung am Kopf aus körperlichen Gründen ist durch eine hohe Variabilität in Anpassung an den Trigger gekennzeichnet, z. B. kratzt die Hand einmal an einer bestimmten Stelle am Hinterkopf, die gerade juckt, ein anderes Mal reibt sie leicht an der Schläfe, die gerade schmerzt. Eine Selbstberührung am Kopf bei einem bestimmten psychischen Zustand, z. B. Verlegenheit, wird hingegen von der Bewegungsform her stereotyp wiederholt im Verlauf der

Psychotherapie auftauchen, z. B. ein langsames Kratzen mit der rechten Hand an der linken Stirnseite. Im Laufe der Therapie können auf diese Weise kineso-psychische Muster identifiziert werden, z. B. eine knetende Selbstberührung am Kinn, die zuverlässig bei nicht verbalisiertem Ärger auftritt. Die Tatsache, dass eine stereotyp auftretende Selbstberührung mit großer Wahrscheinlichkeit psychisch motiviert wird, bedeutet jedoch im Umkehrschluss nicht, dass psychische Zustände immer mit denselben Selbstberührungen einhergehen.

Psychisch motivierte *phasische* Berührungen *am Körper* treten bei akutem Stress auf und dienen wahrscheinlich der Reizauswahl, z. b. sich einmal durch das Gesicht streichen, wenn man nachdenken muss oder wenn ein störender Reiz auftritt. Sie gehen mit einem geringeren Stresserleben und einer verbesserten kognitiven Leistung einher und werden eher von psychisch stabileren Personen ausgeführt.

Repetitive Berührungen *am Körper*, wie Reiben am Unterarm, haben aufgrund der wiederholten Berührung einen nachhaltigeren Effekt am Körper als *phasische* Selbstberührungen. Sie bieten eine rhythmisch-metrisch strukturierte, länger dauernde Selbststimulation. Möglicherweise führen *repetitive* Selbstberührungen, insbesondere wenn sie mit einer Frequenz von 1–10 cm/Sekunde ausgeführt werden, zu einer Ausschüttung des Hormons Oxytocin. Ihr Auftreten in der Therapie weist darauf hin, dass der Patient sich aktiv und effektiv selbst reguliert. Während so in der Regel eine Steigerung des Wohlbefindens erreicht wird, können bei psychischen Erkrankungen jedoch auch starke bis hin zu selbstverletzende *repetitive* Selbstberührungen auftreten. Daher ist – wie auch bei *phasischen* und *irregulären* Selbstberührungen – die Qualität der Berührung zu beachten. Im Gegensatz zu *irregulären* Selbstberührungen werden *repetitive* Selbstberührungen jedoch bei psychischer Einschränkung im Allgemeinen weniger ausgeführt und sind eher mit psychischer Stabilität assoziiert.

Zusammenfassend liefert die Bewegungsstruktur (*phasisch, repetitiv, irregulär*) und die Variabilität (variabel, invariabel) von Selbstberührungen dem Therapeuten wertvolle Hinweise, ob eine Selbstberührung aus umschriebenen körperlichen oder aus psychischen Gründen ausgeführt wird. Bei Selbstberührungen mit *irregulärer* Struktur kann zuverlässig von einer selbstregulativen Funktion ausgegangen werden. Selbstberührungen mit einer *phasischen* oder *repetitiven* Struktur insbesondere in einer stereotypen Form weisen auf eine selbstregulative Funktion hin. Alle Formen der Selbstberührung treten bei psychisch gesunden Menschen auf, bei psychischer Erkrankung nehmen jedoch *irreguläre* Selbstberührungen zu und bei Besserung entsprechend wieder ab. Während *phasische* Selbstberührungen – wahrscheinlich durch Reizselektion – die kognitive Leistungsfähigkeit verbessern, wird bei *repetitiven* Selbstberührungen aktiv eine Steigerung des Wohlbefindens herbeigeführt. *Irreguläre* Selbstberührungen stellen die einfachste Form der Selbstregulation dar, bei der kleine, unregelmäßige Bewegungen zu einer kontinuierlichen Selbststimulation und motorischen Abreaktion führen.

Literatur

Adamszek M, D'Agata F, Ferrucci R, Habas C, Keulen S, Kirkby KC, Leggio M, Marien P, Molinari M, Moulton E, Orsi L, Van Overwalle F, Papadelis C, Priori A, Sacchetti B, Schutter DJ, Styliadis C, Verhoeven J (2017) Consensus Paper: Cerebellum and Emotion. Cerebellum, 16, 552–576.

Allport GW, Vernon PE (1933) Studies in Expressive Movement. New York: Macmillan.

Ambady N, Koo J, Rosenthal R, Winograd, CH (2002) Physical Therapists' Nonverbal Communication Predicts Geriatric Patients' Health Outcomes. Psychology and Aging, 17(3), 443–452.

Argyriou P, Mohr C, Kita S (2017) Hand Matters: Left-Hand Gestures Enhance Metaphor Explanation. Journal of Experimental Psychology: Learning, Memory, and Cognition, 43(6), 874–886.

Bähr M, Frotscher M (2014) Neurologisch-Topische Diagnostik: Anatomie-Funktion-Klinik. Stuttgart: Thieme.

Barosso F, Freedman N, Grand S (1978) Evocation of Two Types of Hand Movements in Information Processing. Journal of Experimental Psychology, 4(2), 321–329.

Bensing J (1991) Doctor-patient Communication and the Quality of Care. Social Science & Medicine, 32(11), 1301–10.

Bensing JM, Kerssens JJ, v. d. Pasch M. (1995) Patient-directed gaze as a tool for discovering and handling psychosocial problems in general practice. Journal of Nonverbal Behavior, 19(4), 223–242.

Birdwhistell RL (1979) Kinesik. In KR Scherer, HG Wallbott (Hrsg) Nonverbale Kommunikation: Forschungsberichte zum Interaktionsverhalten (S. 192–202). Weinheim: Beltz.

Blonder LX, Bowers D, Heilman KM (1991) The role of the right hemisphere in emotional communication. Brain, 114, 1115–1127.

Bock O, Hagemann A (2010) An experimental paradigm to compare motor performance under laboratory and under everyday-like conditions. Journal of Neuroscience Methods, 193(5).

Brugel S, Postma-Nilsenowa M, Tates K (2015) The link between perception of clinical empathy and nonverbal behavior: The effect of a doctor's gaze and body orientation. Patient Education and Counseling, 98(10), 1260–5.

Bühler C (1981) Vorwort. In: H. Petzhold (Hrsg) Psychotherapie & Körperdynamik. Paderborn: Junfermann.

Buxbaum LJ, Schwartz MF, Coslett BH, Carew TG (1995) Naturalistic action and praxis in callosal apraxia. Neurocase, 1, 3–17.

Calvo-Merino B, Glaser DE, Grezes J, Passingham RE, Haggard P (2005) Action Observation and Acquired Motor Skills: An fMRI Study with Expert Dancers. Cerebral Cortex, 15, 1243–1249.

Calvo-Merino B, Grèzes J, Glaser DE, Passingham RE, Haggard P (2006) Seeing or Doing? Influence of Visual and Motor Familiarity in Action Observation. Current Biology, 16, 1905–1910.

Charny EJ (1965) Psychosomatic Manifestations of Rapport in Psychotherapy. Psychosomatic Medicine, 28(4), 305–315.

Cohen RL, Otterbein N (1992) The mnemonic effect of speech gestures: Pantomimic and non-pantomimic gestures compared. European Journal of Cognitive Psychology, 4, 113–139.

Condon WS, Brosin HW (1969) Micro Linguistic-Kinesic Events in Schizophrenic Behaviour. In G Bateson, R Birdwhistell, HW Brosin, C Hockett, NA McQuown (Hrsg) The Natural History of an Interview (S. 812–837). Grune & Stratton.

Cook SW, Goldin-Meadow S (2006) The Role of Gesture in Learning: Do Children Use Their Hand to Change Their Minds? Journal of Cognition and Development, 7(2), 211–232.

Cook SW, Mitchell Z, Goldin-Meadow S (2008) Gesturing makes learning last. Cognition, 106(2), 1047–1058.

Croy I, Luong A, Triscoli C, Hofmann E, Olausson H, Sailer U (2016) Interpersonal stroking touch is targeted to C tactile afferent activation. Behavioural Brain Research SreeTestContent1 297, 37–40.

Damasio HAR, Grabowski TJ, Bechara A, Damasio H, Ponto LL, Parvizi J, Hichwa RD (2000) Subcortical and cortical brain activity during the feeling of self-generated emotions. Nature neuroscience, 3(10).

Darwin C (1872, 1890, reissued 1955, 2009) The Expression of the Emotions in Man and Animals. New York: Philosophical Library.

Davis M (1972) Understanding body movement – An annotated bibliography. Advances in Semiotics. New York: Arno Press.

Davis M (1979) Laban. Analysis of Nonverbal Communication. In S Weitz (Hrsg) Nonverbal Communication (2nd ed). New York: Oxford University Press.

Davis M, Skupien J (1982) Body Movement and Nonverbal Communication. An Annotated Bibliography, 1971–1980. Indiana University Press.

Davis M, Hadiks D (1990) Nonverbal behaviour and client state changes during psychotherapy. Journal of Clinical Psychology, 46(3), 340–351.

Davis M, Hadiks D (1994) Nonverbal aspects of therapist attunement. Journal of Clinical Psychology, 50(3), 393–405.

Davis M (1991, rev.1997, rev. 2019) Guide to movement analysis methods. Pittsburgh, PA. USA.: Behavioral Measurement Database Services, P.O. Box 110287.
DeJong RN (1967) The neurologic examination (4. Aufl.). Hagerstown MD: Harper & Row.
De Renzi E (1999) Agnosia. In G Denes, L Pizzamiglio (Hrsg) Handbook of clinical and experimental neuropsychology (S 371–403). East Sussex: Psychology Press.
DiMatteo MR, Hays RD, Prince LM (1986) Relationship of Physicians' Nonverbald Communication Skill to Patient Satisfaction, Appointment noncompliance, and Physician Workload. Health Psychology, 5(6), 581–594.
Efron D (1941, 2nd ed. 1972) Gesture and culture. Mouton: The Hague.
Eibl-Eibesfeldt I (1979) Universals in human expressive behavior. In A Wolfgang (Hrsg) Nonverbal Behavior. Applications and Cultural Implications. New York: Academic.
Ekman P, Friesen WV (1969) The repertoire of non-verbal behavior. Semiotica, 1, 49–98.
Ekman P, Friesen WV (1975) Unmasking the face: A guide to recognizing emotions from facial expressions. Prentice-Hall.
Ekman P, Friesen WV (1978) Facial Action Coding System: A Technique for the Measurement of Facial Movement. Palo Alto: Consulting Psychologists Press.
Evola V, Skubisz J. (2018) Coordinated Collaboration and Nonverbal Social Interactions: A Formal and Functional Analysis of Gaze, Gestures, and Other Body Movements in a Contemporary Dance Improvisation Performance. Journal of Nonverbal Behavior, 43, 451–479.
Ferenczi S (1955) Child analysis in the analysis of adults. In M. Balint (Hrsg) Final Contributions to the Problems and Methods of Psycho-Analysis (S. 126–142). New York: Basic Books.
Ferstl EC, Neumann J, Bogler C, von Cramon DY (2008) The Extended Language Network: A Meta-Analysis of Neuroimaging Studies on Text Comprehension. Human Brain Mapping, 29(5), 581–93.
Feyereisen P (1983) Manual activity during speaking in aphasic subjects. International Journal of Psychology, 18 (3), 545–556.
Feyereisen P, Havard I (1999) Mental imagery and production of hand gestures while speaking in younger and older adults. Journal of Nonverbal Behavior, 23(2), 153–171.
Freedman N (1972) The analysis of movement behavior during the clinical interview. In AW Siegman, B Pope (Hrsg) Studies in dyadic communication (S. 153–75). New York: Pergamon.
Freedman N, O'Hanlon J, Oltman P, Witkin HA (1972) The imprint of psychological differentiation on kinetic behaviour in varying communicative contexts. Journal of Abnormal Psychology, 79(3), 239–258.
Freedman N, Bucci W (1981) On kinetic filtering in associative monologue. Semiotica, 34(3/4), 225–249.

Freud S (1901/1916) IX: Symptom- und Zufallshandlungen. Gesammelte Werke: IV, 212–241.

Frijda NH (1965) Mimik und Pantomimik. In: R Kirchhoff (Hrsg) Handbuch der Psychologie, Band 5, Ausdruckspsychologie (S. 351–422). Göttingen: Hogrefe.

Garber P, Goldin-Meadow S (2002) Gesture offers insight into problem-solving in adults and children. Cognitive Science, 26, 817–831.

Goldenberg G (1993) The neural basis of mental imagery. Bailliere's Clinical Neurology, 2(2), 265–86.

Goldenberg G (1996) Defective imitation of gestures in patients with damage in the left or right hemispheres. Journal of Neurology, Neurosurgery, and Psychiatry, 61(2), 176–180.

Goldenberg G (1999) Matching and imitation of hand and finger postures in patients with damage in the left or right hemispheres. Neuropsychologia, 37, 559–566.

Goldin-Meadow S, Alibali MW, Church RB (1993) Transitions in concept acquisition: using the hand to read the mind. Psychological Review, 100(2), 279–97.

Goldin-Meadow S, Mylander C (1998) Spontaneous sign systems created by deaf children in two cultures. Nature, 391(6664), 279–281.

Griffith CH, Wilson JF, Langer S, Haist SA (2003) House Staff Nonverbal Communication Skills and Standardized Patient Satisfaction. Journal of General Internal Medicine, 18(3), 170–174.

Grunwald M, Weiss T, Mueller S, Rall L (2014) EEG changes caused by spontaneous facial self-touch may represent emotion regulating processes and working memory maintenance. Brain Research, 1557, 111–126.

Hall JA, Harrigan JA, Rosenthal F (1995) Nonverbal behavior in clinician-patient interaction. Applied and Preventive Psychology, 4, 21–37.

Hall JA, Andrzejewski SA, Yopchick JE (2009) Psychosocial correlates of interpersonal sensitivity: a meta-analysis. Journal of Nonverbal Behavior, 33, 149–80.

Hampson E, Kimura D (1984) Hand movement asymmetries during verbal and nonverbal tasks. Canadian Journal of Psychology, 38, 102–125.

Harrigan JA, Rosenthal R (1983) Physicians' head and body positions as determinants of perceived rapport. Journal of Applied Social Psychology, 13(6), 496–509.

Harrison NA, Singer T, Rotshtein P, Dolan RJ, Critchley HD (2006) Pupillary contagion: central mechanisms engaged in sadness processing. Social Cognitive and Affective Neuroscience, 1(1), 5–17.

Heath C (1984) Participation in the medical consultation: the co-ordination of verbal and nonverbal behaviour between the doctor and patient. Sociology of Health & Illness, 6, 311–338.

Heerey EA, Kring AM (2007) Interpersonal Consequences of Social Anxiety. Journal of Abnormal Psychology, 116(1), 125–134.

Heerey EA (2013) Predictive and Reactive Mechanisms in Smile Reciprocity. Psychological Science, 24(8), 1446–1455.

Heerey EA Crossley, HM (2013) Predictive and Reactive Mechanisms in Smile Reciprocity. Psychological Science 24(8), 1446–1455.

Helmich I, Lausberg H (2019) Nonverbal Hand Movements Durations Indicate Post-Concussion Symptoms of Athletes. Journal of Neurotrauma 36(20), 2913–2921.

Helmich I, Reinecke KCH, Meuter K, Simalla N, Ollinger N, Junge R, Lausberg H (2019) Symptoms after sport-related concussions alter gestural functions. Journal of Science and Medicine in Sport 23(5), 437–441.

Heubach T (2016) Auswirkungen von kognitivem Stress auf das Handbewegungsverhalten – Können wir durch Handbewegungen während kognitiver Tests unsere Leistung steigern? (Masterarbeit), Deutsche Sporthochschule Köln.

Hickey P. Merseal H, Patel AD, Raace E (2020) Memory in time: Neural tracking of low-frequency rhythm dynamically modulates memory formation. NeuroImage, 213.

Hogrefe K, Rein R, Skomroch H, Lausberg H (2016) Co-speech hand movements during narrations: What is the impact of right vs. left hemisphere brain damage. Neuropsychologia, 93, 176–188.

Hove MJ, Stelzer J (2018) Biological foundations and beneficial effects of trance. Behavioral and Brain Sciences, 41(76).

Humphrey ME, Zangwill OL (1951, rev. 1981) Cessation of dreaming after brain injury. Journal of Neurology, Neurosurgery and Psychiatry, 14, 322–325.

Iverson JM, Goldin-Meadow S (1997) What's communication got to do with it? Gesture in children blind from birth. Developmental Psychology, 33(3), 453–467.

Kang SH, Rizzo A, Gratch J (2012) Understanding the Nonverbal Behavior of Socially Anxious People during Intimate Self-disclosure. In Y Nakano, M Neff, A Paiva, M Walker (Hrsg) Intelligent Virtual Agents. Lecture Notes in Computer Science, Vol. 7502. Berlin, Heidelberg: Springer.

Kelly SD, Kravitz C, Hopkins M (2004) Neural correlates of bimodal speech and gesture comprehension. Brain and Language, 89, 253–260.

Kendon A (2010) Gesture – Visible Action as Utterance. Cambridge, U. K.: Cambridge University Press.

Kim Z. H. (2016) Kulturelle Unterschiede in der Darstellung des eigenen Erlebens durch Beobachten des Balletts Giselle und des koreanischen Tanzes Sung-Mu: Ein Vergleich von Deutschen und Koreanern anhand des sprachbegleitenden Handbewegungsverhaltens.
Dissertation am Institut für Bewegungstherapie, bewegungsorientierte Prävention und Rehabilitation, Fachbereich für Neurologie, Psychosomatik und Psychotherapie der Deutschen Sporthochschule Köln.

Kim, Z. H, Lausberg, H. (2018) Processing Emotional Expression in the Dance of a Foreign Culture: Gestural responses of Germans and Koreans to Ballet and Korean Dance. Journal of Movement Arts Literacy, 4(1, Art. 6).

Kita S. (2000) How representational gestures help speaking. In D. McNeill (Hrsg) Language and Gesture: Window into Thought and Action (S. 162–85). Cambridge University Press.

Kita, S, de Condappa O, Mohr C (2007) Metaphor explanation attenuates the right-hand preference for depictive co-speech gestures that imitate actions. Brain and Language, 101, 185–197.

Klein HEM (1987) The future precedes the past: Time in Toba. Word, 38, 3, 173–185.

Knapp ML, Hall JA (1992) Nonverbal Communication in Human Interaction (3. Aufl.). Harcourt Brace College Publishers.

Koerfer A, Albus C (Hrsg) (2018) Kommunikative Kompetenz in der Medizin. Ein Lehrbuch zur Theorie, Didaktik, Praxis und Evaluation der ärztlichen Gesprächsforschung. Göttingen: Verlag für Gesprächsforschung.

Kosslyn SM (1980) Image and the Mind. Cambridge: Harvard University Press.

Kraepelin E (1899; 1913) Psychiatrie. Leipzig: Barth.

Krause R, Luetolf P (1989) Mimische Indikatoren von Übertragungsvorgängen. Zeitschrift für Klinische Psychologie, XVIII, 55–67.

Krause R (1998) Allgemeine psychoanalytische Krankheitslehre. Band 2. Modell. Stuttgart: Kohlhammer.

Krause R, Merten J (1999) Affects, Regulation of Relationship, Transference and Counterfransference. International Forum of Psychoanalysis, 8, 103–114.

Kreyenbrink I, Joraschky P, Konstantinidis I, Neumann N, Lausberg H (2017) Nonverbales Verhalten von Patienten mit sozialen Phobien und ihren Therapeuten in psychodynamischen Psychotherapien (Teilprojekt SOPHO-NET). Zeitschrift für Psychosomatische Medizin und Psychotherapie, 63, 297–313.

Krout M (1935) Autistic gestures: An experimental study in symbolic movement. Psychological Monographs, 46(4), i–126.

Kryger M (2010) Bewegungsverhalten von Patient und Therapeut in als gut und schlecht erlebten Therapiesitzungen. Diplomarbeit, Deutsche Sporthochschule Köln.

Kupper Z, Ramseyer F, Hoffmann H, Tschacher W (2015) Nonverbal Synchrony in Social Interaction of Patients with Schizophrenia Indicates Socio-Communicative Deficits. PLoS ONE 10(12).

Laban R (1958, 1988) The Mastery of Movement. Worcester: Northcote House.

La France M (1982) Posture Mirroring and Rapport. In M Davis (Hrsg) Interaction rhythms: Periodicity in communicative behaviour, (S. 279–299). New York: Human Sciences Press.

Lane RD, Schwartz GE (1987) Levels of emotional awareness: a cognitive-developmental theory and its application to psychopathology. American Journal of Psychiatry, 144(2), 133–43.

Larsen RJ, Kasimatis M, Frey K (1992) Facilitating the Furrowed Brow: An Unobtrusive Test of the Facial Feedback Hypothesis Applied to Unpleasant Affect. Cognition and Emotion, 6(5).

Lausberg H, von Wietersheim J, Wilke E, Feyereis H. (1988) Bewegungsbeschreibung psychosomatischer Patienten in der Tanztherapie. Psychotherapie, Psychosomatik, Medizinische Psychologie, 38, 259–264.

Lausberg H (1994) Vergleichende Bewegungsanalyse von vier Patientengruppen mit psychosomatischen Erkrankungen und einer gesunden Kontrollgruppe. Dissertation, Medizinische Universität zu Lübeck.

Lausberg H, Göttert R, Münßinger U, Boegner F, Marx P (1999) Callosal disconnection syndrome in a left-handed patient due to infarction of the total length of the corpus callosum. Neuropsychologia, 37, 253–265.

Lausberg H, Davis M, Rothenhäusler A (2000) Hemispheric specialization in spontaneous gesticulation in a patient with callosal disonnection. Neuropsychologia, 38, 1654–1663.

Lausberg H, Kita S (2003) The content of the message influences the hand choice in co-speech gestures and in gesturing without speaking. Brain and Language, 86, 57–69.

Lausberg H, Kita S, Zaidel E, Ptito A (2003) Split-brain patients neglect left personal space during right-handed gestures. Neuropsychologia, 1595, 1–13.

Lausberg H, Zaidel E, Cruz RF, Ptito A (2007) Speech-independent production of communicative gestures: Evidence from patients with complete callosal disconnection. Neuropsychologia, 45, 3092–3104.

Lausberg H, Sloetjes H (2009) Coding gestural behavior with the NEUROGES®-ELAN system. Behavior Research Methods, 41(3), 841–849.

Lausberg H (2011) Das Gespräch zwischen Arzt und Patientin: Die bewegungsanalytische Perspektive. Balint Journal, 12, 15–24.

Lausberg H, Kryger M (2011) Gestisches Verhalten als Indikator therapeutischer Prozesse in der verbalen Psychotherapie: Zur Funktion der Selbstberührungen und zur Repräsentation von Objektbeziehungen in gestischen Darstellungen. Psychotherapie-Wissenschaft, 1(1), 41–55.

Lausberg H (2013) Neuropsychology of gesture production. In C Müller, A Cienki, E Fricke, S Ladewig, D McNeill, S Teßendorf (Hrsg) Body – Language – Communication (S. 164–178). Berlin: de Gruyter.

Lausberg H, Kazzer P, Heekeren HR, Wartenburger I (2015) Pantomiming tool use with an imaginary tool in hand as compared to demonstration with tool in hand specifically modulates the left middle and superior temporal gyri. Cortex, 71, 1–14.

Lausberg H, Helmich I, Sassenberg U, Petermann K (2016) Gender-Specific Implicit Emotional Processing in Alexithymic Individuals. Journal of Psychosomatic Research, 85, 70.

Lausberg H (2019) The NEUROGES®Analysis System for Nonverbal Behavior and Gesture. Berlin: Peter Lang

Lausberg H (2022) Emotional mental imagery in alexithymic individuals as reflected in co-speech gesture (Vortrag am 10.06.2022, EAPM 2022 Conference, https://www.eapm2022.com/).

Lavan N, Rankin G, Lorking N, Scott S, McGettigan C (2017) Neural correlates of the affective properties of spontaneous and volitional laughter types. Neuropsychologia, 95, 30–39.

Lemke MR, Wendorff T, Mieth B, Buhl K, Linnemann M (2000) Spatiotemporal gait patterns during over ground locomotion in major depression compared with healthy controls. Journal of Psychiatric Research, 34, 277–283.

Leventhal H (1982) A perceptual motor theory of emotion. Social Science Information, 21(6), 819–845.

Liepmann H, Maas O (1907) Fall von linksseitiger Agraphie und Apraxie bei rechtsseitiger Lähmung. Journal für Psychologie und Neurologie, X, 214–27.

Lowen A (1988) Körperausdruck und Persönlichkeit. Grundlagen und Praxis der Bioenergetik. München: Kösel.

Mahl FG (1968) Gestures and Body Movements in Interviews. Research in Psychotherapy, 3, 295–346.

Margetts A (2015) Person shift at narrative peak. Language, 91(4), 755–805.

Mayer A (2013) Wissenschaft vom Gehen. Die Erforschung der Bewegung im 19. Jahrhundert. Frankfurt am Main: S. Fischer.

McNeill D, Pedelty LL (1995) Right brain and gesture. In K Emmorey, J Reilly (Hrsg) Language, Gesture, and Space (S. 63–85). Hillsdale (USA): Lawrence Erlbaum Associates.

McNeill D (2005) Gesture and Thought. Chicago: University of Chicago Press.

Metzloff AN, Moore MK (1977) Imitation of Facial and Manual Gestures by Human Neonates. Science, 198, 75–78.

Michalak J, Troje NF, Fischer J, Vollmar P, Heidenreich T, Schulte D (2009) Embodiment of Sadness and Depression – Gait Patterns Associated With Dysphoric Mood. Psychosomatic Medicine, 71, 580.

Miracle AW, Yapita JD (1981) Time and space in Aymara. In MJ Hardman (Hrsg) The Aymara language in its social and cultural context (S. 33–56). Gainesville: University of Florida.

Morris D (1977) Manwatching. A field guide to human behavior. Cape.

Müller C (1998) Redebegleitende Gesten – Kulturgeschichte, Theorie, Sprachvergleich. Berlin Verlag Arno Spitz GmbH.

Paulick J, Deisenhofer AK, Ramseyer F, Tschacher W, Boyle K, Rubel J, Lutz W (2018) Nonverbal Synchrony: A New Approach to Better Understand Psychotherapeutic Processes and Drop-Out. Journal of Psychotherapy Integration, 28 (3), 367–384.

Poeck K, Hacke W (1998) Neurologie (10. Aufl.). Heidelberg: Springer.

Ramseyer F, Tschacher W (2011) Nonverbal Synchrony in Psychotherapy: Coordinated Body-Movement Reflects Relationship Quality and Outcome. Journal of Consulting and Clinical Psychology, 79(3), 284–295.

Reinecke K, Neumann N, Lausberg H (2019) Synchrones Bewegungsverhalten zwischen Patienten und Therapeuten in der Psychotherapie und der Zusammenhang mit dem Symptomverlauf. Abstract. Zeitschrift für Psychosomatische Medizin und Psychotherapie, 1, 95–96.

Reinecke KCH, Dvoretska D, Joraschky, P, Lausberg H. (2020) Fidgeting Behavior During Psychotherapy: Hand Movement Structure Contains Information

About Depressive Symptoms. Journal of Contemporary Psychotherapy, 50, 323–329.
Reithler J, van Mier HI, Peters JC, Goebel R (2007) Nonvisual motor learning influences abstract action observation. Current Biology, 17(14), 1201–1207.
Riggio RE, Riggio HR (2001) Self-report measurement of interpersonal sensitivity. In JA Hall, FJ Bernieri (Hrsg) The LEA series in personality and clinical psychology. Interpersonal sensitivity: Theory and measurement (S. 127–142). Mahwah, NJ, US: Lawrence Erlbaum Associates Publishers.
Rinn WE (1984) The Neuropsychology of Facial Expression: A Review of the Neurological and Psychological Mechanisms for Producing Facial Expressions. Psychological Bulletin, 95(1), 52–77.
Riskind JH, Gotay CC (1982) Physical Posture: Could It Have Regulatory or Feedback Effects on Motivation and Emotion? Motivation and Emotion, 6(3), 273–298.
Ross ED, Mesulam MM (1979) Dominant language functions of the right hemisphere? Prosody and emotional gesturing. Archives of Neurology, 36, 144–148.
Rowland-Morin PA, Burchard KW, Garb JL, Coe NPW (1991) Influence of effective communication by surgery students on their oral examination scores. Academic Medicine, 66, 169–171.
Sackheim HA, Packer IK, Gur RC (1978) Hemisphericity, Cognitive Set, and Susceptibility to Subliminal Perception. Journal of Abnormal Psychology, 86 (6), 624–630.
Sacks H, Schegloff EA, Jefferson G (1974) A simplest systematics for the Organisation of Turn Taking for Conversation. Languages, 50, 696–735.
Sainsbury P (1955) Gestural movement during psychiatric interview. Psychosomatic Medicine, 17, 454–469.
Sassenberg U, Foth M, Wartenburger I, van der Meer E (2011) Show your hands – are you really clever? Reasoning, Gesture Production, and Intelligence. Linguistics, 49(1), 105–134.
Schacter DL (1992) Implicit knowledge: New perspectives on unconscious processes. Proceedings of the National Academy of Science of the USA, 89, 5.
Schaefer S, Lövdén M, Wieckhorst B, Lindenberger U (2010) Cognitive performance is improved while walking: Differences in cognitive-sensorimotor couplings between children and young adults. European Journal of Developmental Psychology, 7(3), 371–389.
Scheflen AE (1973) Communicational structure: analysis of a psychotherapy transaction. Bloomington: Indiana University.
Schirmer A, Alter K, Kotz SA, Friederici AD (2001) Lateralization of prosody during language production: A lesion study. Brain and Language, 76, 1–17.
Schmid Mast M (2007) On the importance of nonverbal communication in the physician-patient interaction. Patient Education and Counseling, 67, 315–318.
Schwartz GE, Fair PL, Salt P, Mandel MR, Klerman GL (1976) Facial muscle patterning to affective imagery in depressed and nondepressed subjects. Science 192(4238), 489–491.

Schwartz GE, Fair PL, Salt P, Mandel MR, Klerman GL (1976) Facial expression and imagery in depression: an electromyographic study. Psychosomatic Medicine, 38(5), 337–347.

Sifneos PE (1973) The Prevalence of Alexithymic Characteristics in Psychosomatic Patients. Psychotherapy and Psychosomatic 22(2), 255–62.

Skomroch H, Rein R, Hogrefe K, Goldenberg G, Lausberg H (2013) Gesture production in the right and left hemispheres during narration of short movies. Paper presented at the ISGS.

Sousa-Poza JF, Rohrberg R (1977) Body movements in relation to type of information (person- and non-person oriented) and cognitive style (field dependence). Human Communication Research, 4(1), 19–29.

Sousa-Posa JF, Rohrberg R, Mercure A (1979) Effects of type of information (abstract-concrete) and field dependence on asymmetry of hand movements during speech. Perceptual and Motor Skills, 48, 1323–1330.

Sperry RW (1967) Mental unity following surgical disconnection of the cerebral hemispheres. The Harvey Lectures, 293–323.

Stearns TP, Shad MU, Guzman GC (2018) Glabellar Botulinum Toxin Injections in Major Depressive Disorder: A Critical Review. The Primary Care Companion for CNS Disorders, 20(5).

Stephan KM, Thaut MH, Wunderlich G, Schicks W, Tian B, Tellmann L, Schmitz T, Herzog H, McIntosh GC, Seitz RJ, Hömberg V (2002) Conscious and Subconscious Sensorimotor Synchronization – Prefrontal Cortex and the Influence of Awareness. NeuroImage 15, 345–352.

Stephens D (1983) Hemispheric language dominance and gesture hand preference. Dissertation, Department of Behavioral Sciences, University of Chicago.

Strack F, Martin LL, Stepper S (1988) Inhibiting and facilitating conditions of the human smile: A nonobtrusive test of the facial feedback hypothesis. Journal of Personality and Social Psychology, 54, 768–77.

Strata P (2015) The Emotional Cerebellum. Cerebellum, 14, 570–577.

Street RL, Buller DB (1987) Nonverbal response patterns in physician-patient interactions: A functional analysis. Journal of Nonverbal Behavior, 11, 234–253.

Tamietto M, Castelli L, Vighetti S, Perozzo P, Geminani G, Weiskrantz L, de Gelder B (2009) Unseen facial and bodily expressions trigger fast emotional reactions. Proceedings of the National Academy of Sciences, (PNAS) 106, 6.

Tanaka Y, Yoshida A, Kawahata N, Hashimoto R, Obayashi T (1996) Diagnostic dyspraxia – Clinical characteristics, responsible lesion and possible underlying mechanism. Brain, 119, 859–873.

Tracy JL, Matsumoto D (2008) The spontaneous expression of pride and shame: Evidence for biologically innate nonverbal displays. Proceedings of the National Academy of Sciences (PNAS), 105(33), 11655–11660.

Trout DL, Rosenfeld HM (1980) The Effect of Postural Lean and Body Congruence on the Judgement of Psychotherapeutic Rapport. Journal of Nonverbal Behavior, 4(3), 176–190.

Ulrich G (1977) Videoanalytische Methoden zur Erfassung averbaler Verhaltensparameter bei depressiven Syndromen. Pharmakopsychiatrie, 10, 176–182.

Ulrich G, Harms K (1979) Video-analytic study of manual kinesics and its lateralization in the course of treatment of depressive syndromes. Acta psychiattrica Scandinavica, 59, 481–492.

Ulrich A, Harms K (1985) A Video Analysis of the Non-Verbal Behaviour of Depressed Patients Before and After Treatment. Journal of Affective Disorders, 9, 63–67.

Uvnäs-Moberg K, Handlin L, Petersson M (2015) Self-soothing behaviors with particular reference to oxytocin release induced by non-noxious sensory stimulation. Frontiers in Psychology, 12(5), 1529.

Verosky SC, Turk-Browne NB (2012) Representations of facial identity in the left hemisphere require right hemisphere processing. Journal of Cognitive Neuroscience, 24(4), 1006–1017.

Vrij A, Semin GR (1996) Lie experts' beliefs about nonverbal indicators of deception. Journal of Nonverbal Behavior, 20(1).

Wallbott HG (1989) Movement quality changes in psychopathological disorders. In B Kirkaldy (Hrsg) Normalities and abnormalities in human movement (S. 128–146). Basel: Karger.

Wilkins D, de Ruiter JP (1999) Hand preference for representational gestures: A comparison of Arente and Dutch speakers. In V van Geenhoven, N Warner (Hrsg) Annual Report 1999 (S. 51–52). Nijmegen: Max Planck Institute for Psycholinguistics.

Wilson VE, Peper E (2004) The Effects of Upright and Slumped Postures on the Recall of Positive and Negative Thoughts. Applied Psychophysiology and Biofeedback, 29, 189–195.

Witkin HA, Lewis MB (1965) Personality through Perception. New York: Wiley and Sons.

Wolff W (1943) The Expression of Personality. New York, London: Harper & Brothers.

Zaidel E, White H, Sakurai E, Banks W (1988) Hemispheric locus of lexical congruity effects: Neuropsychological reinterpretation of psycholinguistic results. In C Chiarello (Hrsg) Right Hemisphere Contributions to Lexical Semantics (S. 71–88). New York: Springer.

Zuckermann M, Koestner R, Driver R (1981) Beliefs about cues associated with deception. Journal of Nonverbal Behavior, 6, 15–114.

Stichwortverzeichnis

A

affektive Sprechmelodie 64
Aktivierungskategorie 91
Alexithymie 81, 104
Analysesystem 15, 52, 53
Arzt-Patient-Gespräch 33
Aufmerksamkeit 93
– räumliche 63
autistic actions 88
autistic gestures 88

B

Basalganglien 18
Berührungsbewegungen 87, 96, 97, 105
Berührungstyp 97
Betonungsgeste 23, 64, 71, 72, 80, 93
Bewegungsdynamiken 79
Bewegungsform 23, 30–32, 46, 53, 59, 75, 106
Bewegungsfunktion 53
Bewegungspräsentationsgeste 79–81
Bewegungsstruktur 90, 106, 107
Bewegungstyp 79, 95, 97
Bewegungsverhalten 12, 13, 15, 22, 23, 28, 45
bildliche Vorstellungen 62, 65, 66, 68, 74
Blickkontakt 42
blinde Kinder 55
body-focused movements 89, 91, 98
– continuous 89
– discrete 89
– indirect 89

C

contrasting 89, 90, 99, 103
Corpus callosum 56, 58, 64

D

Denkprozess 81
Depression 101, 102
depressive Stimmung 19
destruktive Beziehungen 40
Deutung 11, 19–21, 38
diagnostische Relevanz 74, 81
diagnostisches Instrument 49
direct hand-to-body 89
direct hand-to-hand 89
Dissoziation 30, 61, 68, 70

E

Elektroenzephalographie 31, 33, 50
Emblem 79
emotionale Prozesse 16, 18, 62
emotionale Stimmlaute 63
emotionale Szenarios 81, 100, 102, 104
emotionales Erleben 16, 62, 63, 65, 66, 68, 76
emotionsintrinsische Bewegungen 79

Entitäten
- abstrakte 66, 78, 79
- konkrete 66, 67, 78–80
Essstörungen 74, 102
explizit 13, 21, 28, 30–32, 38, 46, 59

F

Feldabhängigkeit 99, 101, 103, 104
Fingerkonfigurationen 63
fluide Intelligenz 76
Fokus 12, 13, 16, 35, 74, 89–91, 95, 103, 104
Formen 23, 25, 65, 77, 83, 89
- abstrakte 77
- konkrete 77
Formpräsentationsgeste 23, 77, 78, 80
funktionelle Magnetresonanztomographie 49

G

Gang 11, 25, 48
Gesichter 65
Geste 35, 36, 39, 51, 53, 55, 56, 61, 65, 67, 69, 75, 77, 79, 81, 84, 85
- als räumlich-zeitliche Ausdrucksform 61, 62, 68
- ausführen 83
- emotionale 64
- emotionale Tönung 79
- metaphorische 64
Gestenproduktion 43, 58, 62, 63, 82
Gestenraum 53, 63, 65, 74, 76, 78, 79, 82
Gestik 11, 12
gestische Formulierung bei psychischen Prozessen 82
gestisch-verbale Dissoziationen 55, 69
gesture-speech mismatch 60

H

habituelles Muster 88
Haltung 11
Hamburg-Wechsler-Intelligenztest (HAWIE) 100, 102
Hirnläsionen 65
Hirnstamm 16

I

Identifikation mit dem Aggressor 76
Imitation 22, 34, 55, 63
implizit 13, 21, 30
Inkongruenz 33, 69
Interferenztests 99, 103
Intuition 50, 69
irreguläre Bewegungen 94, 95
- am Körper 36

K

kallosale Diskonnektion 58, 60
kineso-psychische Muster 26
- individuelle 26, 29, 38, 39
- interaktive 38, 39, 41
Kleinhirn 18
Kodiersystem 52
kognitive Prozesse 18
komplementäre Informationen 68
Komplementarität 68
kongruente Sitzposition 34
konstruktive Apraxie 63
Körper- und Bewegungserfahrung 49, 50
Körperausdruck 11, 14
Körpererleben 93
Körperhaltung 18
Körperorientierung 42
körpertherapeutische Verfahren 15
Körper-Zeigegeste 72
Kortex 38
Kultur 22–25

Stichwortverzeichnis

L

Lächeln 24, 30, 31, 34, 45
Läsionen
- Hirn- 65
- linkshemisphärische 58
- rechtshemisphärische 58, 63

Levels of Emotional Awareness (LEAS) 100, 102
Linkshänder 58
Linkshandpräferenz 58, 64
Lügendetektion 20

M

Metapher 64, 66
metaphorisches Denken 18, 62, 65, 66
Mimik 11
mimischer Ausdruck 41
motorisches Abreagieren 104

N

Neglekt 63
NEUROGES®-Fokuskategorie 91
- am Körper 91, 104
- am körperfernen Objekt 91, 104
- am körperverbundenen Objekt 91, 93, 98, 104
- an anderer Person 91, 95
- im Raum 91
- körperintern 91
Neuropsychologie 15, 16, 52, 55
nichtgestische Handbewegungen 87
nonverbale Interaktion 33
nonverbal-verbale Dissoziationen 60

O

object-focused movements 89
Orte
- abstrakte 72
- imaginierte 72

- konkrete 72, 80
Oxytocin 101, 107

P

Pantomimegeste 23, 65, 66, 75–77, 80–83
Passungskompetenz 48
Patienten anregen 84
Patientenzufriedenheit 41–44, 48
Perspektive 72
- allozentrische 72, 76, 77
- egozentrische 72, 75, 76
Phasenstruktur 94, 105
phasische Bewegungen 93
PONS 48
Positionswechsel 35, 36, 87, 91, 93
Präsentationsgeste 77
- Defizit in der Produktion von Präsentationsgesten 81
psychotherapeutische Diagnostik 105

Q

Qualität der therapeutischen Beziehung 34

R

Räume
- abstrakte 72, 75
räumliche Problemlöseaufgaben 63
räumliche Relation 78–80
- abstrakte 80
- konkrete 80
räumliches Denken 18, 62, 65, 66
Raumpräsentationsgeste 63, 64, 72, 78, 80
Rechtshänder 58, 64
Regeln für das nonverbale Verhalten 44
Reizexklusion 89
Reizselektion 89, 99
repetitive Bewegung 72, 93

123

representational gestures 66
Richtungsgeste 63, 75, 78, 80, 82
- egozentrische 75
- imperative 75
- neutrale 75
- selbstbezogene 75

S

Schädel-Hirn-Trauma
- mildes 102
Schizophrenie 102
Selbst- und Objektdifferenzierung 74
Selbstberührungen 16, 30, 31, 35, 36, 50, 51, 58, 87, 96, 99, 105, 106
- am Körper 96, 97, 99–103, 105
- am körperverbundenen Objekt 96
Selbstexploration 47
Selbstgespräche 55
Selbstsupervision 21, 47, 69, 86
Selbst-Zeigegeste 72
shielding 89, 90, 99, 103
Simultanität 35
Sitzposition 12, 16, 29, 34, 35, 39, 40, 42, 44, 46
somatosensorische Stimulation 103, 104
somatosensorischer Eindruck 93
soziale Phobie 101
Spiegelung 34
Split-Brain-Patienten 58
Sprach-Gestik-Dissoziationen 61
Sprachproduktion 57, 58
sprachunabhängig 58, 59, 62
Sprechmelodie 12, 64, 71
Stroop-Test 63, 99
symbolische Funktion 88
Synchronisation 36, 38
Synchronizität 34–36, 43

T

Taktstockgeste 72
Themen

- abstrakte 66
therapeutische Praxis 29, 69, 76, 77, 82, 105
Therapie 81, 83
- -erfolg 41, 43, 44, 76
- -verlauf 81, 102
- Wirksamkeit 83
Trainings für nonverbale Interaktion 45
Trajektorie 35, 36, 53, 90, 91, 93, 98, 99, 104
- irreguläre 36
- phasische 35
Turm von London 18, 99, 100

U

Umschüttversuch nach Piaget 61
unbewusste bildliche Vorstellung 62
Universalität 23

V

Vergangenheit 73
- vergangene Ereignisse 74
verkörperlichen 76
verkörpern 77, 83
Verlust des Träumens 65
Vorstellungsbilder 65, 66

W

Wahrnehmung 21
- des nonverbalen Verhaltens 48
weißes Rauschen 104
Werkzeuge 65

Z

Zeigegeste 23, 25, 63, 72–75, 80, 82
- egozentrische 72
- Externes-Ziel- 72
zielorientiertes Handeln 106

Zufalls- und Symptomhandlungen 87
Zukunft 73
– zukünftige Ereignisse 74
Zwischenhirn 16

Personenverzeichnis

A

Allport, G. W. 12, 26

B

Bähr, M. 16, 18
Barosso, F. 63, 97, 103
Beebe, B. 35, 43
Bensing, J. M. 42, 44
Blonder, L. X. 63, 64

C

Calvo-Merino, B. 49
Condon, W. S. 35, 43
Cook, S. W. 18, 82–84
Croy, I. 101

D

Darwin, C. 11, 26, 88, 106
Davis, M. 12, 14, 29, 35, 39, 43

E

Efron, D. 12, 24, 52
Ehrlich, S. B. 82
Eibl-Eibesfeld, I. 22
Eisenberg, P. 20
Ekman, P. 12, 24, 52

F

Feyereisen, P. 33, 58, 63, 81
Freedman, N. 89–91, 98, 99, 103
Freud, S. 56, 87, 88

G

Goldenberg, G. 63, 65
Goldin-Meadow, S. 12, 18, 23, 55, 70
Grunwald, M. 31, 97, 99

H

Hall, J. A. 12, 20, 43, 45
Heerey, E. A. 34
Helmich, I. 81, 97, 102
Heubach, T. 97, 99, 100, 103

K

Kelly, S. D. 33, 69
Kendon, A. 11, 12, 51
Kim, Z.-H. 24, 25
Kimura, D. 64
Kita, S. 59, 66
Kraepelin, E. 19
Krause, R. 42
Kreyenbrink, I. 56, 97, 102
Krout, M. 56, 88
Kryger, M. 36, 75, 87, 97, 102

L

Lausberg, H.   13, 25, 31, 32, 35, 52–54, 56, 58, 59, 63, 64, 66, 75, 90, 92, 98, 101, 102
Lemke, M. R.   19

M

McNeill, D.   12, 58, 60, 66, 81, 82
Michalak, J.   19

R

Reich, W.   12, 19
Reinecke, K. C. H.   43, 87, 96, 97, 101–103

S

Sassenberg, U.   18, 76, 82

Schaal, S.   93
Scheflen, A. E.   38–40
Sifneos, P. E.   81
Skomroch, H.   23, 25, 103
Sousa-Poza, J. F.   64, 97, 102, 103
Stephens, D.   64

U

Ulrich, G.   97, 102

V

Vrij, A.   21, 49

W

Wallbott, H. G.   19, 20